不埋没一本好书，不错过一个爱书人

看中国
NO.005
艺术译丛

Where Dragon Veins Meet

The Kangxi Emperor and His Estate at Rehe

龙脉

康熙帝与避暑山庄

[美]魏瑞明 著 朱子仪 译

中信出版集团 | 北京

图书在版编目（CIP）数据

龙脉：康熙帝与避暑山庄 / (美) 魏瑞明著；朱子仪译. -- 北京：中信出版社, 2021.8
（“看中国”艺术译丛）
书名原文: Where Dragon Veins Meet: The Kangxi Emperor and His Estate at Rehe
ISBN 978-7-5217-2732-6

Ⅰ. ①龙… Ⅱ. ①魏… ②朱… Ⅲ. ①承德避暑山庄—史料—清代 Ⅳ. ①K928.73

中国版本图书馆CIP数据核字(2021)第032209号

WHERE DRAGON VEINS MEET:
THE KANGXI EMPEROR AND HIS ESTATE AT REHE

龙脉：康熙帝与避暑山庄

著　　者：[美]魏瑞明
译　　者：朱子仪
出版发行：中信出版集团股份有限公司
（北京市朝阳区惠新东街甲4号富盛大厦2座　邮编　100029）
承 印 者：天津丰富彩艺印刷有限公司

开　　本：700mm×980mm　1/16　　印　　张：20　　字　　数：300千字
版　　次：2021年8月第1版　　印　　次：2021年8月第1次印刷
京权图字：01-2021-1871
书　　号：ISBN 978-7-5217-2732-6
定　　价：78.00元

服务热线：400-600-8099
投稿邮箱：author@citicpub.com

献给我的父母

《避暑山庄全图》　绘于乾隆中晚期

就是在年轻的时候，好像我也一直想证明这一点——从偏远之地最能洞察内心世界。

——杰拉尔德·穆南《边境地区》

目录
Contents

译者序

说到承德避暑山庄，我们会想到它是一处离北京不远的名胜古迹，是清代皇帝夏日避暑和处理政务的场所，始建于康熙四十二年（1703），直至乾隆五十七年（1792）才全部完工，经历了“热河上营行宫”、“热河行宫”和“避暑山庄”三个阶段，历时近百年。它占地564万平方米，环绕山庄蜿蜒起伏的宫墙长近万米，是中国现存最大的古典皇家园林。我们会想到发生在这里的历史事件，比如1793年乾隆皇帝接见英国第一个使华团，第二次鸦片战争后咸丰皇帝在烟波致爽殿批准了《北京条约》（1860），1861年咸丰病逝后慈禧太后联合恭亲王奕䜣发动了“辛酉政变”——也就在这一年，清廷以同治皇帝的名义发布上谕，宣布停止热河的一切未竟工程，意味着清廷不再对避暑山庄进行维修。

我们可能还会想到余秋雨的那篇著名散文《一个王朝的背影》。余秋雨曾说过：“承德建立了我对清朝文化思考的一个点，可以这样说，我对清代的重新思考是在承德开始的。”他在那篇散文中肯定或赞美的其实就是康熙时代的避暑山庄，将它视为康熙希望能筑起的“无形的长城”的组成部分，而康熙皇帝本人的“强健”（“不仅武功一流，‘内秀’也十分了得”），使避暑山庄成为“他这种生命方式的一个重要吐纳口站”，成为“当时中国历史命运的一所‘吉宅’”。《龙脉：康熙帝与避暑山庄》（下面简称《龙脉》）作为当代西方学者撰写的园林史研究的一部新作，可以说在不少观点上与余秋雨的文学畅想不谋而合。

本书作者魏瑞明（Stephen H. Whiteman）博士目前是英国伦敦大学考陶尔德艺术学院“中国艺术与建筑”课程的高级讲师。他于2011年在美国斯坦福大学获得博士学位，曾在澳大利亚悉尼大学和美国宾夕法尼亚大学任教。2016年，他在悉尼大学举办亚洲艺术和建筑史讲座，并做了关于承德避暑山庄的公开讲座。同年，他与理查德·E. 斯特拉斯伯格（Richard E. Strassberg）合作完成的《三十六景：诗歌和版画中康熙帝的避暑山庄》（中文名《避暑山庄三十六景诗图》）由哈佛大学出版社出版，这是康熙《御制避暑山庄诗》的第一个英文的完整译本和注释本。该书因对园林历史和景观研究的贡献，2017年荣获景观研究基金会设立的“约翰·布林克霍夫·杰克逊图书奖”。魏瑞明博士还和别人合作出版了收有93幅作品的中国当代版画选集《悠悠岁月：中国版画1954—2002》。《龙脉》于2020年由华盛顿大学出版社出版。它初定的标题是“构建康熙：中国清初的景观、图像和意识形态”，与现在的书名相比显得更加直白。作者承担的项目还有与人合编《景观修辞学：近代早期表达权力的世界潮流》，从题目看也与本书的主题密切相关。他的研究聚焦全球背景下近代早期的中国历史，特别对景观、地图绘制和视觉文化感兴趣。

在译者看来，《龙脉》是一部很有创意和启发性的研究著作。我们今天说到的和看到的避暑山庄，是康熙年间至乾隆年间持续营造形成的规模。换句话说，康乾时期的避暑山庄早已浑然一体，密不可分。学者们在论述避暑山庄的造园艺术时一般不会明确区分康熙当政后期和乾隆年间这两个重要的营造阶段。谈避暑山庄的营造时涉及历史背景也多是点到为止，一般都是强调政治形势和经济状况造就了这个景观，但对景观构建本身也具有历史（或历史阶段）的特征这一点强调得不够。康、乾两帝的治国和治园虽有延续性，但两个时期各方面的状况大不相同，所以混在一起描述虽没什么大的问题，却容易忽视他们治国和治园的不同之处。这种不同之处，远比经常听到的康熙三十六景都用四字命名，而乾隆的三十六景都以三字命名明显得多。

而《龙脉》却要将康熙时期的避暑山庄分离出来，与清初特定的历史背景和康熙皇帝的个人愿景结合起来考察，试图复原康熙时代的景观面貌，揭示营造这座行宫的意义，进而重新认识它的“主人”——康熙皇帝。为此，作者在研究过程中与人合作，建立了名为“避暑山庄历史地理信息系统”的数据库；根据卫星图像和通过现场观测对历史地图进行调整；在运用地形和水文数据以及先进的地图绘制手段辅助研究的同时，论述中也吸取了其他西方学者的理论和术语。但做康熙时代避暑山庄的研究所要面对的最大问题，还是资料不足。有关避暑山庄的原始资料大部分是关于乾隆时代的，这自然也是一般研究不区分康、乾两个时期的部分原因。真正称得上是康熙时代避暑山庄原始资料的，主要有康熙写的《御制避暑山庄记》和《御制溥仁寺碑文》、康熙年间印行的图文结合的《御制避暑山庄诗》（又称《避暑山庄三十六景诗图》）、大学士张玉书写的《扈从赐游记》的一部分（即《赐游热河后苑记》），还有宫廷画家冷枚绘制的呈现避暑山庄早期面貌的《热河行宫图》（即《避暑山庄图》，魏瑞明博士认为应称为“热河图”，故正文中皆用《热河图》这个名称），以及康熙年间《上谕档》的相关内容。魏瑞明博士的著作充分利用且多角度细致分析了有限的资料，努力要用零碎的证据去拼出康熙时代异常广阔又异常复杂历史背景下的热河皇家园林景观，最终的成果虽然不像读者可能期待的那么丰硕，但书中的内容对于相关的研究以及关注承德避暑山庄的读者来说还是很有启发性的。比如热河的“龙脉”与满族人的圣山（长白山）的关系，山庄景观所具有的传达帝国意识形态的功能，御制诗各种版本的“迭代”作用，关于避暑山庄三十六景的御制诗画册页与明代园林图像从形式到寓意所存在的借鉴或继承关系，以及园林建筑、绘画、诗歌、版画制作的媒介作用等，都给人耳目一新的感觉。还有书中对康熙宫廷中“西学”盛行以及“西学”在与山庄相关的文化构建中发挥作用的描述，同样能给读者留下深刻印象。一个独立出来的康熙时代的热河行宫虽然不够完整，其“边界”多有含糊不清的地方，有许多无法补上的拼图空缺，需要发挥丰富的想象力去推测和填补，但毕竟是颇具创意的一种努力。总之，这部著作至少是让我们窥见了康熙时代避暑山庄模糊的旧影，以及作为避暑山庄主人的康熙皇帝“强健”的形象。

本书原著正文前原有一篇《致读者》，但因为从内容看这篇文字是为英文读者写的，所以就没有放进中文译本中。《致读者》中给译者印象较深的，是作者谈他如何翻译“三十六景”中的“景”，这个字在书中占有突出地位，因此需要在这里界定它的含义。他认为：“‘景’描写的是一个通过感官和想象全面体验的空间，它既利用了可当即进入的环境，也利用了它所参照的历史、文学和艺术的转喻。”在本书的英文原著中，作者用“scene”而不是较为传统的“view”来翻译“景”（他在与别人合作译释的《三十六景》中用的仍是“view”）。他进一步指出：“‘view’是可以看的东西，它可能会在观者中激起情感反应，但无论是通过绘画还是通过风景本身看到，它仍然是一个设置在人前并通过眼睛进入的东西。这并不能充分传达‘景’的意义，在‘景’中，多种感官、智慧和情感都存在。”还有说到避暑山庄的皇家建筑群，他更喜欢使用“park”或“park-palacc”来代替其他学者使用的“garden”或“garden-palace”。他这么选择有两个原因，首先是将山庄作为一个整体与它所包含的单个花园区分开来，第二个原因是要强调“山庄”与通常认为的中国式“花园”或城市中的“园林”有很大的不同。他还谈到了在用英文翻译避暑山庄的建筑和景的名字时遇到的困难，“有时会出现冗长或尴尬的结果”。这些内容当然都反映了作者写作本书的严谨态度。译者觉得有必要把这些内容记录在这里，是因为在读中文译本时这一切都是感觉不到的，同样这也是删去这篇《致读者》的原因。正文前还有《致谢》一篇，也因为与正文内容关系不大而未译出。

译者跟承德、跟避暑山庄也算有缘。早在20世纪70年代末，我就去过承德避暑山庄，当时承德的旅游景点刚对公众开放不久，还没有经过全面整修，显得相当破败。第二次去游览是2000年夏天，正逢河北大旱，避暑山庄的湖区都没水了，记得我当时为拍一张金山的倒影下到了湖底，一直走到湖底的中间才找到一片湖水。后来问过承德当地的导游，导游说，山庄湖区的干涸绝无仅有地就只有那一个夏天出现过。因为工作原因，进入21世纪有七年或八年时间，我每年都要去一次承德，每次去承德必定要“打卡”避暑山庄，都要花上几个小时游走在湖光山色之间，也见证了这座皇家园林和周围寺庙自2010年起的大规模修缮，尤其引水系统的改造，使得即便遭遇大旱山庄也不太可能再出现湖区没水的情况。因此，我自认为对这座长城外的皇家园林熟悉到不能再熟悉的地步了，不需要导游，不需要别人再对我介绍什么了。这也是几个月前决定接受《龙脉》这本书翻译任务的原因。但在翻译过程中，我发现自己从未对避暑山庄有过真正深层次的文化体验，更谈不上与特定历史时期的氛围和特征邂逅了，甚至都没达到余秋雨说的那种“轻手轻脚地绕到这个消夏的别墅里去偷看几眼”的境界，因为“这种偷看其实也是偷看自己，偷看自己心底从小埋下的历史情绪和民族情绪，有多少可以留存，有多少需要校正”。相信魏瑞明博士的《龙脉》可以为读者打开一扇在避暑山庄感受清初历史的门。

译者将书中提及的康熙皇帝《御制溥仁寺碑文》以及乾隆皇帝撰写的《避暑山庄纪恩堂记》、《避暑山庄后序》和《避暑山庄百韵诗序》，还有根据资料编写的《避暑山庄七十二景》一篇，作为附录放在正文之后。从《避暑山庄纪恩堂记》、《避暑山庄后序》和《避暑山庄百韵诗序》可以看到作为后辈的弘历对爷爷康熙的印象和对康熙营造避暑山庄的解释。《避暑山庄七十二景》抄录了康熙三十六景诗的诗序，可对本书内容有所补充。我很高兴能将手头积累的摄于避暑山庄中的部分风景照片，用来补充这部译作的插图，也是自己与承德避暑山庄的缘分的一种纪念。

朱子仪

2020年7月

引论：清初景观的历史思考

如今从北京乘火车朝东北方向行进，你很快就穿越了人口密集的城区和郊区，进入位于首都和内蒙古之间的山脉。几个小时后你就到了承德——一个人口不到50万的地级市，按照当代中国的标准，它是一个相对较小的城市。然而，在18世纪，它是整个帝国的重要权力中心，清朝宫廷每年约有半年时间移居此处。这里有最大的宫殿和园林的综合体——避暑山庄。如今作为联合国教科文组织批准的“世界文化遗产”和受游客青睐的重要景点，避暑山庄三百年的历史被提炼成一种包含爱国主义、旅游观光和学术研究的多元化风景，有时它们是互相重叠的，有时是彼此交织的。经历了修复、重建和重塑，这个空间既是永恒的，又具有相当明确的时间性。这个宫苑目前试图呈现的视野主要包括乾隆皇帝（1735—1796在位）时期的皇家荣耀，几十甚至几百年间的发展、衰落和重构都被压缩成了一些精选出来的历史瞬间。

跟别的历史没有什么不同，这些历史瞬间只能在回顾中呈现。园林长期以来一直是中国王朝命运的象征，它们的兴衰反映了一个政权不可避免的短暂性。在18世纪末和19世纪初，清朝与各种外来势力极具戏剧性的交锋中，山庄都发挥了重要的作用。其中包括1793年马戛尔尼勋爵（1737—1806）拒绝给乾隆皇帝叩头的著名事件、在第二次鸦片战争结束时逃离北京的咸丰皇帝（1850—1861在位）的驾崩。鉴于这些事件，这座帝国的园林似乎特别适合充当一个帝国的时间框架。乾隆皇帝当政是这番叙事中引人入胜的高潮，清朝在18世纪大部分时间内留下了他统治时期难以计数的文献和物证，尽管他不是那个时期唯一的清朝统治者。所谓“大清盛世”还包括康熙年间（1662—1722）、雍正年间（1723—1735），有时也包括嘉庆年间（1796—1820），但是历史叙述和治史传统经常将“清朝”和“乾隆朝”互相混淆。

清朝景观的历史常常反映出这种模糊不清的情况。我们通常用来描绘清朝的地理形态（geobody），代表了帝国最为辽阔的疆域，那是在18世纪末乾隆时期达到的。乾隆虽然不是清朝第一个园林建造者，却是建设最多的，而且他在建造新的皇家园林时，彻底改变了原有的皇家园林设施。他继承了祖父康熙和父亲雍正的避暑山庄。乾隆的父亲雍正更喜欢待在北京，在他短暂的统治期间从不北上。乾隆在其整个统治期间对避暑山庄的大力开发，改变了园林宫殿人工营造环境的体验，也改变了其基本设计方向。如果仅仅透过乾隆对山庄的愿景来看待，设想在近一个世纪的改建中投射出一个统一的发展过程，就有可能构成一种对历史的抹杀行为（事实上这种情况已经发生了），将前期的意图包含在后期的行动中。

景观、地理、民族、认知的交集是清朝及其统治权构成的核心。1696年，经过五十多年的战争，康熙结束了第一阶段的征服行动，把明朝疆域，包括蒙古、台湾以及其他地区划入了由历史和文化都不尽相同的地域组成的一个新的多民族的帝国。尽管他是清朝的第二任统治者（也是满族致力于征服和统一以来的第四任统治者），但他仍要面对一个新成立国家的许多挑战，既要明确宣示清朝的帝制，又要寻求确立清朝统治在文化和政治上的合法性。他主要关注的是将这个构成复杂的国家，建成一个在地理和文化上具有凝聚力的帝国，并在不同区域的臣民中确立权威。这些臣民中包括汉族官员、蒙古族和满族的精英。另外，欧洲统治者们的使者——天主教的传教士们把新奇的科学、艺术和宗教的思想带到了北京。在多样性和理想的统一的同步塑造和表达中，这个全新和基础的对清朝景观的构想，是康熙王朝应对这些挑战的核心。

1702年，康熙皇帝下令在热河（今河北承德）修建一座新的夏宫。他每年都要去清廷的蒙古盟友的领地北巡，这是为皇帝北巡提供保障的众多行宫中最具规模的一座夏宫。后来被命名为“避暑山庄”的这座夏宫实际上成为副首都。康熙皇帝在其生命的最后十年里，每年从晚春到初秋都居住在那里。从紫禁城受限制的建筑空间中解脱出来，康熙将这座宫苑用作其统治地位的替代空间。欧洲和南亚几乎与他同时代的统治者们，如奥朗则布（1658—1707在位）、路易十四（1643—1715在位）和彼得大帝（1682—1725在位），他们都把人为设计的景观用作显示自己权威的中心舞台。与社会学家诺贝特·埃利亚斯的经典著作中所解读的凡尔赛宫廷（也许显得陈旧了）相比较，书中的宫殿和园林被用来强化国王身边的等级制度，康熙皇帝的山庄则实质上是一个与臣民亲近和交流的仪式场所，在这里，通过游园、宴请、娱乐和赏赐，暂时消除了皇帝和臣民之间的社会差异。

这座行宫在开发的第一阶段就达到了接近完工的状态，1711年，康熙皇帝亲笔书写的一块铜匾就挂上了大门，两年后，外墙和附近的两座寺庙也完工了。宫廷通过多种形式扩展了山庄的功能及其内涵意义。朝廷重臣张玉书（1642—1711）于1708年撰写了描述山庄的文章，皇帝亲自写下的文章也在三年后以手稿和印刷品的多种形式传播。由宫廷画家冷枚（活跃于1677—1742）绘制的一幅著名立轴，捕捉了大约是张玉书游览山庄前后的一个图景，呈现出既理想化又深受当时空间观影响的景象。最后，一部描绘36个景点的诗画册页——《御制避暑山庄诗》，提供了由图像和皇帝自己的诗歌构成的虚拟游览，园林景观尽在读者手掌之中。这部书画册页同时以平面绘画、木版印刷和铜版印刷制作，这部书画册页的多重迭代交相呼应，亦和园林本身形成回应。

这种园林景观在这类迭代中产生的“递归”对话，将这个地方的皇宫建设扩展到任何单一形式的山庄无法达到的程度，同时使园林在向清廷的各类听众传达帝国的特定愿景时，既能作为背景，又能作为媒介。本书最关注的是这一愿景的性质，它通过景观进行传达的方式，这种方式被认为可以作为意识形态表达的积极媒介，而不仅仅是意识形态表达的一种反映。后面的章节不仅将山庄作为一个主要场所及其次生的表现形式，而且将其作为一个相互关联的景观表达的网络，通过这个网络，宫廷构建并传达其意识形态的不同之处。因此，就像大卫·霍尔和罗杰·艾姆斯所描述的[1]，最好把这些景观理解为“修辞性的景观”（rhetorical landscapes），其中景观的各种形式——园林、图像、文本或地图，构成了“一个自身的世界”，这样一种裹挟深意的文化构建与别的表达或创作形式平等，并且互为本体。这些表达借鉴了大量来自“中国本土”内外的和清朝的修辞性和实践性的信息资源，去塑造山庄的理念、体验和现实。也因此，它们体现了清朝作为一个近代早期全球性帝国——要面对历史与现实，面对其多民族与外来对话者的文化和知识系统，面对其领土的自然特性与其自身努力超越这一特性的本质。

凭借探究景观理念的表达方式，尤其是“康熙皇帝的避暑山庄”这个理念的表达方式，本书至少试图在两个意义上“让景观活起来”。首先体现在努力要通过想象超越那种静止的通常粘连到过去的历史移除和历史重建。尤其是山庄这种处于自然变化中的地方，它们或多或少会像旧照片那样泛黄。这种活起来的感觉超出了单纯植物的生长或穿越景

1 参见大卫·霍尔（David Hall）和罗杰·艾姆斯（Roger Ames）《中国园林的宇宙论背景》。——原注（全书注释如无特殊说明均为原注）

观的活动，尽管两者都出现在下面的故事中。这也不是一个与叙述方式相关的问题，让园林回到其客观的位置，以便通过对其主题的“真实性”的评判在某种意义上使其产生活力。更准确地说，这种复活是通过一种“空间互文性”的形式实现的，借助这种形式，一种多重含义的景观概念便在地点、图像、文字、体验和记忆之间的动态交换中显现了。

本书通过引入空间作为中介点的功能来详细阐述这个概念，以便理解各种景观的形式或体验之间如何通过动态共振来聚集其意义。这种相互间的动态共振从本质上说是涉及媒介和时间的关联，却又超越这样的关联。由此产生的运动以多样化的甚至根茎式的方式循环、进化。按照这种方式，理念嵌入在景观中或在景观中编码，并在这样做的过程中，允许它以自己的方式作为一种表达媒介。实际上，强调景观的媒介形式就是要查问这个过程。无论是通过理想化空间的构思和创造，对皇帝的转喻性再现，或是皇帝形象之创建本身，都是要准确理解在某些情况下景观是如何被意义编码的——皇帝的景观就是皇帝自己。

虽然艺术史学家W. J. T. 米切尔（W. J. T. Mitchell）用作媒介的景观构想是这一论点的基础，但他强调景观仅仅是一种“价值的象征”，掩盖了它的任何物质的和具体的经验。这种省略有可能将特定的受众变成概念处理中抽象的参与者，而不是那些在景观至关重要的持续、递归性的积累过程中积极参与的个人。景观的物质和形式上的表现是理解其信息和传达方式的基础，因此在更广泛地探索山庄和清初景观的过程中居于中心地位。密切关注“动态事物”能在其中与创造和使用的语境进行对话的方式，有可能使康熙时代的景观以一种超越米切尔理论的方式焕发生机。因此，山庄不再是经过一系列再现的静态建筑实体，而是通过图像、讲述和记录呈现为一个反映在康熙皇帝统治下构建和部署的空间。

由此，景观的第二种运动形式出现了。它较少地关注运动和移动

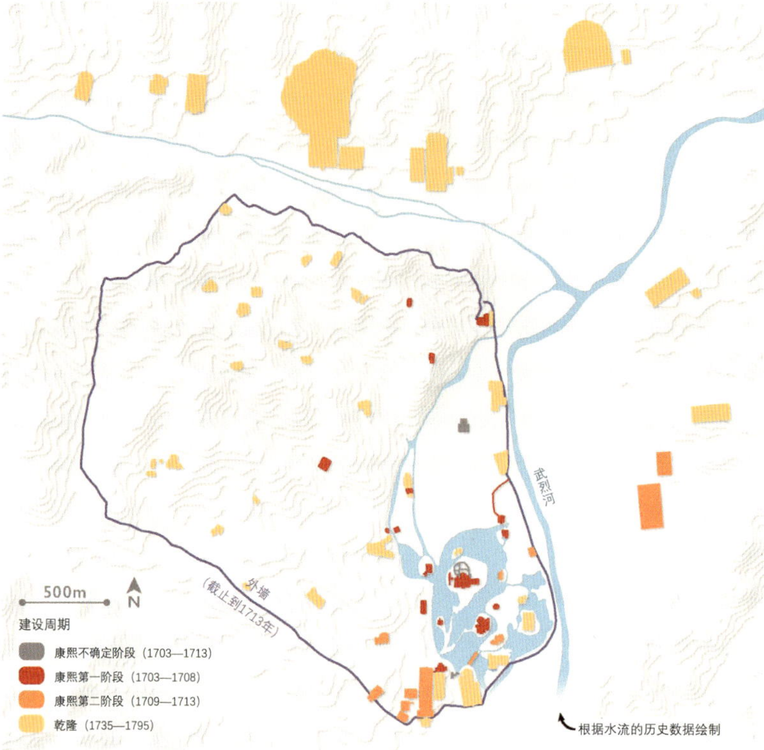

康熙和乾隆年间避暑山庄各开发阶段图　丹尼尔·P.霍夫曼（Daniel P. Huffman）绘制

性，而更多地关注活动的作用，它探究如何使设计和描述的景观不仅能够讲述它们自身的历史，而且能够回答其轨迹与园林或绘画相交的更广泛的问题。怎样才能使山庄的图景，不会变成表现乾隆时代的，而是呈现康熙时代的呢？怎样才能使它能够告诉我们清初这个王朝的政治、文化和领土的演变，以及其在近代早期世界迅速发展的体系中的地位呢？尤其是与乾隆时期丰富的文献和图画资料相比，鲜有证据表明康熙王朝的文化创造达到了什么程度，特别是它与政治和意识形态问题以及帝王身份构建交叉时取得了什么成就。而且，就这点而言，只有在能够重新恢复和获得康熙时代的声音（即其时代的历史差异感和变迁）的情况下，山庄的宏大规模和复杂性的帝王景观才有可能生动地表现出其居住者所关切的特定的和不断变化着的事物。

因此，这本书可以说是以历史考古学为出发点，试图将折叠的景观层拉开，并在一定程度上恢复山庄的年代层序。这一过程开始于康熙年间在这个物理地点不同阶段和不同方面的重建，不仅包括行宫最早的建筑，还包括旅行日程、感官体验，以及创建者想使其产生的那种想象力的腾飞。这种对该园林的详细了解，不仅是想复原园林当时的规划，而且想知道它作为一个人为设计的空间具有什么样的功能和作用，从而辨清康熙时代的山庄原貌。这种多样化的档案可以用于对山庄的后续探索：探索它在帝国吉祥风水地理中的重要位置，或探索它所充当的宫廷理想化的帝国和皇帝形象的表达。通过对现存的两个康熙时期山庄风景描绘实例——冷枚的《热河图》和康熙的《御制避暑山庄诗》册页的挖掘，展示景观素材是如何存留在图画技巧、建筑绘画以及印刷、透视法和测量之中的，这些形式赋予了跨媒体的空间与认识论的关系。然后，这些不同的线索被拉到了一起，探索视觉和经验是如何在御制诗中虚拟化的，这些御制诗既与漫游宫苑的体验相关，同时又是超越具体体验的表述方式的产物。

这种还原至关重要的是要有一项针对信息来源的审慎策略，这里的“信息来源”是从内涵和使用两方面来说的。以前对山庄的研究主要依靠乾隆皇帝时期和19世纪的资料，尤其是热河或承德地区的钦定方志。虽然传统的观点认为这些文本是研究康熙时代的原始资料，但事实上，它们并不比本书更具有原始性。也许本书比它们更有用，虽然相比之下，它们在年代和文化上更接近我们所探究的时期，但仍然是二手的资料。基于这种考虑，我刻意让自己主要依靠康熙年间的资料，在可能和适当的情况下，谨慎地利用后来的资料。这并不是因为这些早期的资源“事实上更‘真实’”。我清楚地知道康熙文献和其所构建的景观具

《康熙帝读书像》（约1699—1704） 故宫博物院藏 胡锤摄

有主观性和不确定性的特点。我尝试用我所论述的重点，即下文所述康熙景观的修辞本质，来替代这种主观性，我们要论证的不是皇帝或山庄是什么样子，而是皇帝如何呈现他自己和帝国的形象。

这一方法试图在其本身不可避免地对各种可能性的限制和通过深

度利用一个时间顺序清晰的资料所产生的可能性之间寻求平衡。因此，下文对方法和过程给予了比通常情况下更多的关注，因为我不仅要论证能看到什么，而且要论证怎么能让人看到，特别是使人对可能出现的历史模糊性和不确定性产生兴趣，以增进对往昔的认识。将景观用作证据，将山庄放入康熙宫廷的文化艺术制造这一更宽广的背景来分析，我们可以期待通过景观所讲述的历史，去探究更基于文本的历史所忽略的东西。

我希望，本研究的成果之一是推动艺术史在清史和范围更广的近代早期帝国史领域占中心地位的论证。虽然文化制作和意识形态的表达本身就是交织在一起的，但对象、图像和空间在近代早期统治权的表达中扮演着特别重要的角色。清朝通过绘画和印刷开发了一个成熟老练的图像制作和传播的统治方式，借用绘画和印刷补充和扩大了其对空间、仪式和文本的利用。在每一种情况下，宫廷对其媒体的视觉和物质潜能的利用，以及它们跨媒体互动的能力，都表现出一种微妙的、逐步发展的与业已接纳和新引进的文化语言的密切联系。它能够以我称之为“多声部”（multivocal）的艺术模式来应对多个不同的群体，这些艺术模式对不同的受众来说既统一又独特，这进一步反映出近代早期世界性帝国和皇权的现实。把对帝国文化制作的研究从更广泛的清史问题中分离出来，不仅在很大程度上脱离了宫廷的实际作为，而且这种分离也造成了事物之间的非历史性的分离，这种分离掩盖了对象、图像和空间在宫廷政治和思想活动中的运作方式。

因此，本书要论证在近代早期世界中存在一种具有关联性的清代艺术史的可能性。康熙时代为这项工程提供了肥沃的土壤，因为这是一个政治和艺术巩固和发展的时期，在这两个领域都可以看到实验和创新的基本过程。宫廷对内源和外源的文化、艺术、技术和认识论的积极参与和融合，导致了一种多元化的意识形态表达方式，在其同时存在的多样性和统一性中，既反映了清王朝的性质，同时也为其受众界定帝王的身份服务。以下各章以山庄的多种形式和迭代过程为主要关注点，力图理解通过景观产生的空间和作为意识形态表达形式的景观中皇权的表现。尽管帝国的思想找到了许多表达方式，一般来说包括仪式、宗教、学术赞助、战争、巡游等，以及更广义上的文化制作，园林景观为关注康熙时代提供了特别有效的展示窗口。

康熙王朝的景观将自然和文化塑造成统一的媒介，把当时人们对空间的理解和表现结合起来，以表达一种崭新的清朝皇帝身份。景观为政治、物质、技术和空间利用之间的“异花授粉”（cross-pollination）提供了空间，这一切都是宫廷权威表达的基本和相互关联的要素。通过这种方式，山庄的景观可以通过各种途径，针对宫廷不同的听众，让宫廷的思想在不同时刻，通过不同媒体，以有形的、图像的和想象的方式，凝聚成康熙应对清初和近代早期世界特定挑战手段的种种变换的形象。

第一部分　复原康熙时代的景观

Part I
Recovering the Kangxi Landscape

扈从赐游记[1]（节录）

［清］张玉书

六月二日，驾至热河行宫。十一日有旨，同满大臣等游观后苑。由正门入，向东北行，至山崖，有殿三楹，额曰“万壑松风”，联云：“云卷千峰色，泉和万籁吟。”

历石磴数十层，纡折而下，右有八角亭可垂钓。过桥循长堤行，时上在亭中，顾谓臣等曰：“此堤形势，有类灵芝。”盖长堤绵亘蜿蜒，至中道别出一支，分为三沱，各踞胜境，实与芝相类也。

其东则云山罨画，西则皇子读书之所。直行里许，至驻跸之地，正门额曰“澄波叠翠”。门外居中设御榻，眺览旷远，千岩万壑俱在指顾间。

入门少西为延薰山馆，联云：“云移溪树侵书幌，风送岩泉润墨池。”馆后有佛堂，额曰“水芳岩秀”，联云：“自有山川开北极，天然风景胜西湖。”旁有楼，额曰“云帆月舫”，联云：“疑乘画棹来天上，欲挂轻帆入镜中。”转至御座正殿前，群花列植，极多异种，绣球

1 张玉书《扈从赐游记》写于1708年，较详细地记载了游览畅春园及三座塞外行宫时的所见所闻。这里节录的部分独立成篇时题为《赐游热河后苑记》，据《钦定四库全书·张文贞集》卷六《赐游热河后苑记》校。——译注

在金山上帝阁看澄湖上的游船　朱子仪摄

五本，分五色，目中所未见也。

对面有台，曰“一片云”。于是台上设音乐，满诸臣坐于东廊，臣偕翰林诸臣坐西廊。小榭内设木榻。既宴，赐食数器，又特赐御膳野鸡羹一器。及午宴罢，群起谢恩出，遂登舟泛湖。湖之极空旷处与西湖仿佛，其清幽澄洁之胜，则西湖不及也。

岸有乔木数株，近侍云：“此皆奉上命所留。”随树筑堤，苍翠交映，而古干更具屈蟠之势。舟中遥望胜概，不可殚述，有远岸萦流极其浩淼者，有岩回川抱极其明秀者，万树攒绿，丹楼如霞，谓之画境可，谓之诗境亦可。

湖东岸一闸，温泉水从此入。登岸则有荷池，池上有凉殿，殿右有亭，为曲水流觞之地。额曰“芊香沜”，联云：“双涧常流月，千峰自合云。”远近泉声皆随地势曲折疏导而得之。

远眺水心榭 朱子仪摄

循湖水数折复至初乘舟处，登岸度桥，由旧道而出。此苑中东北一路胜概也。

至二十八日，复奉命再游，则寻西北之胜。从东掖门北行，仍经万壑松风，由长堤至澄波叠翠。时从正门行，直过云帆月舫，循廊下行至一片云处，仍坐西廊，赐食观乐，复特赐御案羹汤。

食毕而起，传谕荷花盛开可同观之。登舟过藏舟坞，对望隔一堤，湖光空明无际，所谓双湖夹镜者，于此地见之。湖西莲甚盛，内有一种色至鲜妍者，从敖汉部落得其种，花与叶俱浮水面，倒影湖中最为奇丽。其他或远或近，丛生散布，清芬环匝，真巨观也。

登岸地势平衍，有田畴有林木，过小桥数折，沿山趾而行，山巅苍藤古藓，不知几百年物。比至关口，关以外为狮子峪，关踞岭上，是为西岭关。下一轩额曰“濠濮间想”，有二联，一曰“窗间树色连山净，户外风光带水明”，一曰“野静山气敛，林疏风露长”。坐憩数刻，真觉别有天地，非人间也。

其山后榛子峪、松林峪，不及往而返。南行，则为龙王庙，又南，则迤逦石径，杂以丛卉，春月梨花甚繁，称一时之胜。山行约十数里，坡陀委折，时断时续，异境天成。

回至长桥、石矶而西北一路，皆仿佛得其一胜概矣。复乘舟指西掖门登岸，偕于岸旁谢恩。

所谓十六景者：一曰澄波叠翠，则御座正门也；一曰芝径云堤，则长堤也；一曰长虹饮练，则长桥也；一曰暖流暄波，则温泉所从入也；一曰双湖夹镜，则两湖隔堤处也；一曰万壑松风，则入门山崖之殿也；一曰曲水荷香，则流觞处也；一曰西岭晨霞，则关口西岭也；一曰锤峰落照，则远望苑西一峰也；一曰芳渚临流，即石磴旁之小亭也；一曰南山积雪，则苑南一带山也；一曰金莲映日，则西岸所见金莲数亩是也；一曰梨花伴月，则春月梨花极盛处也；一曰莺啭乔木，则堤畔所有乔木数株是也；一曰石矶观鱼，则石矶随处可垂钓者也；一曰甫田丛樾，则田畴林木极茂盛处也。

宇内山林无此奇丽，宇内园亭无此宏旷，先后布置皆由圣心指点而成。未成之时，人不知其绝胜，既成之后则皆以为不可易矣。大抵顺其自然，行所无事，因地之势，度土之宜，而以人事区画其间，经理天下，无异道也。

第一章　重构康熙的山庄

1708年夏天，朝廷大臣兼翰林院编修张玉书以康熙皇帝随从的身份前往热河，这是皇帝第一次在他新建的行宫中长时间逗留。张玉书在一篇题为《扈从赐游记》的文章中记录了这次旅行，其中一部分描述了两次游览避暑山庄的情形。张玉书的游记与将园林景观和皇帝诗文相结合的《御制避暑山庄诗》一起，构成了对康熙时期留存景观的最可靠的描述。当皇帝和他的客人们在景观中穿行的时候，经过设计的景象和天然环境都尽收张玉书眼底。他特别重视文本建筑学（textual architectonics）——康熙赐给这里最早建筑的名字和富有诗意的对联，通过精心规划的多重含义的场景，产生了游客与园林景观的邂逅。该文同时也描述了游客与皇帝互动的时刻，在君臣之间较为正式又往往更加仪式化的交流的宽泛范围内，展示出不同寻常的个人关系。

结合其他文本资源、图像和自然景观来解读，这种“赐游”有助于重新构建康熙时期山庄最早的迭代图景——它的概念、认识，也许最重要的是它的操作、它作为对帝国意识形态的一种实体的和修辞性的表达，在游览体验和各种再现中与人邂逅。对这座宫苑进行重构，不只是静态的结构安排，而且是作为一个由活动和经验定义的空间，从游客的角度重新激活这座山庄，同时借鉴感性和具体的经验，对这里最早的概念和设计建立一种认识。园林围墙内的殿堂、亭阁和庭院的布置反映了其地形和水文的特殊性，伴随着皇帝和他的客人享受大自然奇妙景色的进程，皇帝在景观中的存在感逐渐被扩大，整个行程的逻辑性也逐渐明晰。以这种方式重构园林，景观成了可以任意调用的资源，以此为基础拓展康熙时代对景观和意识形态的更具概念化的认识。

内外环线

早在1681年，朝廷就在热河地区建立了季节性狩猎营地，到了1702年8月，又郑重其事地开始在热河流域开发一个永久性的皇家建筑群。那年夏天，康熙在热河停留了18天，其间接待了一批上层人士，走访了周边的乡村，并进行了打猎活动。8月下旬离开热河后，皇帝立即向工部发布敕令，指示测量师勘测并标示一块可建造大型建筑群的土地。官员们也开始了招募工人和准备材料的工作，包括从山东和直隶（大致就是今天的河北）招募劳工，从木兰围场采伐木材，考察工地周围的山脉和岩石，以及建造窑炉。

从1703年初开始，工部和内务府承担了以上各项任务。那年夏末，康熙花了三天时间前往位于热河下营稍北一点的洪泛平原，也许是为了视察规划工作的进展情况。那个夏天，这个皇家园林景观虽然实际地址保持不变，但经历了一个相当大的概念上的转变，因为宫廷文书赋予它一个新的名称——“热河上营”，这个名称在第一个开发阶段一直使用，沿用到了1708年。

这个时期的焦点是中心湖区和岛屿群，这是康熙时期最早的公私兼用殿堂的所在地。首先要做的是给原先的湖区清淤，让从武烈河流过来的水改道，以给营地的水系供水。武烈河的水从东北方向进入山谷，沿着园林的东侧流动。从湖中挖出的土形成了该地区的基础部分——被

避暑山庄地形和水文特征图　丹尼尔·P.霍夫曼绘制

张玉书描述的热河行宫建筑图　丹尼尔·P. 霍夫曼绘制

命名为“芝径云堤”的湖堤和六个中心岛屿。湖上最大的岛屿称为“如意洲”，上面的建筑群，包括“无暑清凉”、“延薰山馆”和“水芳岩秀”，组成了热河第一座宫殿。正如张玉书的描述所证明的，这些建筑的完工不迟于1708年，使得皇帝能够在那个夏天第一次在热河的逗留时间延长到45天，而在过去的五年中，其每年在热河逗留都只在7天到18天之间。

更具挑战性的是，除了这几个院落之外，如何精准地确定康熙时期第一个开发阶段（1703—1708）修建了什么建筑？张玉书在对宫苑的描述中，给一系列建筑和其他地理特征命名，其中包括“万壑松风”，这个建筑群就在山庄正门内，提供了一个从山坡上往北俯瞰的制高点，从这里可以俯瞰整个宫苑。如意洲、环碧洲和月色江声诸岛上的建筑群，共同构成了康熙与张玉书两人所描述的灵芝状的景观。位于如意湖东北角的一组亭台楼阁，内有荷塘和为饮酒赋诗而建的“流杯亭”，被称为“曲水荷香”。还有一些亭台楼阁，分布在湖岸和附近山区。

与通常归入这个开发阶段的更长的建筑名称表相对照，就引出了些有趣的问题。研究山庄的学者陈宝森结合乾隆时期的《钦定热河志》和未注明来源的资料，将康熙年间的大部分建筑归于1703年至1708年这个阶段，其中包括张玉书提到的建筑、金山岛上的寺庙和如意洲上的佛寺法林寺；内湖岛屿上的几个景点建筑群；“梨花伴月”，一个位于梨树峪不远的建筑群，皇帝的妃嫔在热河时居住在那里；山庄北端的重要建筑群，一个可以在山崖顶上俯瞰万树园，另一个位于东北水闸附近；还有一些是位于山区深处的亭子，以及散布在中心湖区和园林周边的各种功能性建筑。[1]康熙时代没有资料可以确定这些建筑可靠、具体的修建年代，张玉书有关“赐游”的记载，则成为这些时代里程碑式的阐

1 参见陈宝森《承德避暑山庄外八庙》。

从下湖南岸远眺 朱子仪摄

释，这些阐释使重现山庄早期开发和某些设计意图成为可能。

张玉书有关避暑山庄的描述不仅说到了1708年这个地方的规划，还提到了活动和代步工具，这是认识康熙时期更广阔的开发的关键。张玉书一行追述了1708年的行程。他们沿着既定路线饱览园林中心区“东北、西北一路胜概”。两次游览他们都没有远离主要湖区：第一次，皇帝和他的客人们完全是在湖区活动；第二次，他们走到内湖的北端，在松云峡附近往山区里只走了很短的一段路，然后就途经灵泽龙王庙返回了南边。

从游客对景观的体验和景观总体规划来看，1708年园林的规模仍然局限在主湖区附近，其建筑的节点由既定的游览路线或很短的支线游连接。从张玉书确认名称的景点来判断，他的两条路线穿越了当时园林营造的大部分地区。张玉书命名的所谓“十六景”，都在两条旅游路线中的某一条上面，或是通过短的支线道路或小径与之相连。例如，虽然官员们没有游览“南山积雪”，但它位于松云峡入口以北，只需爬一小段山路。同样，“梨花伴月”和“锤峰落照”都是从松云峡沿着往南的路线走，经过龙王庙，然后向西行，接着上山。

这种以行程为基础的连接逻辑，可以延伸到陈宝森归入第一个开发时期的那些建筑物和建筑群，它们并没有出现在张玉书的叙述中。其中一些建筑物远离旅游线路，但可能通过特定的安排和体验与中心区相连。继续向北经过“南山积雪”，先下到一个马鞍形的地方，建筑群“青枫绿屿”就坐落在那里，然后再爬到山庄的最高点之一，也就是“北枕双峰”。显然至少要到1712年才有了《御制避暑山庄诗》。在这部诗集中，这三个景点都出现了——它们被看作是沿着一条路线排列的一个景点群，因为对其中一个的描绘都会包含另外两个中的一个。走过“北枕双峰”就来到了斗姥阁。“青枫绿屿”出现在这条路线上，可能

『梨花伴月』老照片

在沿着相当艰苦的上坡路到达园林的最北端时，它在某种程度上是一个休息场所。无独有偶，康熙年间建造在山庄围墙内最西端的“四面云山”则坐落在“梨花伴月”和梨树峪尽头的龙王庙上方。

尽管远远超出了张玉书的游览范围，但就距离和体力消耗而言，这些距离较远的景点与园林的风景核心区之间的联系，并不是通过山庄的外来游客的切身体验来实现的，而是通过山庄常住居民的切身体验。换言之，“青枫绿屿”、斗姥阁、“梨花伴月”和“四面云山”，与张玉书一行游览的景点一样，都坐落在既定的游览路线上，但都是留给皇帝和皇室成员的。认识到这些建筑是由明显的设计（一条路径）和体验（一个行程）联系在一起，则首先表明它们都可以追溯到同一时期或相似时期。这是一个在营造稍后阶段出现的理念，乾隆皇帝在那个阶段沿着环路开发了特定的山区景观。也许更重要的是，这个理念说明了这里的整体规划，这个整体规划可以设想有内部和外部的区分，或有公用和私用的区分，部分是由地形和离中心区的远近界定的，但也是由特权和与皇帝的熟识或亲密程度决定的。

另一种区分内外的方法，在山庄的某些区域的命名和评语中有所表现。例如园林东北角的大门、亭子和厅堂，在那里，改道的武烈河进入了这片区域。从“北枕双峰”向东拐，而不是朝西北到斗姥阁，沿着一条陡峭的小路，到达园林平原区与群山相接的北部；也可以穿过万树园或乘船沿着谷底西边的狭窄水道到达这片区域。这个区域吸引人的景观，是河水通过一个水闸潺潺流进园林湖泊系统的情景。一间厅堂矗立在水闸上面，一个小亭子建在水闸旁。在这两处不仅可以看到水，还可以看到对面的悬崖，悬崖上镌刻着皇帝亲笔书写的“泉源石壁”四个字。在入口处水流的北侧，与亭子相对的是一个更大的建筑群，其中可能包括一个书房和几间供人歇息的厅堂。然而，在1708年，这个地区的景观特征并没有在园林的命名中得到正式认可。“暖流暄波”这个名字

张玉书两次游览行程图　东北游览路线和西北游览路线　丹尼尔·P. 霍夫曼绘制

避暑山庄的公用和私用区域图　丹尼尔·P.霍夫曼绘制

后来用于北边水闸上的厅堂。按照张玉书的描述，“暖流暄波”连接如意湖东北角的小水闸，这个水闸控制热河泉流入主湖泊区。张玉书也没有提到皇帝亲笔题字这么具有纪念意义的事件，没有提到可以从那个亭子看到皇帝的题字，显然在1708年，整个北部景点群都在来访者体验的范围之外。

就像将某些建筑与中心区连接起来的行程一样，命名和对景点的评语有助于界定公用的中心区和私有的周边地区。北部地带景点名称的变换以及借助御制诗将这一地带纳入公共景区的规划，也许表明这个景点的修建日期要晚一些。同时，这也可能反映出它们曾存在于一个游

沈喻主持的御制诗木版印本第十八景《天宇咸畅》（1713） 哈佛燕京图书馆藏

金山上帝阁 朱子仪摄

客体验不到的外部私有区域。内部与外部之间、公用与私用之间的这种划分，是家用和皇室建筑的核心，包括住宅、宫殿和城市规划。然而，无论是在宫廷还是在都城，“内部”通常与私用相关，“外部”与公用相关；在热河，这种表达方式反转了。在任何情况下，首先遇到的是“公用”空间，而“私用”区域在建筑位置上或地形上位于中心区之外。

除了命名的变换之外，张玉书的记载与山庄早期建筑惯常的年代划分之间存在的最明显脱节，出现在山庄最具标志性的景点之一——金山岛上。金山以一座三层的高阁为特征，那高阁也就是位于较小的人造假山顶上的上帝阁。金山是康熙时代园林中最显眼的景点，可能也是给人印象最深刻的地方。该建筑群是仿照南京城外长江上岛寺合一的景点——“京口三山”之一的金山建造的。金山建筑群在对山庄的各种想象中扮演着重要的角色，特别是在康熙御制诗中，它出演了两次：第十八景“天宇咸畅”和第三十二景“镜水云岑”。康熙在《天宇咸畅》中的描写，就仿佛他站在上帝阁顶层：从那里，他“仰接层霄，俯临碧水”，眼前所见乃山庄之“大观”也，整个世界如此生气勃勃，令他感到心满意足。

陈宝森把建造金山的时间定在1703年，如果是那样的话，张玉书和同行官员在宴会之后，一定会在途中经过上帝阁；甚至更早一些，游览者从流杯亭返回时一定会经过金山。可张玉书并没有提到，这尤其令人惊讶，因为他的家乡江苏丹徒距离镇江的金山寺也就10公里左右，而镇江的金山寺正是这里仿建的原型。这位热河景观细致的观察者似乎不太

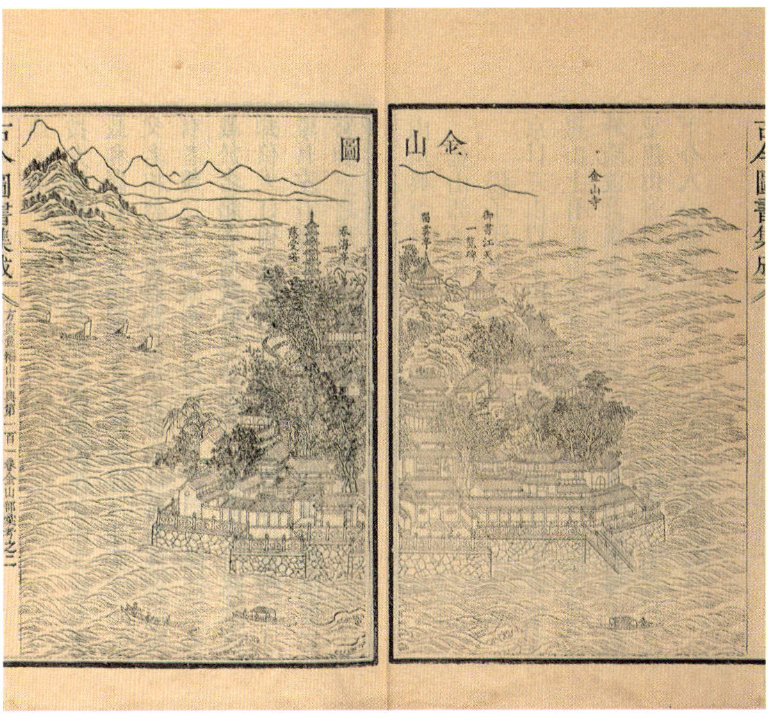

《古今图书集成》中的《金山图》 哈佛燕京图书馆藏

可能注意不到如此引人注目、与他的家乡紧密联系的一座建筑。这充分表明，金山的建筑群属于康熙开发的第二阶段，是1709年至1711年间建造的。

总之，这里提出了1708年左右（即一期建设结束的关口）山庄的一个完全不同的布局，而张玉书的记载有可能为之提供解释。张玉书的游记中呈现的是一个相对温和的建筑规划，关注点放在山庄在体验方面最为引人注目的区域——中心湖区、山区的丘陵地带，并选取地势高的位置，俯瞰武烈河河谷和眺望东面起伏的山脉。这一时期的开发和命名模式也许更可以被理解为确定山庄在通道和使用方面的内部—外部或公用—私用之类范围的划分。张玉书大致描述过的围绕中心湖区的内部环路，为来访的贵宾提供进入与皇帝相联系的特定空间的路径，包括官方和私用的住所，以及附近精选的景点。然而，在这条内部路线以外的地方，似乎就是皇帝和他的家人留给自己用的景观了。其中一些景点，像中心湖区第二个岛屿上的景点，访客可以看见，但可能没有机会去游览；其他一些景点在视线之外，却仍然通过路径和游程与中心区相连。外部景点中的一些不在张玉书所谓的“十六景”（早期标志性的景点）之内，但随着1711年山庄围墙内建设的完工和第二年御制诗的印行，一切都将发生变化。到那时，私用的行宫通过印刷品向社会公开了，随着“十六景”增加到了“三十六景”，这个规模宏大的园林已没有哪一部分明显超出人们可以从印刷品领略到的范围了。

放大镜下的景观

从1709年开始，热河的皇家园林进入第二个重要的开发阶段。1711年，随着新建的山庄正门上方悬挂上一块镀金铜匾，这个开发阶段便宣告结束了。铜匾展示的是康熙皇帝亲笔书写的“避暑山庄”四个字，这

热河上营的建筑开发图　丹尼尔·P. 霍夫曼绘制

康熙亲笔书写的避暑山庄铜匾 朱子仪摄

座行宫的正式名称也就此诞生了。除了金山岛的厅堂和阁楼外，这一时期还对山庄的景观进行了两个重大的建筑学意义上的改造。首先是园林向东南扩展，还疏浚了两个新的湖——银湖和镜湖；其次是建造了规模更大的系列宫殿——正宫，位于山庄原入口的南面。这些变化使得围墙也必须向东南方向扩展，山庄全部围墙大约于1713年完工，这是最后的一部分工程。

皇帝撰写的《御制避暑山庄记》也是1711年山庄重大改造完成的一个标志。这篇文章通过各种手抄版本流传，同时也被1713年问世的《御制避暑山庄诗》用作序文。“御制三十六景诗”成书出版，在某种意义上改变了山庄第一阶段以内外界线为特征的建设，因为即便不能真的成为皇帝的客人，也都能以虚拟访客的身份体验整个园林的景观游程。随着题名与建筑本身建立了固定联系，皇帝公开印行的描绘山庄的文字，将可接近的景观延伸到了新的媒介，通过其不同形式之间的相互作用为受众构建意义。第二阶段山庄的扩建通过聚焦感官体验、真实活动和游客的想象力，利用这种相互作用，扩展了景观，使其超越了即时的现实和时间的界限。这类知觉反转（perceptual inversion）的营造手段，包括“借景”和文本的仿景，在园林设计传统中已臻于完善。不过与中国古代的其他园林相比，这些手段在避暑山庄的独特表现和实际效果是由

正宫内的庭院　朱子仪摄

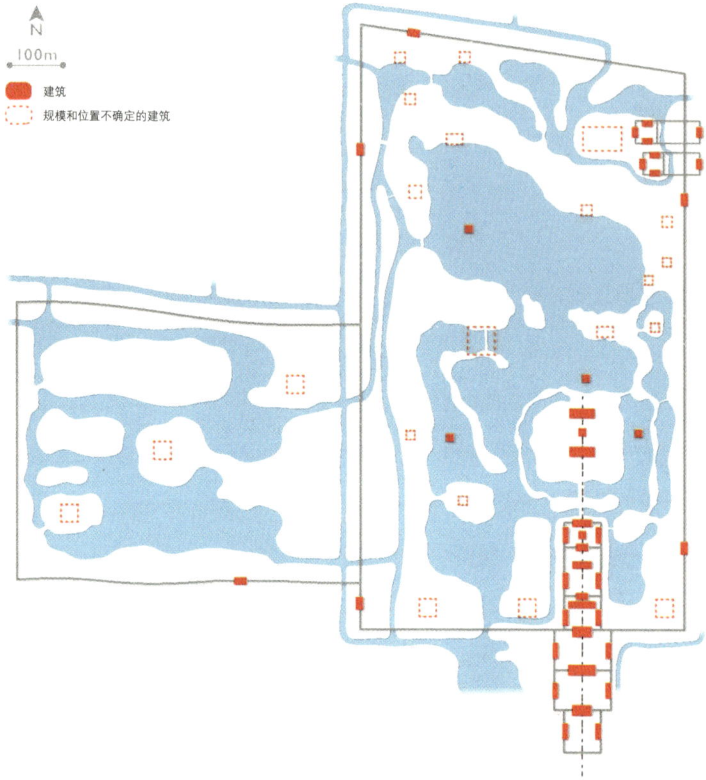

畅春园规划图 潘·塞雷帕尼亚（Pen Sereypagna）绘制

其巨大规模所造就的，也是由这种规模所反映的至高无上的皇权所造就的。

就象征意义和实用意义而言，这一时期山庄建筑中最重要的补充是正宫，它取代了如意洲上的建筑群，成为皇帝正式的理政区。在热河建造一座正式的宫殿，标志着皇帝巡游期间山庄有效成为帝国政府所在地的程度加深。它也凸显了儒家的治理模式是康熙版山庄的实质要素——正宫中规中矩的布局和殿堂与“后花园”中不那么刻板的人造景观和活动场所形成鲜明对比。

正宫规划图（约1709—1711） 潘·塞雷帕尼亚、丹尼尔·P.霍夫曼绘制

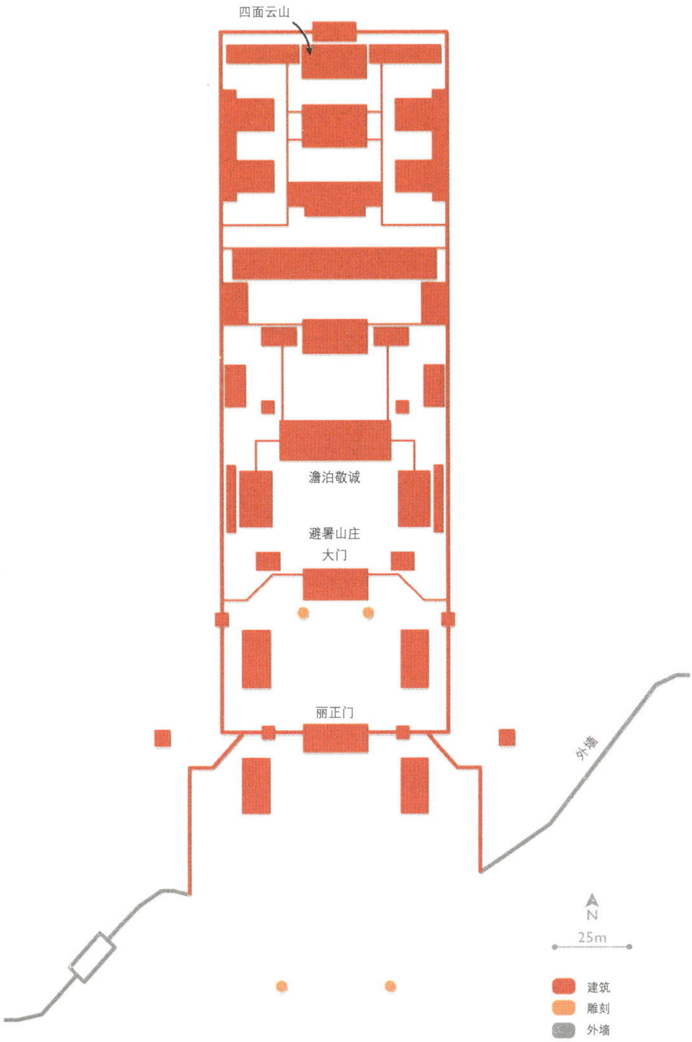

在清朝成熟的皇家园林中，比如圆明园或清漪园（颐和园的前身），增建作为轴心的宫殿的做法是独有的。但这可能是康熙早期营造的特点，这里以北京郊区的畅春园为例。跟山庄一样，畅春园的布局也

“澹泊敬诚”殿内 朱子仪摄

以一系列相互连接的湖泊和散布的岛屿为中心，宫殿坐北朝南，通向一个中心岛，岛上还有一组轴向的建筑物。尽管1708年张玉书来访时正宫尚未建成，但他提及园林时称“后苑”。“后苑”的“后”是相对于前面的宫殿而言的，指的就是这种业已确立的皇家园林设计。

康熙的正宫在规划和结构上与清朝在盛京（今沈阳，也称为“奉天”）或北京的主要皇宫一样，类似于一座大宅邸。盛京的皇宫采用三分制，旗、院、居三部分大致是并排的。山庄的正宫更像北京的紫禁城，是严格的轴对称状态。它前面是连续多个带大门的前院，这些前院通向一系列办理政务的半官方的殿堂，最后是位于正宫后部的寝宫。不过，正宫并没有体现出北京和盛京建筑群惯常的布局或重点。它由一个单一的轴线组成，每个院子都延伸到下一个，而不是在更精致的宫殿中经常能看到的多重嵌套庭院。相比之下，这些建筑本身也同样简朴。新

云山胜地 朱子仪摄

修建的正殿“澹泊敬诚”虽然比“无暑清凉”宏大，却与沈阳和北京的皇宫完全不同，既没有那样的规模，也没有彩漆和明亮的琉璃瓦。皇帝要考虑皇家的低调和节省，作为统治者首先要关爱他的子民，规模相对缩小的正宫也营造出一种不太正式的环境。朝臣、皇亲和其他熟悉京城更为雄伟宫殿的人，能看得出来在视觉和物质方面体现皇帝威严的明显线索都不存在或减少了。

正宫大宅邸似的本质，由其与宫墙外景观的关系得到强化。跟北京的皇宫一样，热河皇宫的后面也有一个小花园。然而，正宫的花园并不像紫禁城的御花园那样独立，与宫墙之外的城市隔离开来，它还包含了一座两层的楼阁“云山胜地”。这本身为园林提供了一处“景”，而它连接寝宫和花园的方式类似于私人豪宅。登上花园庭院中的人造假山，进入二楼的走廊，游客就获得了一个从高处向北边眺望的有利位置。再加上从宫殿后部到湖区和谷底，地势有很大的落差，远眺时的景象给人一种“林峦烟水，一望无极”的感觉，世界也就变成了“万顷园林”。

这种对深度和空间的操纵，介入其中的前景或中间地带都在视觉上被忽略，以便将观者自身的空间和距离融入唯一的景观中，这种手法经常运用在较小的花园空间里。尤其是它加强了“借景”的透视断层，在这种透视断层中，花园环境将墙外的风景融入唯一的感官领域之中。然而，考虑到热河宫苑的规模，从其南侧的高地看去，山庄作为有界空间和皇家领地的现实暂时被搁置，园林和世界之间的物质和概念上的区别被忽略了，景观像通过透镜似的被放大，呈现为世界本身。把正宫外

沈喻主持的御制诗木版印本第八景《云山胜地》（1713） 哈佛燕京图书馆藏

避暑山庄东南部分的建筑开发图　丹尼尔·P.霍夫曼绘制

的空间比喻成一个无限的世界，而不是一个被分隔出来的园林，因为对比之下，正宫相对变小，而其作为通往更大空间的入口的功能变得更为显著。

同一时期对湖区的扩张，同样反映了对活动和感知的操纵是山庄预设体验的不可或缺的方式。尽管许多中国园林都是如此，但在避暑山庄，自然地形和人为干预之间的设计和营造的张力，尤其是在水系方面，可以说比其他的园林要大得多。在地势低洼的江南园林中，水是一种丰富而易得的建筑元素，这些园林往往建在岛屿上或靠近该地区湖泊和河流纵横交错的三角洲的岸边，自然流动的水通常改道注入私人花园的湖泊系统中，再通过水闸流进流出，确保花园内的水清澈新鲜，适合植物和鱼类生长。这种基本技术也用在了山庄，但这仅仅是一个更为精细和精心建设的工程系统的基础条件，该系统确保整座宫苑的用水，不管是出于实用目的还是美学目的。

避暑山庄的主要水系由一系列人工建成的湖泊组成。这些湖泊位于河谷的洪泛平原靠西的边缘，经疏浚建成。通过园林东北角的一个水闸使武烈河河水分流，水流首先沿着西山脚下的西南偏南方向流进一条连接两个小水体的河渠。北面的水体如今被称为“半月湖”，那里矗立着有皇帝题刻的崖壁，标明这是园林的水源。再往南，这股水流又分道为两个岛屿供水，并形成了内湖。张玉书曾由“长桥”穿过内湖。在内湖较小的第二个岛下面，原先的水道变成了一个大而圆的湖。实际上，这是一个通过设计和命名划分为四个区域的水体，从西南方向顺时针依次为如意湖、澄湖、上湖和下湖。

1708年张玉书游览园林时，这代表了其中心水系的范围。山庄东南角的一个水闸，是园林水流的主要控制点。就像今天我们看到的那样，这股水流重新汇入了山庄东南的武烈河。从1709年起，山庄扩大到包含现在的镜湖和银湖在内。尽管这种扩张的原因没有被记录在案，但这也

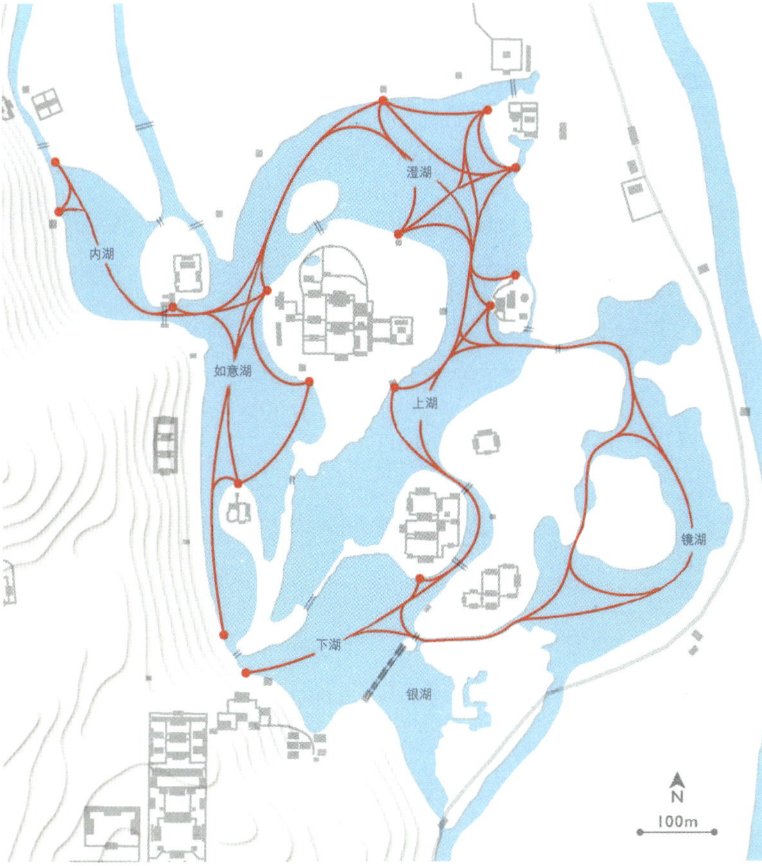

康熙年间避暑山庄的引水分流系统　丹尼尔·P. 霍夫曼绘制

许是基于水文学和美学的考虑。山庄的地形就是这样，从山区和北部平原还有湖泊流出的水，都向东南方向流淌。这片新加入的土地就坐落在原先的湖区和武烈河之间，正处于大片排水区域的中心。因此，镜湖和银湖原本也会沦为一片沼泽，这一假设进一步得到了以下情况的支持，即康熙时代这一带几乎没有建筑物。

这些湖泊不仅提供了景致，给钓鱼、划船等娱乐活动提供了机会，还是陆上的路线和游程的补充。主要湖区和东南湖区都是通航的，康熙时期在中央湖区至少有一个船坞，设在内湖口的小岛上。设在东北部靠近热河泉的第二个船坞也可以追溯到这一时期。在《热河图》中，画家冷枚描绘了几艘船系在如意湖亭边，附近有步行桥通往中心岛屿。而且根据图画和现实的证据，许多水边亭台楼阁都为乘船游览提供了条件。其中最明显的是金山岛上的建筑，其西面和北面都可乘船到达，岛的西面有两道石阶通进护墙，北面有个小亭子遮盖的码头。同样，“月色江声”岛的设计也恰如其分地定位在近水处，而朝南的主入口直接面向一个小的平台。现在我们更熟悉的连接岛屿和中心堤岸主支干道的步行桥和小径，自然而然地将游客引导到建筑群。水边的亭子兼有登岸点的用途，这在如意洲北岸和东南岸的“澄波叠翠”和“含润亭”都能明显看出来。其他的登岸点不那么显眼，由几块排列在水边的平石组成，从水上进一步增强了园林的可接近感。

认识到山庄的基础设施是以水为导向的，就使得在山庄中心区域乘船或在船上的活动、游览以及获得更好的视野变得显而易见。在张玉书的游记中，他清楚地描述了这一扩展的空间。在他的第一次游览中，聚在一起的客人们乘了好几次船。他们在皇家戏院“一片云”接受宴请之后，从附近的一个码头上船，划到湖的北岸被茂盛树木遮蔽的登岸点——也许是“莺啭乔木”。又划了一阵，这群人在热河温泉附近上岸，然后再次乘船沿湖边游览，并回到原来的出发点。据张玉书的描述，在第一次游览时，乘船本身主要是功能性的，目的是以最直接的方式将游客从一个景点运送到下一个景点。相比之下，在他的第二次游览中，客人们用完午餐再次登上船只，通过水上游获得了在岸边无法获得的风景体验。他们再次离开如意洲，驶过西北的船坞，来到了“长桥”。当船在荷花间漂游，穿过被堤岸分隔在两边的内湖和如意湖，在张玉书看来，它们就像是反映在镜子中的独立景观（“双湖夹镜”）。在这里，船不仅作为一种交通工具，而且作为一种接触景观特征、获得

连接下湖和镜湖的水路（左边的石阶可供小船登岸） 魏瑞明提供

风景体验的媒介，因为这种景观特征和风景体验是专门为水上观赏设计出来的。

认识到在山庄设计中置身水上和穿越水面的重要性，可以扩大甚至颠覆熟知的传统景观框架。水之美——它的声音，它的光影，水中花卉的芳香和姿态——在皇帝的御制诗和冷枚的《热河图》中都有突出的表现，不过它们是作为主要从陆地上获得的体验来呈现的。在许多情况下，建筑和景观的设计是要消除陆地和水面之间的界限，就像在“云山胜地”看到的将宫殿的花园与更广阔的景观相融合一样。矗立在水边的亭子有时甚至伸入湖中，如同小岛上的那些亭台楼阁，给人一种浮在水面上的感觉。“云帆月舫”是一座看起来像船的楼阁，直接建在了如意洲的东岸，从二层走廊向外看，能让人产生置身水面上的漂浮感。

除了这些操控感知的技法，景观的设计、建筑的朝向和众多的登岸点表明，园林宫殿的居住者和游客使用船只是多么频繁的事情。不仅仅是实用性的问题，这还应该被理解为这些湖是试图要创造的幻觉的不可缺少的部分。即使是城市中最大的私人花园，那里面出现的船本质上也不过是装饰性的点缀，但山庄与之不同，它的规模意味着其湖区介于私人池塘与杭州西湖这样的名胜之间。张玉书就直接用杭州西湖与之相比。大量文献证明，乘船游览是南方精英阶层生活的中心内容，许多描绘园林的画作都清楚地显示河边的入口。泛舟的乐趣，特别是在西湖上泛舟的乐趣，都得到充分的描述。相当多的“西湖十景”（如“平湖秋月”）图，都集中在对水的体验上。

在园林的中心湖区泛舟，在与世隔绝、离散的空间和一个没有围墙的世界之间漂浮，延伸了景观如同放大镜下之幻象的效果。置身水上改变了景观的视觉体验，这类方式在山庄的设计中得到了利用。相对于步行时的体验，坐在小船上则受一种较低的视角的支配，这既是因为人是坐着而不是站着，也是因为这时的水平面要低于周围陆地。张玉书所描述的“双湖夹镜”的幻觉，正是由于以下这个有利条件造成的：不仅两个湖隔着一条分水线望着对方，而且它们与周围的世界相对隔绝。这种与世隔绝的感觉也可以用来在园林中创造空间。狭窄的水道将一个湖与另一个湖隔开，穿行这条水道时，比如在下湖和镜湖之间，船经过的相对高的两岸和狭窄的空间有助于产生一种越界的感觉。这种越界感被两个湖中间的岛屿的树木和山丘所强化，它们在水面上阻断了两个空间之间的任何感觉上的联系。

就像园林与广阔世界之间的相互作用一样，这里的水也有助于扩大游客对周围环境的体验。在中国园林设计中，在园林空间和其他环境空间之间出现富有想象力的跳跃是很常见的，只需要游客暂时忘掉自己的实际位置。这种效果通常是通过城市中园林的空间限制来实现的，例如人造假山看起来像高耸的群山、小池塘看起来像辽阔的大海。然而在山庄，由于张玉书等人推崇开阔的环境，园林设计失去了小型园林特有的受限空间，因此，规模上的限制一般不能作为概念上跳跃的手段。相反，借助在较大的景观中激发活动并改变游客的视角，借助在湖上泛舟来触发这类知觉错觉，可以引发有别于陆地上对景观感受的另一番身体和视觉的体验。

对自然的工程化重建

尽管山庄最显眼的水文工程位于谷底，但在园林山峦起伏的西部，相关的设计和干预的痕迹也到处可见。除了来自泉水、雨水和季节性溢流的自然蓄水，石砌水渠、人造水库和其他人工建造的蓄水设施显示了更可靠、量更大的水流的常规储备，以及对特定效果的工程控制。受控的水流不仅有助于形成引人关注的景观效果，而且在园林各区域内外建立起富有想象力的联系，使景观的设计和体验超出其刻板的物理参数。

西部山区的水文规划如今由于建筑的破败和树木的再生而难觅踪影，然而某些建筑物和建筑群的设计、命名和位置有助于重现其布局和实现景观体验方面的预期。例如，位于榛子峪上方和沿线的几个建筑物说明了对原本自然流进山谷的水流的精心调控和补充。坐落在榛子峪和松林峪交会处的山脊上，瀑源亭提供了朝东方向的广阔视野。与它名字相关的瀑布顺榛子峪而下，流经两个相邻的建筑群“松鹤清越”（康熙为母亲建造的住所）和“风泉清听”。溪流继续往下流，经过望鹿亭，最后注入如意湖。几十年后，乾隆进一步利用这里溪水潺潺的景观特色，修建了横跨溪流的碧峰寺。巨塔形寺庙的后门或上坡入口是一个水闸，溪水蜿蜒穿过寺庙院内，然后在大门附近流出。

这些水道会自然获取来自雨水和融雪的径流，但这些来源不足以维持持续不断的水流量。如今人们已基本忘记了泉水是山庄的一个重要水源，部分证据来自诗歌，大量诗歌都提到了泉水。有一个例子表明，在内湖上端附近似乎形成了精心设计的瀑布，但现在已经干涸了。这个瀑布从建在不高的崖壁上的人工假山中流出。崖壁和假山模拟出悬崖峭壁的样子。峭壁上坐落着一个小佛寺“涌翠岩”。尽管泉水可能充当了瀑布的主要水源，但也有涌翠岩上面斜坡汇集的水的补充。证据就是寺庙后面有河床和水闸，这表明一个隐蔽的系统将寺庙后山上的水流引导到假山的出水口。这个景观设计主要供人从下面和自悬崖底下经过的内湖的支流的对面观看。在那边有两处建筑，其一是“远近泉声”，其二是岛上的一座小亭子——听瀑亭，不仅强调了此处的听觉特征，也强调了水流在崖壁间的想象中的来源。

然而，供水系统并不是全部都依赖于泉水这样的可持续水源。档案文件还提到，在关键位置修建一些人工蓄水池可以收集到量更大的水。这样的系统表明，至少水系统的一些部分不是在恒定的流量中，一些水景的设计更确切地说是按照指令通过受控的水流释放启动的。当皇帝要去走访一个特定的院落，而这个景点已经在无人到访时蓄足了水，相应的景观就可以得到充分的实现。

这些系统的复杂性不仅在相关的建筑规划中显而易见，而且从它们存在缺陷的证据中也可以看出。在康熙年间留下的为数不多的关于山庄设计和维护的档案中，1718年4月下旬的一本冗长的奏折描述了内务府为防止水系淤塞所做的多方面努力。事实证明，一些地方的问题特别严重，包括松云峡的峡口、松林峪的四个蓄水池、镌刻康熙题词崖壁下面的地区、流经“梨花伴月”前同时注入该院落主庭院池塘的一条溪流、“云瀑”北边的水渠（“云瀑”这个名称已不存在了，可能是指松云峡以北的一个大瀑布，它出现在了冷枚的《热河图》中）、“长河”（极可能是半月湖和松云峡入口间的水道）、龙王庙下的河流（一条连接内湖的位于松云峡下面的水道）、山庄宫墙西侧的14个排水门、东北入口的外水闸，以及“曲水荷香”中流杯亭的12处供水点。此外，从园林西北门沿松云峡南下的道路也出现了洪涝问题。

从工程的角度来看，这些信息没有什么实际意义，因为原始水文系统留存下来的实在太少了。有一些地点已无法确定，水道和湖区各部分反反复复的填塞和疏浚从根本上改变了它们的结构。但所描述的各个地点——水的入口和出口、充当水源的蓄水池和从蓄水池中流出的观赏

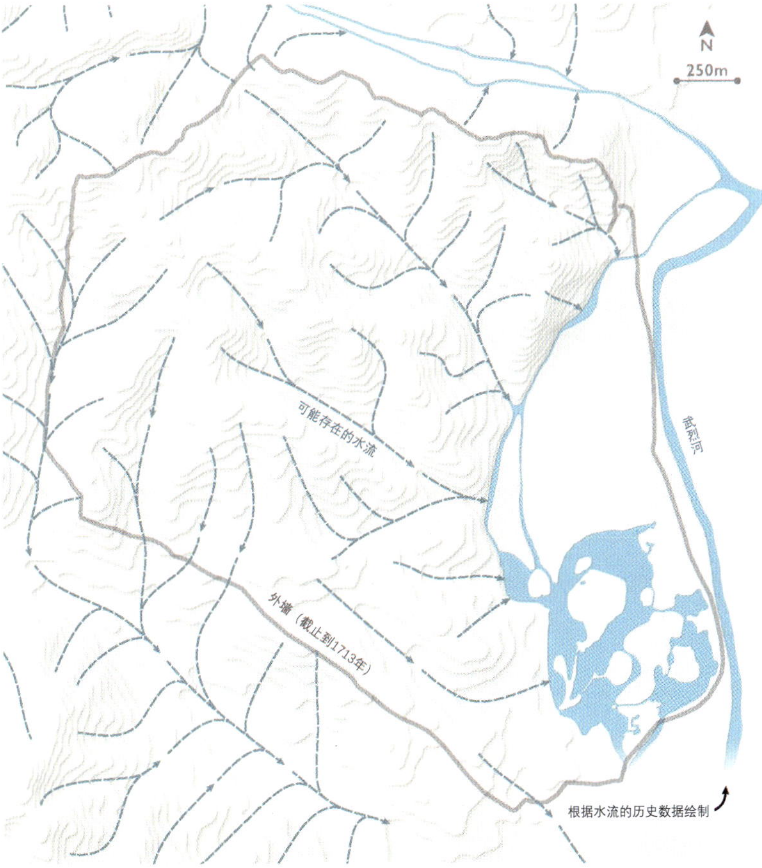

避暑山庄西部山区可能存在的主要水流　丹尼尔·P. 霍夫曼绘制

性溪流——表明了这个供水系统的复杂性，它横跨整个园林，同时也显示它发挥的作用——水资源管理既是在景观中创造风景元素的一种严密调控手段，也是维护园林完整性的一种实际需要。

水也流进了更富有想象力的维度，通过名称、诗歌和图像扩展了水文系统。例如“瀑源亭”和“听瀑亭”这两个名称连接到第三个名称——“观瀑亭”，让人去想象一条实际上并不存在的水道。这三个景点大致位于松林峪的顶部、中部和底部。然而，虽说它们之间存在着地理和名称上的联系，但是它们的景观水流抽取自不同的实际源头。瀑源亭坐落在两条溪流的上面。其中一条从榛子峪流下来，与碧峰寺和“松鹤清越”相连，另一条从松林峪流下来。观瀑亭坐落在松林峪中段边上，俯瞰着一股泄入梨树峪的水流。最后是听瀑亭，指的是从“涌翠岩”冒出的泉水。尽管实际上与不同的溪流有关，但这些亭子的名字却连接在一起，共同创造出一个想象出来的整体性，超出了实际景观所能呈现和达到的范围。

尽管建筑的选址和设计往往已指明它是靠近水的，但它的效果和对它的阐释则要通过更具文学性的手段来实现。在御制诗画册页中，文本与图像相辅相成，为游客描绘出水的感官的和想象的品质。“远近泉声”这个名称，令人仿佛能听到远处泉水的潺潺声，往西望去，瀑布“银河倒泻，晶帘映崖”，风把落水吹得“珠玑散空”，“前后池塘，白莲万朵”，花的芬芳与泉水的声响结合在一起，仿佛把人带到一个遥远的隐居处，这种想象是由唐代（618—907）诗人李白（701—762）的一首诗[1]激发的。所配图画通过对包括瀑布和莲花在内的景观关键元素的图示，强化了这些构想；这幅画作还强调了与世隔绝的感觉，四面群

1 这里指李白的五言古诗《庐山瀑布》，其中有诗句曰：“飞珠散轻霞，流沫洗（沸）穹石。”——译注

避暑山庄蓄水的地点 丹尼尔·P. 霍夫曼绘制

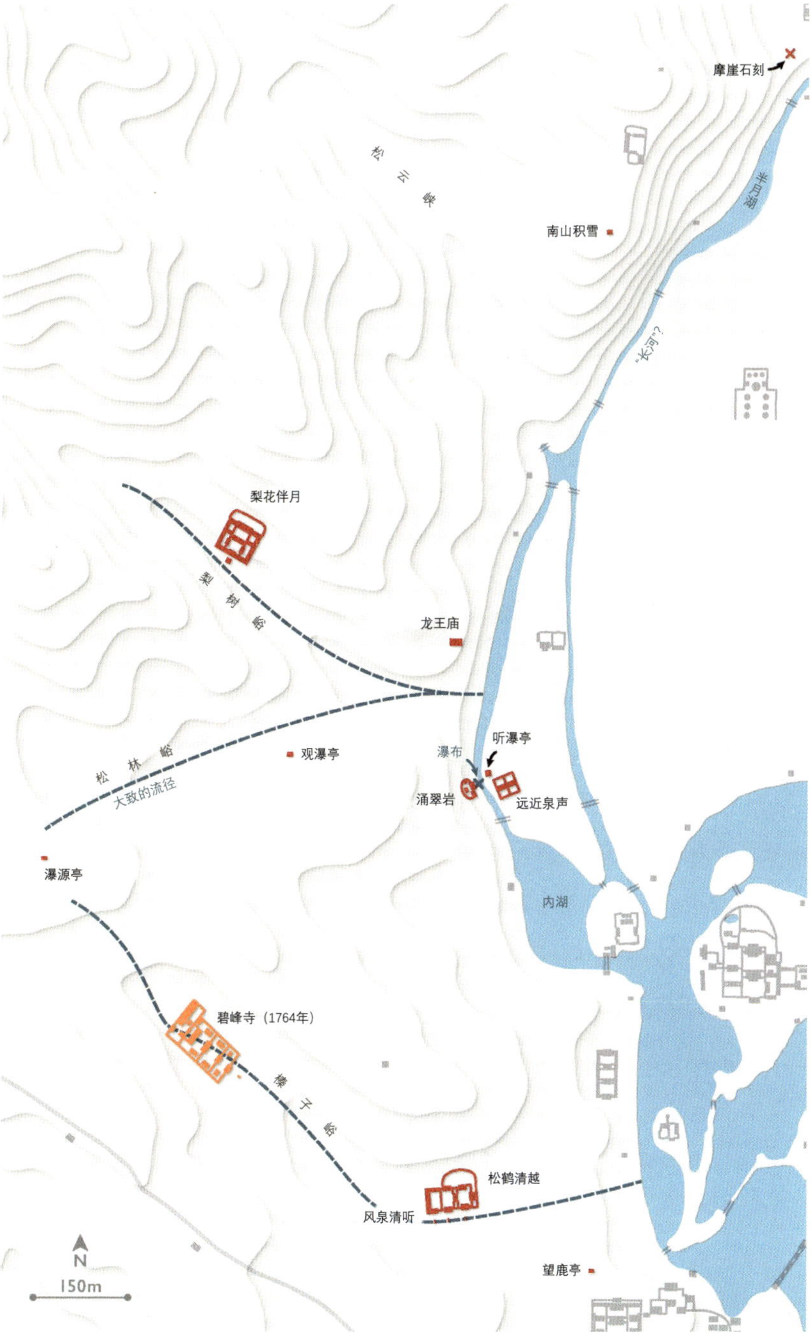

沈喻主持的御制诗木版印本第七景《松鹤清越》（1713）哈佛燕京图书馆藏

山环绕着院落，同时阻断了通往外部世界的视觉通道。

尽管在“松鹤清越”和“风泉清听”的诗文中对水的描写不那么细致，但水在作品中仍然占据显著位置。水在这两个院落前面流淌。一系列简朴的桥梁直接从对面的河岸通向那些厅堂的大门，同时借此也突出了水的存在。于是观景者毫不怀疑康熙诗文中提到的是什么泉水，也毫不怀疑水作为这些空间体验元素的意义。康熙在《风泉清听》一诗的序文中，用近乎崇敬的言辞来描写水：

> 两峰之间，流泉潺潺，微风披拂，滴石作琴筑音，与鹤鸣松韵相应。泉味甘馨，怡神养寿。

沈喻主持的御制诗木版印本第二十五景《远近泉声》（1713） 哈佛燕京图书馆藏

当图画聚焦于水在两个院落前流过时，康熙的诗序则带着读者超越了画作的局限来到了溪流的源头——一股泉水从“两峰之间”涌出。这种通过文字对景观的延伸，超越了图画中或实际地点当即能看到的东西，类似于三个带“瀑”字的亭子所创造的想象中的水道。皇帝的诗篇还描绘了更遥远的空间，唤起读者对神话仙境中的水以及遥远山峰的想象：

瑶池芝殿老莱心，
涌出新泉万籁吟。
芳槛倚栏蒸灵液，
南山近指奏清音。

这首诗描述了康熙在休息时凝神于水声的思绪。昆仑山的瑶池、西方极乐世界、汉明帝的灵芝、传说中的道家杰出大师老莱子，都代表着皇帝来拜见太后时祝她长寿的愿望。泉水是再生的象征，“万籁吟”是天地平衡的标志，是朝代更替和圣人当政的反映。同样，当皇帝手指“南山”时，也能听到奏响的“清音”。这又一次提及长寿：康熙想起了东晋（317—420）的诗人陶渊明（365？—427），他在一些诗中把庐山称为南山，后人将“南山”理解为长寿的象征。这些不仅仅是吉祥的祈盼。虽然由于地形的阻碍，从“风泉清听”看不到，但山庄内也有一座“南山”——在北面一座山峰的山脊上建有“南山积雪”亭。康熙在这里和在御制诗的其他篇章中，都将山庄内的特定位置与具有文化意义的景观联系起来，无论是远古的、古典诗歌中的，还是宗教信仰里的，将园林的景观延伸到文本、图像或个人体验的局限之外。

山庄里的流水和山峰成为一种途径，借助这种途径，景观通过设计和工程界定了其实体，通过文学、感官甚至记忆的参照定义了其形象。由于充分利用了有形事物的可能性和局限性，因此从特定的视点可以看到，园林的设计在其边界内外的各处之间建立了富有想象力的联系。尽管如今的山庄基本上不存在水源——山区的河道已经干涸，只有主湖区仍然可以通航，游客主要是乘坐脚踏船——但水曾经是形成这座园林体验和活动的旅游路线和景点布局的中心元素。在某种意义上把水想成园林规划中相对的“虚体空间”，倒是可以发现建筑及其使用的“实体空间”中未被注意到的模式和联系，这是从一个透镜式的扩展的角度看待山庄的另一种方式。

觐见活动

康熙年间山庄的最后一个建设阶段于1713年结束。随着围墙的完工，武烈河对岸两座佛教寺庙也相继落成，这两座寺庙——溥仁寺和溥善寺——位于山庄的东面。有人认为，在康熙和乾隆两个时期，佛教是山庄的理念和设计的核心，而两位皇帝也都把山庄想象成反映帝国和佛教世界的一面镜子。对于人文地理学家菲利普·弗雷特（Philippe Forèt）来说，此地独特的景观与“18世纪大清帝国地理与藏传佛教紧密交织”的事实相符[1]。在其他人看来，康熙和乾隆两位皇帝各自的佛教规划之间的联系，最直接地体现在所谓的“外八庙”上面，这个名称现在被赋予了环绕山庄北面和东面的几座宏伟的寺庙，其中包括康熙于1713年建的寺庙，它们是“外八庙”中最早的样本。尽管除了这两座寺庙其他的都是在乾隆时期修建的，但作为一个整体，乾隆建的几座寺庙一直被认为明确体现出延续了康熙的“寺庙政策”，因为“乾隆对祖父康熙特别仰慕和崇敬，是不会忽视他的政策的”。

上述以及其他一些对山庄的解释，不仅引发人们对佛教在山庄早期设计中的地位问题的关注，而且也引起了人们对大清盛世两大王朝之间延续性的史学假设的关注。首先，它们假设（或认定）康熙和乾隆两位皇帝共同分享了佛教在治国和帝国意识形态中的作用。此外，这些解释主要基于乾隆后期最终的景观状态，以及依据乾隆时期的资料，似乎制造出了一种在河谷地带佛教基础设施的扩展中的延续感，可是从康熙的视角来看，这种延续感自然是不存在的。无论是康熙时期的资料，还是依此推断出来的景观，都不支持把以佛教为中心作为山庄唯一的或延续的设计理念的论断。在许多情况下，在这些解读中居于中心地位的建筑物，诸如外八庙和金山岛，要么在康熙时期并不存在，要么其具有的意义对于康熙皇帝和他的孙子乾隆所认知的似乎大不相同。

对这两个时期的宗教建筑的重新审视，使人们对这些解释产生了

1　参见菲利普·弗雷特《给承德绘地图：清代景观规划》。

疑问，提出以康熙时期与佛寺和圣祠相关的更为多样化的意义替代这些解释，同时将注意力从抽象的象征形态转向更为实际的意图。比较康乾时期建造的宗教设施，可以举例说出乾隆时期宗教设施出现多大程度的变化。康熙时期山庄围墙内的寺庙数量有限，但范围广泛。它们包括法林寺、道教的上帝阁、与水有关的民间神灵龙王的祭坛、崇拜由摩利支天（观音菩萨的一个化身）衍生而来的道教女神的斗姥阁。相比之下，乾隆时期建的寺庙数量更多，包括散布在高低起伏的山区以及万树园中的大量设施。除了两个较小的民间祭坛，其他的都属于佛教。

在山庄外寺庙的修建中，乾隆的投资再次使康熙相形见绌，因为他建了10个重要的佛教寺庙，而他的祖父只建了2个。而且，即使是粗略地一瞥，也能看出两位皇帝建的寺庙与山庄的关系很是不同。康熙建的寺庙基本上是南北走向的，佛教寺庙通常都是如此，而乾隆时代几乎所有的寺庙（包括普乐寺和安远庙在内）都显而易见地面朝山庄。至少这表明乾隆时期佛寺与山庄之间存在建筑上的对话，而这种对话在康熙时代并不存在。康熙皇帝曾把在热河和周围地区修建寺庙用作对蒙古盟友的外交投入。山庄宗教建筑的开发阶段、程度和焦点清楚地表明这两位统治者追求的是不同的目标，这就要求建筑规模也大不相同。

这并不是说无论如何定义佛教建筑都不是康熙时期山庄建成的环境中的重要元素。康熙时期的山庄建筑景观，证实了佛教是皇帝个人与政治经济不可分割的组成部分的观点。这些宗教建筑似乎主要是用作私人敬拜，也作为宫廷更广泛的亚洲内陆关系战略的组成部分而发挥作用，或者是发挥对名胜景观美好回忆的再现功能，而不是作为山庄整体佛教设计概念的纪念物。例如康熙时代的建设在1713年结束时，山庄内比之前多了多座个人祈祷祝福和修行的厅堂和院落，包括“水芳岩秀”（张玉书提到的“佛堂”）和法林寺，毗邻山庄原先的皇宫。

这两处宗教建筑都紧邻皇帝在如意洲上经常光顾的地方，表明它

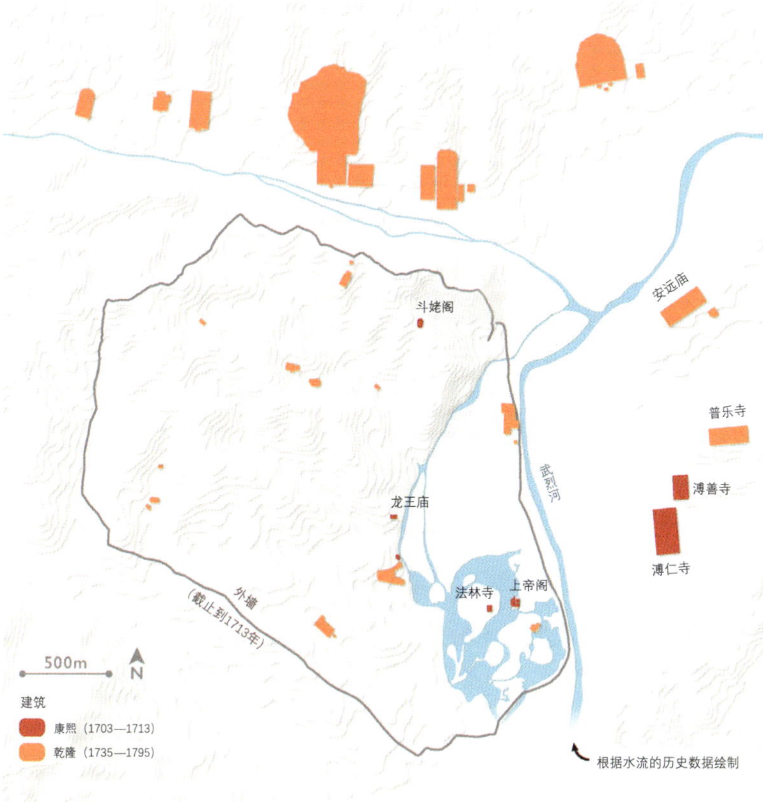

康熙和乾隆年间在热河修建的宗教建筑　丹尼尔·P. 霍夫曼绘制

们对皇帝的日常生活很重要，而且它们位于“公用”游览路线上，使这些已建成的空间能够同时充当皇帝特定身份的证明。康熙皇帝极力声明自己是一位修行的佛教徒，以法林寺、溥仁寺和溥善寺为代表的山庄宫墙内外各种寺庙的形式和活动，使这种概念能够以不同方式传达给不同的受众。尽管如此，禅室和其他名义上与佛教修行有关的建筑是中国许多私家园林中的常见元素，即使它们不是以这种方式使用的。因此，一些厅堂也可以用于表达皇帝对精英阶层空间文化的认同，特别是南方的园林和名胜。例如建在涌泉岩上面的院落，由于有佛龛，可以被视为寺庙或圣祠，但它并未像其所呈现的那样在现有资料中被提及。然而，这是附近两个景点体验中的一个关键组成元素，这两个景点就是本章前面描述过的“远近泉声”和听瀑亭。同样，虽然热河的金山和它的主体建筑上帝阁在康熙年间可能要定期举行仪式——这个问题同样在档案中也找不到记录，尽管传教士马国贤把这个岛与道教的“偶像崇拜”联系在一起——但整个建筑群受到重视似乎不只是文化上和地理上的联想，还有与宗教信仰密切相关的优美的景观价值。

这种对景观的重视，反映了康熙御制诗等原始资料在构建皇家景观修辞学中的重要性。在这些资料和更为纪实的资料（如起居注）中并没有宗教活动的记载，当然这并不意味着这类活动没有发生过。这类记录中不提宗教活动，表明佛教并没有在国家的仪式中占据重要地位，需要每日记录的主要是国家的仪式，尤其是盟友和附属国的“来朝”占据了皇帝在热河的很多时间。与其从特别专注于佛教的山庄外的寺庙进行推断，1709年至1713年之间山庄建设的持续进展更应该从更广泛的角度进行解读，以了解它在康熙年间行使国家活动中心和亚洲内陆外交中心功能方面的成熟过程。

起居注一般不会记载张玉书所叙述的这类活动，但对皇帝的活动、施政和外交事务的记述却一丝不苟。从1711年至1717年（康熙当政最后几年的每日记录保存了下来），皇帝在热河度过的时间在95天到116天之间，每年主要有两个固定的时间段。关外的活动季开启，皇帝要在山庄停留83天到94天，有时会被短暂的去汤泉的温泉之旅打断。皇帝随后前往木兰围场，在那里他巡游和狩猎35天至47天，随后又在热河停留6天至22天，然后返回北京。大多数年份都是在农历十一月和十二月进行一次额外的北巡，在此期间，皇帝一行通常会在热河停留2天。

康熙北巡时，山庄是主要的统治中心。皇帝在热河逗留期间，起居注有很多记录，经常是每天会见官员，处理国家事务或赏赐他们。这类会见很可能不包括平淡无味的官方活动，跟着老师学习之类的活动也不会在起居注中记录下来。在夏季末的木兰围场之旅中，这类会见基本上就停止了，这凸显了热河和山庄作为政府第二统治中心的特殊作用。更为频繁的是蒙古各旗的首领前来朝觐皇帝。这类活动的核心是赐赉，即由皇帝单方面赏赐臣民，而不期望物质回报，这是朝贡关系的组成部分。

在热河，赏赐物品范围很广，包括马匹等牲畜和肉类（尤其是鹿肉和鱼）、甜瓜和其他水果、细毛皮和纺织品、贵重金属和其他精制物品。宴请也是来访活动的一部分，其他令人愉快的活动还包括参观园林和射箭表演。除了这类赏赐之外，朝廷官员偶尔也收到皇帝的墨宝、画作、图书或其他雅赏物品。就像赏赐皇帝打到的猎物其实是变相展示其武功一样，上述赏赐品既是物品的交换，又构成了其文才的公开表演。通过获准进入山庄和接受赏赐进入皇家领地，意在培养一种与帝王的亲密感。总体来说，这些互动形成了一种较为私人的关系，将统治者和臣民紧密联系在一起。

作为一种信息来源，起居注在描述热河皇家生活时受到很多限制，通常用公式化的语言来记录行为（觐见、访问、赏赐）、在场的人员和赏赐的物品。然而，当我们对照这一时期所呈现出的山庄景观时，就会对建筑方案有更深刻的理解。尽管山庄是皇帝表演的背景，还是一个适合皇帝的宏大和丰富的环境，但大部分表演不是以呈现高高在上的威严和崇高的仪式为目的的，而是表现私人生活和亲密接触的仪式——皇帝引导的内廷之旅、赏赐、分享食物、观赏戏曲和射箭等娱乐活动。凭借谦逊和含蓄来表达重大纪念性主题，使得山庄的建筑既传达了皇帝的权威，又不至于削弱其培养较亲密联系的能力。这些联系的核心不是建筑本身，而是整体的景观：进入和穿越山庄领地，以及与其他人（包括皇帝）一起置身和体验精心设计出来的环境。这种优先权反映在私密空间、引人注目或风景秀丽的背景以及便于游览的总体设计上。所有这一切都是山庄早期开发建设的特征。

热河的启示

康熙时期的原始资料相对缺乏，使得人们无法明确回答有关这座山庄最初十年的许多问题，包括其早期建筑的准确顺序、设计细节和原始功能。虽说乾隆时期的档案要丰富得多，但从历史记载和史学研究上来说都存在问题。随着时间的推移，乾隆皇帝的山庄与其祖父的山庄之间被赋予了一种连贯的感觉，这种感觉掩盖了政治和空间之间的关系，而这种关系对界定康熙年间的山庄和皇权是有帮助的。鉴于这些情况，康熙时代数量有限的图像和文字，连同山庄本身，提供了即便零碎却是至关重要的证据，这对重现如今已模糊不清的早期热河景观是必不可少的。想象其早期的形态，为建立康熙时期宫廷试图通过景观来创造意义的认识提供了实实在在的基础，从而有助于对可能存在的过往的探索。

按照康熙时期的样子重构山庄，也为其他景观形式——尤其是图画、文本——的构建奠定了基础，而且有关的想象力也许能够被激活。尽管在某种意义上山庄实际所在地是最重要的，但它的各种形态和迭代相互交叉、相互借鉴，是一种形式上跨媒介的相互作用。通过这种相互作用，帝国的意识形态在景观中得以构建和传达。换而言之，重构山庄最早的建筑形态，似乎一反常态地降低了建筑本身的重要性，受其影响的还有与这类研究如影随形的档案学和类型学重要性的问题。通过对景观具体认知的、感官的和想象的维度来理解山庄的种种方式，出现在文字空间和比喻空间之中以及它们二者之间。虽然这种体验通常源自独特的建筑或简朴的景观，但它们是通过一种跨越建筑和环境范围的相互作用而被激活和被体验的，坐落在山庄的围墙之内却延伸到了山庄的围墙之外。通过这种空间对话，山庄的设计产生了一种类似城市中私人花园透视效果的空间透镜形式，却没有那些较小的景观中会出现的标量上的限制，只是为了表达和反映康熙年间清朝皇帝的一种愿景——一种包罗万象、相互联系、超越历史的愿景，于是山庄的规划就创造了世界中的世界，一座没有围墙的花园，一个超越物质和时间界限的景观。

第二部分　帝国的寓言

Part II
Allegories of Empire

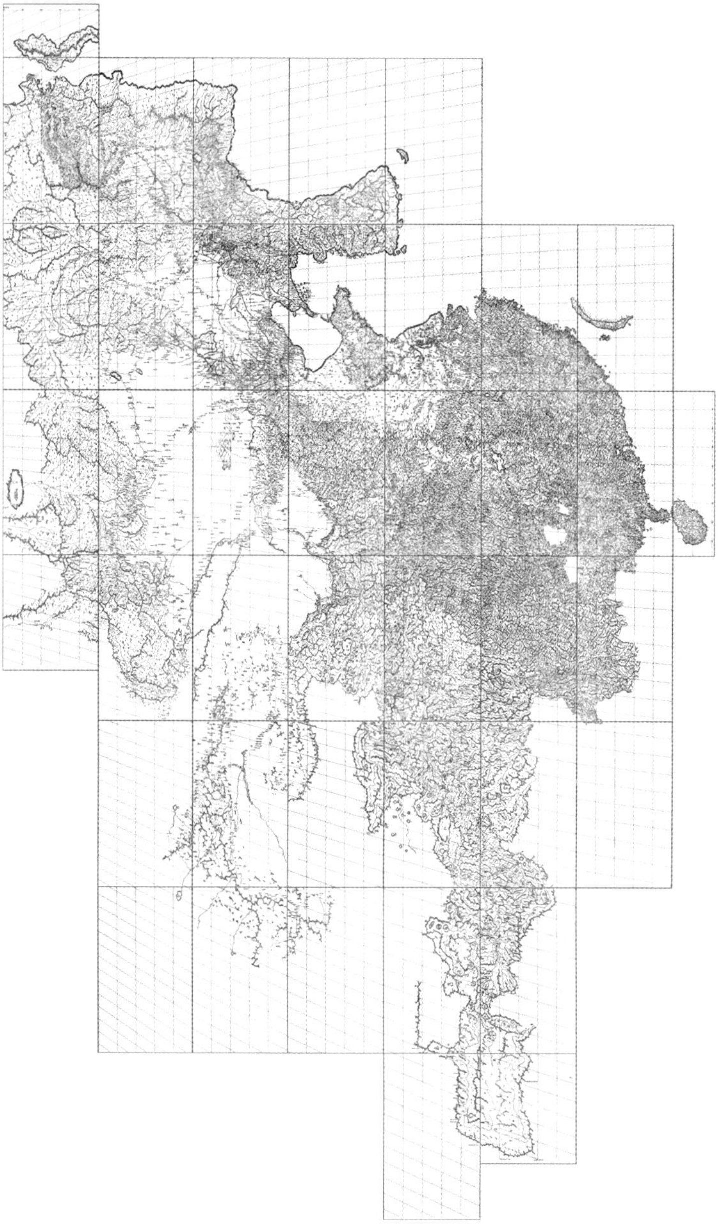

《皇舆全览图》中的清朝领土勘测全图

第二章　群山的脉络

1718年，一支由来自欧洲和国内的为大清宫廷服务的测量师和制图师组成的团队，向康熙皇帝呈献了《皇舆全览图》。经过十多年的测绘，这套经常被称为“康熙地图”的地图借助于综合了欧洲数学和国产土地测量法的制图新技术，绘制出一幅大清帝国的早期图像。尽管它看似很客观，但这套地图所描绘的帝国疆域从本质上说带有一定的修辞色彩，它在呈现一个统一的帝国的同时，也揭示了其曾分裂为迥然不同的地区的特征。

《皇舆全览图》中的细节表明，在清朝的头几十年里，征服往往是一个艰难的过程。1644年清朝建立后的几十年里，对领土的控制一直是一个需要重视的问题。17世纪90年代中期，康熙皇帝不停地在各条战线发动扩张和巩固边界的战争。这幅地图有划定欠准确的地方，这揭示了在攻陷北京七十多年后，有些地方仍是官方测量人员无法进入的地区。东北和蒙古地区使用满文标记地名，与地图其余部分使用汉语形成对比，这同样表明清朝政权建立过程中在固有领土与民族之间的紧张关系。

不过巩固领土只是清朝建立其统治的第一阶段。接下来更具挑战性的工作是要将关内与关外整合成一个单一的、有凝聚力的帝国。伴随着17和18世纪的皇帝们意图界定清朝的人口和领土，使各个不同地区互相和解以形成一个统一的政体成为一项长期的工程。明朝时期的领土、东北、蒙古以及西藏、新疆、台湾还有南部和西南部等地以不同方式结合在一起，组成了一个统一的帝国。这个国家的凝聚力取决于每个组成部分与所有其他部分的归化，即使不是同等的，也要产生一种统一的表象。同时清政府的外交政策也卷入了日益复杂的世界地缘政治之中。划定边界，要求领土主权，维护自身控制对外贸易、移民、旅行以及结盟的权利，在整个清朝时期都是不能忽视的问题。这些进程不可或缺的是景观和思想观念的创造，这些景观和思想观念有助于强化"大清"这个概念——它是定义民族和地理的一种重要的途径。

尽管《皇舆全览图》有差错和盲点，但它并不只是简单地反映了大清国的性质，而是被解读为一种带有自己修辞方式的景观图像，它有助于创造朝廷所设想的新的领土现实。在《皇舆全览图》中，凭借必要的制图技术和视觉表现手段，灭亡的明朝（1368—1644）与大清多民族征服者精英所在的东北地区和中亚领土之间的地理差异被打破，取而代之的是一个统一的、有凝聚力的大清帝国。

无论是政治上、概念上还是表现形式上，领土一体化修辞学都有力地促进了清初国家的建立和国家的合法化。内在与外在的界限，更像是一种文化结构，而不是一种物质现实，它被用作"中国本土"的"文明人"与境外的"野蛮人"之间历史性社会地理差异的一个标志。"中国本土"这个短语也并不准确，它泛指自汉朝（前206—220）以来历史上由"中国人"的王朝占据的领土。这片土地的具体边界随着时间的推移而变化，但北部边界在概念上（如果不是物质上的话）一直是由长城和山口来定义的——许多地方都凭借长城和山口来防御，即使法律上和事实上的边界还要继续向北延伸。还有，和现在一样，长城的概念促成了"一种思考中国的方式——它不仅将国家视为有明确界限的疆域，而且将国家视为具有文化凝聚力和历史连续性的疆域”，这意味着地缘政治和文化具有稳定性和明确性，而事实上这样的稳定性和明确性很少存在。[1]

这一事实对康熙朝整合领土的努力同样重要，对概念化边界的富有感召力的坚持在康熙时期的宫廷文本中得到了呼应。有趣的是，这些作品并没有试图消除这种内外之分。相反，它们寻求对帝国的重新认识，让它既包含关内也包含关外。这种概念上的内部和外部的整合有多个形式，当然地图是其中之一，但这种整合更广泛地体现在仪式、政治和文化上面，每一种表现本质上都离不开意识形态。每一种形式都以基本相似的方式运作，第一要务就是要将帝国的领土与皇帝和皇位联系起来，而不是将这些地区及其居民与各自的历史联系完全分离。通过巡游、打猎、修建宫殿、撰写诗文、图像制作等以皇帝为中心的表演，清王朝的领土景观得到明确解释，并以清晰的表达方式呈现给不同地区的臣民。

在解读上述各种表演时，以一种多声部的方式来构建皇帝身份的意图变得显而易见，其中的一项就是汉语词汇和非汉语词汇的重叠使用，使得朝廷能同时对多个不同种族的地域说话，从中显现的依旧是清王朝作为统一帝国的愿景。结合了阿尔泰风情、满蒙文化记忆、历代征服者的遗志、汉族风水观念这些元素，皇帝利用这个景观来表达大清的一种愿景，这种愿景对不同的受众来说都是可以理解的，并且能超越民族的界限。康熙王朝通过文本、地图和图像，部署了相互关联的领土整合举措，其中包括从反映清王朝多元化的角度重新界定“中国”和“非中国”的做法。

1 参见沃尔德隆《长城：从历史到神话》。

康熙巡游的背景

“三藩之乱”（1673—1681）是最后一次严重威胁清朝在“中国本土”统治权的反抗行动。随着动乱被镇压，康熙的宫廷表现出不同寻常的流动性。1681年，皇帝只在紫禁城度过了大约半年的时间，却在长城以北进行了漫长的旅行，包括前往先前的首都盛京（也以满语“谋克敦”，即奉天而闻名）附近的祖先陵墓。1714年，康熙皇帝在紫禁城的时间减少到只有18天，此外在北京郊区的畅春园的时间有131天，北巡去热河和木兰围场总共139天。巡游的核心是借此宣示土地主权，巩固国家地位。皇帝通过巡游重申了他对所经过的领土的控制，通过顺着专用道路行进、对当地资源的消耗以及对营地和猎场的保留，显示了他的财富、力量和特权。巡游也是操练和展示民用和军用能力的一种手段。率领庞大的随从队伍，在漫长的行程中可以模仿战时后勤保障等多种实际情况，同时也为皇帝提供了与官员和当地民众频繁互动的机会。

清初的统治者发现就皇帝巡游来说，是让自己处于一个不确定的、经常会引发争议的政治和文化环境中。康熙的父亲也就是前任皇帝顺治（1644—1661在位）定期离开北京前往郊区，以避免天花的威胁，但天花最终还是夺去了他的生命。这对康熙来说并不用过分关注，康熙小时候就获得了对这种疾病的免疫力，尽管如此，在他当政初期，旅行还是受到高度限制的。在1681年三藩之乱平定之前，康熙只进行了一次重要的非军事背景的旅行，即1671年北上前往盛京。在17世纪80年代早期一系列的重大军事胜利之后，出现了从军事之旅向民事之旅的转型，这标志着清朝政治和领土安全状况的一个关键性的转变。这些方面的情况通过一个随之而来的变化即景观的使用和整合被反映了出来。虽然军事和类军事的情况依旧存在，但仪式上、文化上和外交上的实践成为皇帝巡游的中心内容。

1681年，康熙开始了一系列令世人瞩目的巡游，在接下来的三十年里，共进行了125次以上的巡游。遵循汉族君王和非汉族君王“定向巡游”的历史先例，康熙的这些旅行包括6次南巡和6次西巡，3次前往盛京，超过3次到泰山和孔子家乡，50多次北巡去蒙古的狩猎场和行宫，特别是热河行宫和木兰围场。定向巡游作为一种体制性的巡游方式，通过对五个方向的占用——按照东西南北中所做的仪式性的空间安排，实现了帝王象征性拥有领土的意图。定向巡游还可为政治上受欢迎的巡游提供最有效的行程安排，其中包括证明贤君治国的事实，诸如在陵墓和名山的祭祀和仪式性表演，以及对民众表现出的宽厚仁慈的行为。这些活动使清朝的巡游在更广阔的游玩与治理国家的历史背景下得以合法化，这些活动对民众的关注则表达了对荒淫无度的晚明文化的“强烈憎恶”，并在修辞学意义上证实明朝失去了“天命”——中国的君王借“天命”来宣示合法的统治权。

康熙最著名的定向巡游是南巡，无论是在宣传意义上还是在经济意义上，这些轰动事件都在宫廷巡游的范畴给人留下深刻的印象。然而，他更感兴趣的是游览“中国本土”和东北的两座最神圣的山——泰山和长白山。走访这两个地方意味着一种仪式上的三位一体，兼顾了中国历史上祭拜泰山的国家仪式和提升满族文化遗产长白山的历史地位，还可以在途中去盛京的皇陵履行孝道。通过诠释和实践，这两座名山变成将东北和“中国本土”融入一个共同的神圣地理方位——既以长白山替代泰山作为帝国风水能量的源泉——举办仪式的场所，并确立了康熙作为最高仪式实践者的身份。

泰山位于山东中部，距孔子的出生地曲阜不远，至少自周朝（前1046—前256）以来就一直受到佛教、儒家和道教的尊崇。康熙在位期间曾三次巡行泰山，分别是1684年、1689年和1703年。他第一次登泰山时特别强调了历史意义上规范的仪式惯例，皇帝徒步登上山顶，在泰山

《康熙戎装像》 故宫博物院藏

主要的寺庙里主持了关键的仪式。泰山是中国众多受尊崇的名山中最具政治意义的一座，皇帝在那里举行仪式，是构成皇位合法性的一个至关重要的因素。就这样，康熙在中国这个超自然的神圣空间和帝王表演的语境背景下，明确宣示了自己至高无上的地位，这种威权的信号也会被非“中国本土”的受众所接受。

这些仪式的核心，至少在理论上说是封禅。这种祭祀的起源和意义不太清楚，随着时间的推移，祭祀的实施方法也不一致。尽管如此，这是“皇帝能够举行的最重要的让皇位合法化的仪式，因为这是他受命于天的象征”。然而在1684年，当他第一次来到泰山时，康熙拒绝举行封禅，相反，他抨击这些祭祀是王朝自我膨胀的证明，并以皇帝的克己和对人民福祉的强调来解释他的决定，这是他合法性修辞学中反复出现的主题。

尽管有学者将康熙的这一选择解读为对“迷信习俗”的拒绝，但康熙的这一决定实际上可能是他通过再中心化仪式，试图将帝国的圣泉从泰山转到长白山的仪式过程的核心。皇帝在泰山拒绝封禅，部分原因可能是他两年前就已经在长白山举行过封禅仪式了。就这样，他将长白山提升到与“中国本土”的“五岳”同等的地位。这是一个双重的领土整合过程的组成部分，其中包含塑造东北地区的长白山，确立其清朝新景观之神圣源头的地位。

长白山与清代地理中心

历史学家欧立德（Mark Elliott）在有关满族在东北创建家园的研究中，探索了“将皇族世袭身份根植于一个特定地方”的过程和意义，特别是将盛京的建立与把长白山认作满族的起源地联系起来。这种“地理基础”对于形成足够稳固的历史和传统以合法地获取皇位具有重要意义。[1]不过康熙提升东北地区的神圣性和文化意义，超越了只是为满族建立家园的意图。清宫廷通过对领土、祭祀活动和文化积淀的利用，将东北地区的景观提升到与“中国本土”的景观并驾齐驱，产生了一种以皇帝为中心的清朝景观。

在满族身份的创造过程中，其起源地的确定是不可或缺的部分。从女真族这个更大的民族群体中崛起的满族，在历史上没有独立的地位、文化或身份，他们只是在16世纪末和17世纪初的政权组成过程中，形成并规定了民族身份的各种标记。其中许多标记的基础是地理上的联系，因为清朝宫廷把自己和满族人口与东北的祖先、政治制度和文化习俗联系在一起。与清朝的身份建构的其他方面一样，满族人地理方面的想象也是经过精心构思的，以突出宫廷在其支持者之中的政治和意识形态地位。要使这一地区充分发挥满族家园的意识形态功能，就必须建立一个正式的意义体系。这并不是说东北在清朝崛起之前是一块文化处女地，而是在当时的背景下，体现东北历史文化特点的口述传统显得不够胜任了。因此，宫廷把先前的解决方案中纯粹应急的元素形式化了，并赋予其意义以新的层面，形成了类似于“中国本土”受尊崇文化的一种复杂的文化景观。

清初宫廷采用多种手段来确立满族的故土并将其纳入帝国，其中包括几项战略性的和思想上的“地图绘制工程”。例如，1646年，顺治皇帝的摄政王多尔衮下令进行地籍调查，作为改革土地税收的一部分，当时已有的调查还是基于16世纪中叶的明朝的记录。虽然表面上侧重于促进税收和劳力评估的公平性，但这项调查自然也加强了宫廷对领土和地区人口的进一步了解。康熙当政后期在这一先例的基础上有了重大的

1　参见欧立德《鞑靼境界：皇家和国家地理中的满洲》和克罗斯利《清朝创建神话引论》《满洲源流考》。

发展，委托绘制《皇舆全览图》和编辑《钦定古今图书集成》——一部帝国的百科全书和地名词典，其中包含了下至地方行政级别的非常详细的地理信息，并附了基于《皇舆全览图》绘制的216张地图。

这些工程的每一项都反映了以不同的方式在管理和概念上对领土进行整理。钦定百科全书遵循一般惯例，全面记录帝国内各个地方的人文、历史、自然地理情况，但在那些地图的组织结构上，却反映了清王朝疆域的多重逻辑性。作为一个整体，地图按照东、西、南、北、中基本方向划分帝国，这跟皇帝的巡游计划相同。尽管《皇舆全览图》最终覆盖了整个帝国，但该工程却首先绘制东北地区，这表明宫廷对其地理优越性和当时具有的战略重要性的看法。以盛京地图作为开端，地图集沿海岸线和边境线向东北延伸，宣示了当时吉林省的海岸线和与俄罗斯帝国的边界的重要战略意义。这些地图随后沿着清蒙边界移动，穿过沙漠延伸到西藏。选择以盛京为开端可能象征意义和实际需要并存，由于该省本身与朝鲜的边界只有很短的一段，历史上曾以鸭绿江划界，因此争议不大。在东北部和西部之后，地图回到中心区域，包括北京和周边省份，接着是江南、沿海省份以及遥远的南部和西南部。

皇帝在东北地区的活动进一步赋予这个图景以政治意义，尤其是仪式意义。康熙皇帝去过三次盛京，1671年他第一次去盛京，是到王朝的缔造者努尔哈赤（1616—1626在位）和接任者皇太极（1626—1643在位）两位祖先的陵墓举行仪式。康熙在盛京逗留后返回首都之前，在故都的东北一带考察了17天，其行程包括巡行长白山，没过几年，就有了到那里祭祀的安排，长白山还被指定为第六圣山，与“五岳”平起平坐。

长白山既是一座山峰，也是指吉林省与朝鲜交界处的一条山脉，早在汉朝就被确定为女真族的起源地。女真人曾统治着中国北部和东北部，称之为金朝（1115—1234），这是一个征服者的政权，清政府把它视为自身合法性的一个较重要的先例。在《金史》中，金世宗（1161—1189在位）将长白山描述为女真族与生俱来的领土的一部分，他认为这是一个值得通过仪式和建造庙宇始终敬奉的地方：

厥惟长白，载我金德，仰止其高，实惟我旧邦之镇。[1]

在这段历史的基础上，早期的满族修辞学将长白山标示为神圣的景观。记述满族人从神话般的起源到努尔哈赤统治下崛起的《满洲实录》，一开篇就提到了长白山崇高而吉祥的地理环境：

长白山高约二百里，周围约千里。此山之上有一潭，名闼门[2]，周围约八十里，鸭绿、混同、爱滹三江俱从此山流出。……满洲原起于长白山之东北，布库里山下一泊，名布勒瑚里。[3]

布勒瑚里湖和布库里山被认为是布库里雍顺的故乡，布库里雍顺是满族特别是皇族爱新觉罗氏的传奇祖先。从布库里雍顺开始，这个故事模糊却又直接地跟随皇室血统来到了有史可据的孟特穆这里，他是15世纪一位强悍的部落首领，与他相关联的满族合法祖先是建州卫的东女真族。因此，长白山在清朝建立之前证明满族合法性的地理学上扮演了一个关键的角色：宣称皇族从一个长期以来被女真人视为神圣的地方出现，强化了满族在女真族群体中的统治地位。

通过巡游、举行仪式和文学活动，康熙继续将长白山神圣化。皇

1 引自《封长白山神为灵应王册文》。

2 即长白山天池。——译注

3 引自《满洲实录》卷一。

帝的举措往往建立在某些证据之上，这些证据表面上是通过考察和研究、分析吉祥地形和环境收集来的。1677年夏天，康熙派家族成员武默讷绘制了此前尚未绘制过的山图。武默讷向皇帝递交的报告清楚地表达了山峰的神圣性，在他描述风景的时候强调了祥瑞和发生过的神奇事件。康熙看完报告后颁布法令，正式确立了这座山的圣洁性：“长白山发祥圣地，奇迹甚多，山灵宜加封号，永著祀典。”

随后礼部建议每半年向长白山神灵献祭一次，以响应皇帝关于仪式应按照与祭祀五岳同等礼节进行的命令。五年后，即1682年，康熙在这次帝国仪式重心的转移中，增加了自己存在的分量。他先是前往盛京，再一次到祖先的陵墓祭奠，然后沿着松花江一路打猎到了曾是海西女真乌拉部的吉林乌拉。在那里，他向遥远的山峰敬拜，并确认了对这些山峰的祭祀至高无上。他用祭文表达了以下的意思：我们为山神准备了封禅仪式，献祭是为了表达我们的敬意。皇帝在长白山而不是在泰山举行封禅祭祀，使满族的山峰成为其人民的圣地和上天赐福的渠道，于是这座山峰无论是对女真人还是对汉人就都成为合法性的代名词了。

东北吉祥地理学

皇家对长白山阐释的关键在于其景观的吉祥特征和位置的象征意义，康熙最终将它提升为帝国的神圣性和风水学的基础。在1682年东巡时写的一首诗中，皇帝描述了长白山的“翠蔼”和“红云”：

……

千秋佳兆启，

一代典仪尊。

> 翘首瞻晴昊，
> 岧峣逼帝阍。

在接下来几年的某个时间点，康熙撰写了《泰山山脉自长白山来》一文，确定了帝国风水力量的来源，从而确立了长白山神圣的地位。皇帝在文章的开头讲述了对中国风水地貌的传统理解，“九州山脉”西靠“虎”（华山），东靠“龙”（泰山）。根据皇帝的说法，泰山特别通过它的脉络提供地形上的保护，而这些脉络可以追踪到全中国起保障作用的风水网。皇帝发问：可如果不知道“泰山之龙于何处发脉”，那么它强势扩张的真实走向又怎么能被认识呢？康熙宣称“泰山实发龙于长白山也”，紧跟着对山脉和河道的描述之后，皇帝开始详细谈论这两座山之间的联系，追踪风水能量之流脉就仿佛追踪一条河从源头直到河口：

> 长白绵亘乌喇之南，山之四围，百泉奔注，为松花、鸭绿、土门三大江之源。其南麓分为二干：一干西南指者，东至鸭绿，西至通加，大抵高丽诸山，皆其支裔也；其一干自西而北，至纳禄窝集复分二支。

其中一个分支从纳禄窝集进入故都盛京，成为开运山，然后向南转，“峦岭重叠，至金州旅顺口之铁山”，然后进入大海。这条支流横跨现在的渤海湾（龙脊时伏时现，有几个点由岛屿来标记），最后在山东海岸重新出现。从那里“海中伏龙于是乎陆起。西南行八百余里，结而为泰山，穹崇盘屈，为五岳首”。皇帝对东北部地形的仔细描绘最终以貌似泰山的大获全胜告终，读者几乎都被他最后一个短语吸引住——泰山为“五岳首”。但长白山是泰山山脉之源，是泰山最重要仪式的新的举行地，也是满族的祖籍地，所以现在长白山居于泰山之上。

皇帝的文章主要关注长白山与泰山之间的关系，而纳禄窝集的第二个分支也引起了人们的兴趣，它展现了一幅与连接长白山和泰山、作为皇权合法性重要象征的景观既相似却又完全不同的景观。从通往泰山的脉络中分出的北支“至盛京为天柱、隆业山，折西为医巫闾山”。盛京作为清王朝的第一个都城，成为康熙建设东北和构建清朝地理的中心，并正式拥有清朝北方都城的名号。此外，天柱山和隆业山都代表着同一个工程中的重要古迹，因为它们是皇陵所在地，这对清朝的合法化至关重要。努尔哈赤的陵墓福陵在天柱山，而隆业山则是皇太极的昭陵所在地。

医巫闾山作为一个确立帝国合法性的重要地方，在时间上显得更为遥远，可能已不在记忆范围内了。1684年首次印行的《钦定盛京通志》里，医巫闾山附近出现了两座辽代（907—1125）皇家陵墓：辽世宗（947—951在位）的显陵和辽景宗（969—982在位）的乾陵。康熙年间的《钦定古今图书集成》记载了金太宗（1123—1134在位）将医巫闾山定为神圣的专属辖区，后来颁布法令，禁止在辽陵采伐木材，并宣布这种盗采罪可判处死刑。于是康熙又勾勒出一条与泰山等长的风水支脉。这就将长白山与具有文化意义的地点联系在一起，这些地点以往不像泰山那样与中国的历史和仪式联系在一起，而是与汉族以外民族当政的历史联系在一起，清王朝也就从辽、金以及皇帝的满族祖先那里获得了合法性。

纳禄窝集有两个分支，是一个值得注意的地方，它与满族历史和皇帝阐释的吉祥景观有联系。纳禄窝集是一片茂密的森林，一直延伸到清军入关之前的后金都城赫图阿拉（汉语称“兴京”）的北部和东部。纳禄窝集构成了建州卫的核心区域，建州卫后来成了满洲。那些频繁在描述中出现的神秘的祥瑞，武默讷的长白山考察队也曾见证过。比如在长白山，随着皇帝代表团的到来和离去，云彩奇迹般地分开和闭合。据《钦定古今图书集成》记载，纳禄窝集是一片遮天蔽日的森林，树丛茂密。此外，和长白山一样，赫图阿拉边界内的所有河流都源自这里。

这最后一句提到的元素——河的源头和延伸的水流，是该地区的吉祥地形的其他描述中一再被重复的主题。对于武默讷考察团队成员杨彬来说，长白山顶的闼门湖是一个奇迹："山高约有百里，山顶有池，有五峰围绕，临水而立，碧水澄清，波纹荡漾。"1682年，康熙来到吉林乌拉后写了一首诗，强调长白山作为大江源头的重要性。皇帝写道："名山钟灵秀，二水发真源。"尽管皇帝在这里只提到两条江，而《满洲实录》和《钦定古今图书集成》中的资料通常说的是三条主要水道：鸭绿江、混同江和土门河（今图们江）。这些文献中对群山的描述同样强调河流是景观的重要特征，因为景观中充满了水。在《满洲实录》中，瀑布从四方倾泻而下，在变成湍急的河流之前发出巨响，而《钦定古今图书集成》中所描绘的六条河流供奉一座山，山中每道沟壑似乎都充满了水。

皇帝对东北江河的描述加强了长白山、纳禄窝集和赫图阿拉之间的联系，其中有江河与湖泊并重、与群山的纽带作用并重的风水意义。和长白山一样，纳禄窝集也充满了水，是向外输送风水能量的众多河流的源头。这些河流中的三条——三屯河、图们江和辉发河——从长白山发源，从西面汇入了松花江。因此，在对长白山风水的描写中，水和山相互连接，散布了山的吉祥的能量。纳禄窝集的所有脉络在森林中形成了一个风水节点，因为在继续向南前往泰山或向西前往盛京和更远的地方之前，这些水路与更多的河流能源汇集到了一起。

康熙在总结自己关于长白山与泰山通过龙脉相连的论点时，确认了这种风水二元论：

> 此论虽古人所未及，而形理有确然可据者。或以界海为疑。夫山势联属，而喻之曰龙，以其形气无不到也。……宋魏校《地理说》曰："传乎江，放乎海。"则长白之龙放海而为泰山也固宜。……是又理之明白易晓者也。

虽然他的解释致力于打消读者对龙脉能够跨越大海的疑虑，但皇帝大体上强调的是风水景观中山与水的密切关系。康熙将人们的注意力集中在水路，特别是水路的源头，还有输出水流的群山，并将它们视为风水能量的通道以及天地间强大（有时颇为神秘）而吉祥的互动场所。他按照与"中国本土"具有重大历史意义的解读相对应的方式，组织和整理了东北地区的景观。

京北的"拴马桩"

康熙在其《泰山山脉自长白山来》一文中，详细阐述了"中国本土"与清朝新辟疆域之间的风水关系。通过将满族的长白山确立为中国第一祭祀名山——泰山输送风水能量的最终根源，还有描绘第二条风水路径，将东北地区的历史提升到与"中国本土"历史相同的高度，皇帝从征服者和被征服者的双重角度构建了清朝的合法性。

在后一条以医巫闾山为终点的龙脉中，位于那里的辽陵是通往泰山的第一条龙脉经过的重要遗址之一。通过让这些遗址充当连接关内和关外的共享风水系统中的节点，并从满族神话历史的纪念遗址中获取能量。以医巫闾山和泰山为风水终点的等式虽然耐人寻味，但却似乎有些不协调。如果这条最北端的龙脉在医巫闾山终止，那么长白山、后金的都城和纳禄窝集的象征意义，将在一个似乎已被赋予非"中国本土"政治权威的地方告终，而不是像泰山那样将从这些地点聚集的意义力量带到“中国本土”。这就提出了一个有趣的问题：康熙是否仅仅因为这不是他文章的重点就结束了对这条西向流脉的描述？如果是的话，那么这条脉络会通向哪里？沿着赫图阿拉至盛京、医巫闾山的路线，绕过蒙古草原东南边缘，山脉自然就通向了热河和山庄——这里既符合长白山龙脉的思想架构，又为清王朝在朝廷之外，设立一个有别于自身的枢纽中心。

康熙在其强大的风水系统中，将这座宫苑视为风水宝地。他在最早的关于热河行宫的著述《御制避暑山庄记》中，一开篇就说：“金山发脉，暖溜分泉……自天地之生成，归造化之品汇。”这是一个天赐的宝地，肥沃、繁茂、祥和，得益于“金山”的山脉，就像整个帝国得到长白山的保护一样。

也许是有意为之，皇帝并没有让“金山”的身份完全显露出来。这种模棱两可的表达为地形和隐喻的解释提供了机会，这类解释共同以令人感兴趣的方式扩展了皇帝的风水地理。例如，《钦定古今图书集成》记载的一座“金山”相对靠近山庄，它起于辽河北岸，位于现在辽宁的开原市西北，距离该市175公里。这些描述看起来可能就是热河山脉，因为山脉的走向基本上指向皇家园林，就像从长白山延伸到它们各自的终点一样。但是，从清宫廷的角度来看，这是一个很小的范围，没有任何明显的历史意义。在整部钦定百科全书中只提到了一次，而且完全引用《大明一统志》的描述，而不是来自王朝成立之前的满族或清王朝的资料。

山庄内也有一座“金山”，就是上帝阁的所在地。菲利普·弗雷特注意到了通往该岛有两条路线，一条是水路，另一条是岩石小径，指出前者可能“象征着沿着大运河到江南的旅行”，后者则是“长白山的考察之旅”。尽管这是推测性的，但这一解释与康熙关于吉祥景观的许多观点很吻合，包括水与山的相互作用、以仪式化的方式穿过景观到达神圣终点的重要性，以及长白山在皇帝的风水系统中的中心地位。不过对康熙来说，金山在山庄景观中的意义，似乎主要是充当一个地标和能唤起对一个著名景点联想的地方，而不是赋予它一种特定的精神或风水意义，让它承担几乎不可能完成的任务。

皇帝论述的关于龙脉可能从盛京和医巫闾山延伸到山庄的命题，自然要引导受众再返回长白山。虽然“金山”不在满族发源地长白山的备选名称之列，但它就本质而言就是一座“金山”。清朝皇室姓氏“爱新觉罗”字面意思是“金带”，指的是清朝之前女真族区别不同部族的彩色饰带。此外，无论是在东北地区还是在蒙古人中间，金黄色都有与皇权相关联的历史。将长白山解读为一座帝王之山——爱新觉罗山，就把它的身份变成了清代风水能量的来源：皇帝成了一座山，这座山就是

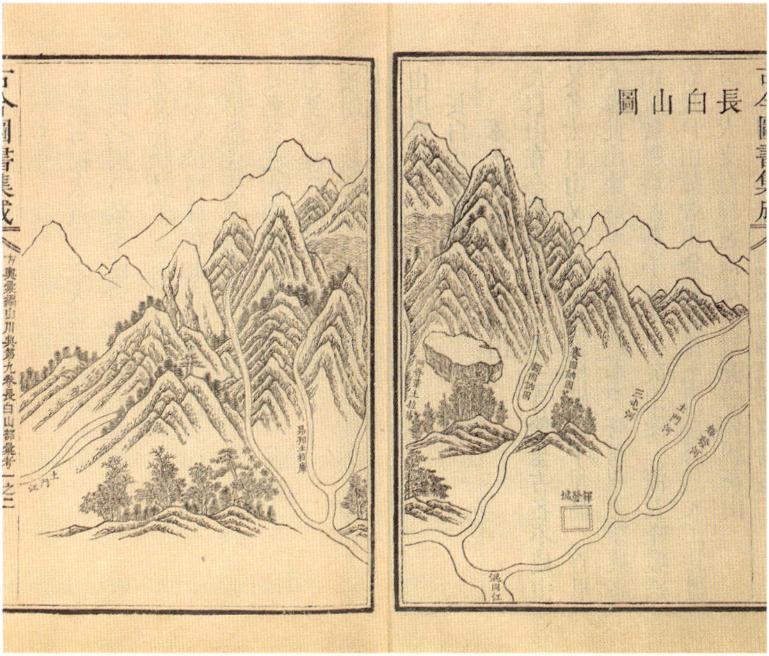

《钦定古今图书集成》中的《长白山图》 哈佛燕京图书馆藏

皇帝和帝国和谐气象的源泉。

康熙自己关于避暑山庄的著述提供了最有说服力的证据。在《御制避暑山庄诗》中，“金山”这个名字只出现过两次。第一次出现在《御制避暑山庄记》中，前面已经引用了，这篇文章用作《御制避暑山庄诗》的序文；第二次出现在皇帝对第十景“北枕双峰”的描述中，写的是坐落在园林最北端山峰顶上的观景亭。康熙在介绍这一景点时，偏离了御制诗其他诗序的模式，即它们的主题限于园林之中。相反，他将亭子与山庄之外的世界相联系：

> 环山庄皆山也，山形至北尤高。亭之西北一峰峻出，势陂陀而逶迤者，金山也。其东北一峰拔起，势雄伟而崒嵂者，黑山也。两峰翼抱，与兹亭相鼎峙焉。

康熙由此设想“北枕双峰”是山庄的风水枢纽，它本身就是帝国更大范围的吉祥地理学的一个焦点。虽然皇帝用“峰”来指山，但从他的描述中可以明显看出，他指的是长长的山脉，这些名义上的峰是群山脉络的风水来源，正像长白山和闼门湖对东北地区山川的作用那样。两条又长又崎岖的山脊从遥远的源头延伸到皇家庄园，与山顶的亭子连接在一起。这三点之间的关系，首先由亭子的名字“北枕双峰”显示出来。“枕”最常见的翻译是“枕头”，在这里指的是拴动物用的柱子或桩子。所设想的图像是通过同一个桩子拴在一起的两个山峰。由于皇帝把山上的这三个点比作鼎，或者说是三个鼎足，其仪式上的重要意义就显而易见了。作为国家祭祀的中心器具，鼎象征着王朝的合法性，对儒家皇权礼仪的施行至关重要。

在《北枕双峰》一诗中，康熙继续说明两座山峰的特征，借此描绘了它们的交会点：

嵚崎冈岫紫宸关，
乾地金峰坎黑山。
苦热云生双岭腹，
盆倾瞬息落溪湾。

在两个对句中，皇帝用宇宙哲学和风水学的术语描绘了群山，还通过一场突然的山雨的比喻使之形象化。开首一句中山庄像圣地一样建立在两道山脊之间显露的开阔地上。然后，“金峰”和“黑山”使用了根植于占卜和风水的概念，被宇宙哲学的术语框定。乾是出自《周易》的八卦之一，与西北和黄金相关，因此是适合金山的宇宙哲学描述。乾也集中体现了阳的特征，比如太阳、阳刚之气，最重要的是它代表天。因此金山是世间的天意。坎是八卦中的另一个卦象，在许多方面与乾相反，有黑暗、空虚、神秘的含义，对乾卦的阳来说它是阴。它代表正北和水，本身和黑色联系在一起，就像乾代表金山，坎则代表黑山。它们共同造就了山庄，使山庄成为互补元素、阳与阴的完美结合，成为天与地的结合点。

第二个对句中下暴雨的图景，进一步说明了这种关系。在这两座山之间，乌云密布，雨突然倾泻而下。《周易》中的金是水之祖，由天池来体现，从天池[1]流出的水，形成了皇家园林的山溪和湖泊。在这里，就像长白山和盛京的山脊和河谷一样，山与水的关系在风水学上是至关重要的，因为两者结合在一起构成了吉祥的景观。皇帝所描绘的天降暴雨也可以被解读为两座山的“庇护和拥抱”所产生的吉祥能量的隐喻，因为互补的力量结合在一起，产生一股能量流，汇集到了热河流

1 这里两处“天池”并非指长白山天池，其原文为the heavenly basin，直译为“天空的水池”。——译注

域。这种创造出来的焦点应该是四面环山的观景亭，这显得非常恰当：建筑和景观一起象征着天圆地方的宇宙。

除了金山上帝阁之外，热河的山都没有“金峰”和“黑山”这样的名字，在山庄的围墙内也没有相应的山脊。不过这里的“金峰”和“黑山”可能指的是阿尔泰山和大兴安岭，它们是西北亚和东北亚的主要山脉。阿尔泰山脉（汉语称之为“金山”）西北起于中亚，向东南延伸，把蒙古草原和戈壁沙漠分开。同样，大兴安岭（汉语称之为“黑山”）界定了草原的东部边界，将其与东北部的草场隔开。从大陆的范围来看，这个图景不只是对这个地方创见性的想象，就好像起起伏伏的泰山龙脉一样，阿尔泰山和大兴安岭也在热河周围的群山中交会。这一事实不仅仅是从过去的地理研究中获知的，而且更确切地说，要感谢康熙对绘制帝国版图的经久不衰的兴趣。

把热河作为风水轴这一设想进一步扩展到遍及整个帝国是能够做到的。在《泰山山脉自长白山来》一文中，皇帝将泰山（龙）作为与华山（虎）神圣配对的一部分。沿着大兴安岭的走势，从东北偏北，蜿蜒向南，穿过热河，一直延伸到华山；同样，阿尔泰山也成为以长白山为终点的一道大弧线的西端。看起来，热河可能被解读为四方的“拴马桩”、清朝地理的轴心，它将关内和关外连接为一个整体。

清王朝的枢纽

经过近二十年的战争和政策调控，康熙将注意力从巩固帝国转移到将其领土整合成一个新的地理体系，即清朝——其景观自然反映出这个政体的人口、历史和文化的多样性。他是通过对土地的标记和阐释来完成这项工作的，包括巡游、测绘以及从事地理和风水学研究，这些活动对各种各样的受众来说都是能够理解的。

在将长白山的地位抬高到超出五岳之上的过程中，康熙皇帝为清朝设立了一个新的圣泉仪式。康熙将满族的起源与确认天命的祭祀场所结合起来，同时他宣称具有了中国所谓的合法性，并将新的权威赋予其所在地区的地域能量来源。同样，朝廷在将帝国风水的源头（天佑在人间的体现）转移到东北地区的同时，也明确肯定了满族的至高无上地位。其结果是帝国一个新的地理愿景的构成，必然会通过一个内聚网络与皇帝的多重象征中心的想法结合在一起。

康熙在这一新的皇权景观中，通过各种诗文，为热河确定了一个特殊的位置。在长白山、阿尔泰山、大兴安岭三大山脉的交会处，山庄在清代地理的风水架构中占据着得天独厚的地位。与华山、泰山一样，这座宫苑也从强大的龙脉中汲取能量；它也与长白山、纳禄窝集一样，既是龙脉的交会处又是龙脉的分流处。热河上连遥远的北方、东北地区和蒙古地区，下接明朝原本的领土，它是一个连接和贯通的点，是皇帝建立一个新帝国的枢纽，这个枢纽借助皇家园林的建设、地图绘制上的确认、圣山风水方志的编写、神秘的政治地理学和带有修辞性的阐释，将新帝国从概念上和疆土上连接起来。

御制避暑山庄记

[清]康熙

金山发脉，暖溜分泉；云壑渟泓，石潭青霭。境广草肥，无伤田庐之害；风清夏爽，宜人调养之功。自天地之生成，归造化之品汇。朕数巡江干，深知南方之秀丽；两幸秦陇，益明西土之殚陈。北过龙沙，东游长白；山川之壮，人物之朴，亦不能尽述。皆吾之所不取。惟兹热河，道近神京，往还无过两日；地辟荒野，存心岂误万几。因而度高平远近之差，开自然峰岚之势。依松为斋，则窍崖润色。引水在亭，则榛烟出谷，皆非人力之所能。借芳甸而为助，无刻桷丹楹之费，喜泉林抱素之怀。静观万物，俯察庶类，文禽戏绿水而不避，麀鹿映夕阳而成群。鸢飞鱼跃，纵天性之高下。远色紫氛，开韶景之低昂。一游一豫，罔非稼穑之休戚；或旰或宵，不忘经史之安危。劝耕南亩，望丰稔筐筥之盈。茂止西成，乐时若雨旸之庆。此居避暑山庄之概也。

至于玩芝兰则爱德行，睹松竹则思贞操，临清流则贵廉洁，览蔓草则贱贪秽，此亦古人因物而比兴，不可不知。人君之奉，取之于民，不爱者，即惑也。故书之于记，朝夕不改，敬诚之在兹也。

康熙五十年六月下旬书

第三章　惟兹热河

1711年夏天，康熙皇帝在热河逗留了很长时间。在8月初，他撰写了《避暑山庄记》，这也是山庄“落成”的一个不可或缺的组成部分，就像避暑山庄那块命名铜匾以及在此期间创造的内外景观，对这座宫苑的构架而言，都具有重要的意义。在这篇文章中，皇帝采用了皇家和私人园林拥有者传统的园林记述方式，介绍了“居避暑山庄之概”。嵌入在对精心设计的景观的描述之中的，是皇帝抱负的宣示和康熙的统治哲学，热河被置于这种哲学之内，成为新兴的大清帝国文学和观念建设的一个重要组成部分。该文是对皇帝当政最后几十年所关注问题的关键性阐述，包括领土一体化、民众福祉和满族统治的合法性，这些主题也出现在当时不少其他文字作品中。如《避暑山庄记》所示，景观——山庄和其他皇家宫苑的具体景观，以及较为抽象的文学、宗教、自然和地域的景观，对于康熙来说，都是一种可供理解、商讨和传达上述议题的媒介。

18世纪初，山庄的建设标志着康熙王朝的一个重大转变。随着征服战争在17世纪80和90年代相继结束，朝廷开始将重点转移到“较温和”的意识形态表达形式上面，寻求政治和文化意义上的合法化。一项范围广泛的学术操控政策，不仅服务于清朝受命于天的合法性的宣示，同时诱导更多的“中国本土”知识分子投入大清王朝的怀抱。虽然最初只取得了一般性的成功，但随着时间的推移，这些努力演变成一项强力计划，不仅包括了文学和学术工作，还包括了艺术创作和科学研究。这些活动也不限于汉人或其他说汉语的民众。朝廷实施了庞大的满语和较小规模的蒙古语的出版计划，而每年去“关外”狩猎和北巡使皇帝有机会与边境民众特别是与蒙古各旗中的清王朝主要盟友互动交流。

作为一个与不同受众互动的具体场所，山庄大量整合并利用了这类意识形态的策略。通过园林、文本和图像对自身进行多样化、多重含义的诠释，热河被构想并呈现为一个独特的景观、一个为传播帝国新地理学具有关键象征意义的物理焦点。尤其是通过《避暑山庄记》，康熙皇帝把热河想象成一块具有自然美的纯净的画布，在上面可以描绘出清王朝的文化景观。这种对现有文化的否定发挥了与另一个同样被强力推进的山庄中隐含的密码——皇帝作为仁慈的统治者关心其子民的福祉——产生密切联系的作用。作为康熙大清帝国观念的一种表达，无论是从人口上说还是从地域上说，热河既是有强烈历史感的，又是全新的，它传递了清朝统治在地理、建筑、文化和修辞学方面的观念，同时通过重新构想的景观来描绘理想的皇帝和理想的帝国。

地辟荒野

康熙皇帝的著述中对热河一带土地的描写比比皆是。在《避暑山庄记》和御制诗中，皇帝列举了各种充满诗情画意的吉祥而神秘的风景，以构建热河在清朝实际的和抽象的地理范围内的特殊位置。他把避暑山庄描绘为一个开阔的没有任何界线的景观。然而，蒙古族人、汉族人、女真族人和明清两代政府对这块土地的长期占有并对其提出主权要求的历史现实，可能使这幅图景复杂化。从历史和现代的角度来看，以夏宫、牧场和皇室狩猎来标记的这片土地，似乎与皇帝对此地的修辞学构建并不相符。仔细阅读就会发现，皇帝自己的话语中也表露出这种极度的矛盾状态，这表明修辞与现实之间的这种分离状态是理解他将热河作为一个独特景观概念化，以便用新的文化和地理术语来给清王朝下定义的关键所在。

康熙的《避暑山庄记》开篇对热河的描写，所呈现的是具体体现王朝美德的一片土地。康熙强调“山脉”“青霭”“云壑”，呼应了用于描述长白山、纳禄窝集以及其他圣地吉祥地理学的语言，在强调其与世隔绝、平和安宁的同时，将云壑嵌入风水的体系之中。由于承认该地区的居民生活在一个“草肥”“风清夏爽”的和平地方，因此他们的“人物之朴”是物质环境的反映。热河同时也是美德及其神灵感应的象征：景观本身是仁慈的，表示上天赐福于王朝，保护和养育了在这里和谐共处的人们。康熙列举了他的多次巡游，传达了他对帝国、对巡游了解臣民生活的重要性的深刻认识和理解。不过他认为，除了具有帝国的各种美德，热河还是一个与众不同的地方。在这里，“造化之品汇”成为“热河之品汇”，山谷被设定为一个具有独特意义和价值的空间。由于这个地方与宇宙的基本形态有着直接的联系并能提供滋养，景观对皇帝的有益影响就成为他在那里建造宫苑的主要理由。

具有洁净与独特的二重性，又与“首都”及其所代表的一切联系在一起，是热河“独特论”（exceptionalism）的本质特征。康熙对“荒野”这个词的选择，反映了这一时期民族和领土一体化的核心矛盾。经常被理解为“荒原与荒野”的“荒”和“野”其含义要比“荒原与荒野”这一意思复杂得多。具体地说，它们是以相对的意义而不是绝对的意义来给空间下定义的：热河只是外围的，而不是偏远的，它可以作为一个既保持质朴原貌的空间存在。“荒”和“野”最明确的内涵是定义人为景观的方式，特别是用来描述田野和边界。按照1716年朝廷印行的《康熙字典》，“荒”和“野”首先表示空旷广阔的空间。“荒”的空间指非生产性的（或已经变成非生产性的）：“田畴荒芜”，“草掩地”，或者“废”。从地形上讲，“野”主要指“广远之处”，它常被用来形容农业用地：田野、田地或“掌野”——城市的郊外田地，在那里进行储备粮食的种植。

然而，并不是“野”的所有含义都指向农业生产。有时，“野”也指与城市的联系较为疏远，比如它被解释成“郊外”的时候。在这些语境中，“野”与城市有着直接的等级关系，因为在一系列仍处于国家控制范围内的同心区——邑、郊、野，“野”是最外层的。同样，“野”也表示行政结构，作为国家管辖的土地的一个类别（掌邦之野）和至少两个官方头衔：野司——一类古老的地方官员的称呼，和野虞——实质上是掌管农田和森林的林务员。因此，“野”既是城市的对立面，又在文明和融合角度与代表城市的一切相关。这是“非城市”，虽是外部的，却又是紧密结合的。最后，虽然“野”一般表述土地及其维护，但有时也描述人的性格，“野”有“野性”的意思，通常是对那里的居民本性的评论。在早期的文本中，“野蛮”或“粗野”本质上等同于“不文明”或“不开化”。如果你有知识但不正派，你就是“野”；如果你不得体地哀悼，就是不讲礼数，就是“野”。“野”是文明人给另类下的定义，用作一种修辞手段也可以界定“君子”这个概念。

“荒”和“野”的这些含义既指某种非生产性空间——它们曾经是或有可能成为生产性空间，又指与城市分离却又与城市有明显联系的土地，还指被未开化的人或野蛮人占据的土地。它们既指向外围，给人一种“荒野”那样的处女地的感觉，同时又强调与文明的地域上的连接。通过《避暑山庄记》和康熙对其行宫、其活动、其帝国和其本人的经过深思熟虑的阐释，这些内涵便成了热河的修辞框架的核心。该地区，也就是概念上的“关外”，其社会、文化和政治历史，也已深深地与“中国本土”和亚洲内陆纠缠在了一起，“荒野”这个词所反映出的正是这种紧张状态的真实写照。

在清朝兴起之前，热河周边地区已经有了漫长的占领史，早在北魏（386—534）时期就有了相关的文字记载。历史上，它是包括辽、金在内的所谓征服者王朝的权力基础及具有经济实力的地区。辽和金在上升为地区主宰的进程中，利用了这里靠近牧场和农业用地的便利。传统观念中“中国本土”的北方边界是以长城（可能不只实体上的长城）清楚标记的，包括热河在内的长城周围地区更多地被认为是一系列经常变动的“边界地带”。在这些地区，不管是通过贸易还是永久定居，各族人民相互沟通和彼此融合。蒙古族、女真族和汉族人口长期的“持续流动”，导致了该地区及其人口的文化身份的不断变化。

明朝时期这个地区的权力归属也同样模糊不清。蒙古族人和女真族人都各自组织成以血缘关系为中心的松散的部族群体，每一个部族群体占据一块特定的领土。热河本身是由明朝军队直接控制的，而更往东的女真地区表面上看是朝廷通过当地上层人士控制的。这是屯军（卫所）制度的组成部分，通过这个制度，朝廷试图将非汉族的周边部众纳入明朝的官僚体制。然而到了16世纪中叶，明朝对东北地区的控制已经大大削弱，海西和建州两卫的军队成为各女真部落联盟中最有实力的。在随后的几十年里，建州在努尔哈赤的领导下成为满族人的地盘。努尔哈赤于1616年建立了后金王朝。对入关之后的清宫廷来说，满族人与建州地区之间的联系对王朝的起源和身份是至关重要的。建州地区的范围从沈阳以东的森林经过牡丹江流域到长白山，再往北延伸进入吉林。

然而，热河并不是这样。正因为如此，皇帝可以把热河描绘成一个在物质和文化上都未定性的山谷，在这个山谷里，他可以开发一个真正的清朝景观。不过早在17世纪初，热河就明显与清朝政权联系在了一起。皇帝每年都在清政权的蒙古盟友的领地中狩猎和巡游，这最终决定了在热河建立永久性机构的必要性。这种模糊不清的状态同时表现出“荒”和“野”固有的张力，从广义上说，这也是清朝领土一体化的核心问题。在这一点上，包括热河在内的长期被排除在外的地区得到了重新铸造，成为一个新帝国的一部分。因此，这种“地辟荒野”是整个帝国的象征——康熙能够而且确实把一方土地转变成一个独特的清朝的空间。此外，康熙开发土地所传达的领土观，同样也具有“荒野”所承载的道德方面的特征。曾经肥沃的“荒野”土地可以得到拯救，恢复其有益的用途，无论是用于农业还是用于皇家休养场所。类似的期望值支撑着整个帝国领土的一体化，因为“关外”的土地和人民都受到皇帝公平的关注。

雕梁画栋与亲耕南亩

这种带有道德品质特征的通过各种方法对土地和领土的投入也会延伸至皇帝本人，使他个人和他的统治与景观交织在一起。《避暑山庄记》以农耕生活的艰辛、帝王的节俭、国家和地方资源的保护为中心，描写了一个其结构是由皇帝的美德构建起来的园林。这篇文章引用了历史典范，运用了文化比喻，从中国和亚洲内陆历史的正统传承之中搜寻这类品质，并将这些品质所确认的要求从热河扩展到帝国的其他地方。

康熙对热河和他在“关外”巡游的描写，把帝王的疆域、疆域的开发以及他穿越领土的旅程，与儒家的仁义观、清朝的受命于天联系在一起。在结束了近一个世纪的“中国本土”内外的战争之后，康熙试图强调整个帝国的和平与繁荣的景象。在御制诗第 首中，伴随着对园林主要建筑中的皇帝寝宫（“烟波致爽”）的描绘，给景观赋予吉祥的自然特征，标志着一个新时代的出现：

沈喻主持的御制诗木版印本第一景《烟波致爽》 哈佛燕京图书馆藏

山庄频避暑，静默少喧哗。
北控远烟息，南临近壑嘉。
春归鱼出浪，秋敛雁横沙。
触目皆仙草，迎窗遍药花。
炎风昼致爽，绵雨夜方赊。
土厚登双谷，泉甘剖翠瓜。
古人戍武备，今卒断鸣笳。
生理农商事，聚民至万家。

在这里，热河被用作帝国一个理想化的提喻（synecdoche）。避暑山庄坐落于“中国本土”与北方的蒙古和满族领地的交界处，为皇帝提供了一个颇具诗意的有利位置，他从这里看到战争的迹象已经过去，而和平的迹象已经出现。这里的景观又是丰富多彩的，春天的鱼、秋天的雁之类季节性秩序的回归，揭示了大自然所反映的人间的和谐，而吉祥植物的大量存在更是强化了这种和谐。上天对清王朝的认可在热河得到体现，而反过来热河又是帝国的缩影。

然而，上天的授权并不是自然获得的。康熙在诗歌和其他文献中，反复强调追求仁义的重要性，同时还要谨防治理中的疏忽怠政。如果不给予必要的关注，和平就会转瞬即逝。御制诗的第二首《芝径云堤》中表达了这个担忧，诗中的长堤从视觉上引导读者到达如意洲，这个地方有山庄最早的朝堂议事大殿：

> 边垣利刃岂可恃，
> 荒淫无道有青史。
> 知警知戒勉在兹，
> 方能示众抚遐迩。

鉴于山庄作为恢复巡游的一项长期投资所具有的象征意义，强调细心治理就显得尤为重要。皇帝的这篇“记”想要让读者放心，在热河处理国事与在北京处理国事并无不同。康熙承诺：“或旰或宵，不忘经史之安危。”他塑造出一个统治者的典范：如此专一地关注国事，直到深夜才有空吃饭，天刚黎明就穿衣起床。

热河作为一个勤奋工作而不是逃避职责的场所，其自然环境被认为是最大的干扰因素，因此需要将其重新定义为最为有利的因素。康熙范围广泛的巡游透露了其个人的户外活动爱好，所以他承诺会做到享受与工作之间的平衡。他写道："万几少暇出丹阙，乐水乐山好难歇。"避暑不仅仅是个人的乐趣同时也可促进有效的统治，这个论点出现在御制诗第四首《无暑清凉》之中，这首诗描绘了皇帝在如意洲上的最早的正殿：

> 三庚退暑清风至，
> 九夏迎凉称物芳。
> 意惜始终宵旰志，
> 踟蹰自问济时方。

照康熙的意思，这种吸引力更多是心理上的，而不是身体上的，这一修辞上的让步或许又是要回应人们对他身为统治者过多的流动性或过分好战的担忧。在《水芳岩秀》一诗的序言中，他描绘了如意洲上的一座佛堂，强化了纯净的风景与被周围环境和静默沉思所净化的心灵之间的关系：

> 水清则芳，山静则秀。此地泉甘水清，故择其所宜，邃宇数十间，于焉诵读，几暇静养，可以涤烦，可以悦性。

这种理性的克制并未超出所做出的相关承诺，并结合皇室节俭的重要性找出一种为休闲自我辩护的正式并有启迪作用的表达方式。康熙以免去"刻桷丹楹"——与帝王的奢侈和王朝的没落相联系的建筑元素为例，将自己塑造成一个能把关注点放在物质特权之外的统治者。过度的装饰不仅有损建筑的典雅，而且妨碍了人通过与自然世界的联系以获得清醒和专注的能力。拒绝这样的华丽装饰使得"喜泉林抱素之怀"成为可能，一个简朴的居所"得山居雅致。启北户，引清风，

沈喻主持的御制诗木版印本第三景《无暑清凉》（1713） 哈佛燕京图书馆藏

几忘六月”[1]。

根据皇家的修辞学，皇帝简朴的一个同等强烈的出发点是对老百姓的体恤，如果朝廷过度使用人力或自然资源，百姓生活那种脆弱的平衡将受到威胁。皇帝从一开始就用御制诗和其他文稿来传达这一训谕。在建造热河行宫的敕令中，官员们被要求节省劳力、节省时间、节省资金，这一点在御制诗中得到了重申。把热河理想化，部分在于所需的人工干预非常之少：

1 引自御制诗《延薰山馆》诗序。

……庄田勿动树勿发。自然天成地就势，不待人力假虚设……

游豫常思伤民力，又恐偏劳土木工。[1]

“司农莫动帑金费，宁拙舍巧洽群黎”[2]这样的诗句，使朴素的景观设计成为减轻财政重担的方式和表达怜悯帝国臣民的途径。

通过在建造过程中和获取自然资源方面的精打细算，劳力和费用得到了节省。1713年，在纪念建造溥仁寺的碑文中，皇帝描述了保证节约建筑材料的方法：“陶甓于冶，取材于山。工用无输挽之劳，金钱无逾侈之费。”

也许是为了应对清初特种木材的紧缺，皇帝坚持在当地采伐木材。在这一点上，康熙所用的言辞再次表明这是对历史教训的一种回应，因为汉代皇帝在营造规模庞大的皇家园林时，据说曾多次进口珍奇木材用于修建宫苑，这被认为是皇室奢靡和王朝衰落的先兆。同样，皇帝声称在热河建立皇家居所时避免占用耕地。他对山庄“荒野”的描述扩展到了溥仁寺，对其选址表示赞同：“因指山庄之东，无关于耕种之荒地。”[3]

通过皇帝在景观问题上表现出的对农业生产的道义上的责任感，重申保护生产性土地的宣传就具有了更为丰富的表现力。这里，又将这种美德与王朝的稳定联系在一起，例如“气和重农紫宸志，烽火不烟亿万秋”[4]。农业与其他仪式性活动之间的联系拓宽了康熙与他的臣民紧密联系的方式。通过引用神话典故，例如，神农（中国农业的鼻祖）曾巡游帝国以视察民众的生活和传授农业技术，朝廷将巡游与农业联系起

1 引自御制诗《芝径云堤》。

2 同上。

3 引自《御制溥仁寺碑文》。

4 引自御制诗《芝径云堤》。

来。在《避暑山庄记》中，康熙通过反复提及丰收、尊崇礼仪的和谐的民众、圣人统治与和平时代的景象，为季节性巡游和为之建造必要的基础设施提供了有力的论据。神农的影响还体现在皇帝作为满族人一直在仪式性农耕中扮演主要角色，包括“亲耕”的象征性情节。尽管这类做法直到康熙的儿子雍正皇帝在位时才每年实行，但康熙以不同的方式遵循了他父亲顺治开创的模式。最出名的也许是他委托绘制了一部《耕织图》，这种系列图画由宋代画家楼璹（1090—1162）首创，《耕织图》通过对历史模本的仿制，明确表达了一种对事农和仁政的帝国愿景。

在清初的几个园林中，农耕在仪式上和实际上都扮演了重要角色，这些园林包括避暑山庄、位于紫禁城西边的丰泽园和位于北京郊区的畅春园。在康熙的《畅春园记》中，无论是在对吉祥景观的想象上，还是在对农事、皇德、人民福祉的隐喻上，都用与描写山庄十分相似的语言来描写畅春园：

> 当夫重峦极浦，朝烟夕霏。芳萼发于四序，珍禽喧于百族；禾稼丰稔，满野铺芬，寓景无方，会心斯远。其或穲稏未实，旸雨非时，临陌以悯胼胝，开轩而察沟浍，占离毕则殷然望，咏云汉则悄然忧……

在丰泽园里，康熙以一间不大的养蚕室和一片种稻的示范农场，使他说过的话变成现实。在那个示范农场，种植了一种宫廷新研发的早稻。这种对耕织图景的再现，除了奉献给丰收的赞美之辞，通过劳作和仪式，康熙自己也投身其中。后来雍正在另一个版本的《耕织图》中直接画入了他自己，乾隆也在清漪园建造了一个理想化的农庄。

在热河，园林设计和农事活动同样补充了文本中表达皇帝农业道德观的描述。山庄的农事活动——至少已有象征性规模——反映出宫廷对农业可持续性以及基础设施开发对邻近地区影响的较广泛关注。尽管不能自给自足，但康熙时期的山庄包含了多种农业生产空间。其中最著名的是皇帝所谓的“瓜圃”，这个名称不一定是其字面上的意思，它所描述的是一小块土地，类似于一个菜园，用来娱乐和提高个人生产力。康熙年间，这是位于万树园东南边缘一片相当大的圈起来的农田，它沿着山庄的围墙向北延伸，从热河泉一直延伸到后来建造“春好轩”的地方。第二片园地曾一度存在于流杯亭附近，就在热河泉南边。

除了定期植树以维护景观——比如1716年种植了1000棵松树，还种植了樱桃树、桃树和梨树。可能不晚于1718年，避暑山庄大门以东有一块稻田，没有记录显示它有多大，不过这块乾隆后来修建松鹤斋和东宫的地方，在当时基本上是一片开阔地。热河本身也是一个重要粮仓，是所属地区的粮仓之一，至少为驻军和当地赈灾提供大米、小米和高粱；

热河泉附近 朱子仪摄

可能也向皇帝和他的随行人员供应粮食，补充山庄自产的粮食储备。最后要提到的是山庄里饲养鸡和小家畜，还饲养鹿和鱼。鹿和鱼都是作为景观的组成部分而存在的，也可以用作狩猎或捕捞的对象。

尽管宫廷在这类空间的种植不足以维持山庄夏季人口的生活，但它们的存在表明，清宫廷园林在一定程度上是作为生产性空间而存在的。其实长期以来不管是皇家园林还是私家园林，一直都是这样的情况。山庄的年产量没有留下记录，但北京至木兰御道上的另一个行宫——汤泉的一系列未注明日期的报告表明了这个小建筑群用于生产的程度。官方记载有一片长势喜人的田地，种有蔬菜、稻米、小米、小麦、西瓜，还有三种莲花和两种菱角，还养着牲畜和鸭子。园内池塘里的芦苇被大量收割，还腌制了成桶的咸菜和芥菜。就连冰也成为清宫廷各个行宫的生产指标，它们在冬季储存冰，供皇帝夏季逗留时使用。除了为康熙居住地的餐桌做出贡献，这里的农产品还被用作皇帝几乎源源不断地送给来宾和朝臣的礼物。送什么东西取决于处在一年中的什么时节和接受者是什么人：在晚春，把鸡和羊当作礼物特别常见；在夏末和初秋，瓜类则是山庄和整个帝国丰收的象征。

重视利用现有资源进行建设和生产或多或少减轻了皇室在该地区的存在对当地经济的压力。这些政策既有实际的一面，也有象征性的一面，因为它们代表了一个有道德的统治者为其人民的福利所做的努力。在节俭、勤勉和仪式性劳作的历史模式的基础上，这座山庄被赋予了帝王的美德。通过皇帝的亲力亲为，这个景观在实际上和比喻意义上都变得丰富多产了，这种变化从热河扩展到已并入帝国的所有国土。

中心与外围

随着17世纪80和90年代与蒙古各部缔结盟约，皇帝招待关外草原精英的频率增加了。康熙于1702年底下令在热河兴建夏季宫苑的诏书中，用这样的话语描述了其政治动机：大清平定北方边界这种爱护远方盟友、养育各族人民的做法，在历史上是独一无二的。实现这一目标需要前所未有的手段，包括建设由一系列行宫、寺庙和其他场所组成的遍布这一地区的永久性基础设施。在为溥仁寺落成写的献词中，皇帝概述了他将蒙古作为这一多民族帝国的核心辖区来治理的态度，以及佛教建筑对这一思想体系的重要性：

> 康熙五十二年，朕六旬诞辰。众蒙古部落，咸至阙廷，奉行朝贺，不谋同辞，具疏陈恳：愿建刹宇，为朕祝厘。
>
> 朕思治天下之道，非奉一己之福，合天下之福为福，非私一己之安，遍天下之安为安。柔远能迩，自古难之。我朝祖功宗德，远服要荒；深仁厚泽，沦及骨髓。蒙古部落，三皇不治，五帝不服，今已中外无别矣。论风俗人情，刚直好勇。自百年以来，敬奉释教，并无二法。谨守国典，罔敢陨越。不识不知，太和有象，朕每嘉焉。鉴其悃诚，重违所请。

从中可以看到康熙皇帝与蒙古各部落建立了同盟关系，其中包含了历史上朝贡关系的要素，同时也融入了儒家仁政的修辞。在皇帝诞辰之际，特地前来表达美好祝愿的蒙古上层人士是在履行一年两次的“朝觐”义务，这种义务的履行往往选在婚礼、生日等重要事件的时候。来访的贵族们要求建造一座宏伟的寺庙作为回报，皇帝可以在寺庙中主持佛教仪式来造福他们。应这一要求，宫廷继续开发由皇家资助的用于仪式的基础设施，使之可以与“中国本土”现有的设施相媲美。而且在这里呈现的，并不是山庄围墙内基于“中国本土”的儒家、道家和汉传佛教思想的做法，而是基于亚洲内陆的藏传佛教信仰的实践。皇帝这样做，显示了清统治者“敬奉释教”的承诺，向蒙古人表明确实“并无二法”。

虽然主要是为了回应亚洲内陆的受众，但将汉式建筑式样与藏传佛教文化相结合的溥仁寺，代表了一种文化融合的形式，使得“中国本土”的人也都能理解。皇帝在满汉双语碑文中描述了他对待蒙古臣民的方式，同样在重新定义哪些人有资格享有这种统治的同时，也附和了儒家的仁义统治模式。皇帝把自己的福气称为“合天下之福为福”，把自己的平安称为“遍天下之安为安”，不再像明朝统治时期那样传统地把“天下”看作是“中国本土”的代名词。取而代之的是，这个“天下”包括满族人、蒙古族人以及所有其他归顺的民族，不再分中国人和非中国人，“天下”现在就是大清。在与蒙古人的关系中，清朝取得了远古神话中的圣君三皇五帝没能取得的成就。这些中国帝王的智慧典范都被取代了，康熙把中国哲学资源中的治国方略从多个层面进行了改造，将皇家地理的仪式中心和风水中心从泰山转移到了长白山。康熙设计了这种“独一无二”的做法来与一种前所未有的新政体相适应。

就算不能彻底解决问题，山庄也显示出类似的文化多样性形式。直到1708年，一期工程在热河完工后，皇帝还继续按他的惯例与亚洲内陆的上层人士在御道上的其他行宫里逗留。例如，1707年，皇帝到热河之前在塞外待了41天，包括分别在化鱼沟和喀喇河屯停留10天和21天。后者是建在蒙古的最早、最重要的行宫，它的建设要早于山庄。逗留时的活动包括送礼、观看射箭表演和婚礼，以及接见蒙古部落首领和处理国家事务。在热河住了10天后，康熙又在巡游和狩猎上用了70天时间，其间几乎每天都要从一个营地搬到另一个营地，9月下旬才返回北京。

从1708年开始，其中大部分活动都转移到了热河，而漫长的秋季狩猎和与之相伴随的觐见仍在别的地方继续进行。从北京出发的旅行时间缩短到大约一周，而夏季居住在山庄的时间延长了，山庄中可以提供各种各样的场合，在这些场合中，皇恩可以被赐予受欢迎的来客。这样的场合有助于将不分种族的朝廷官员与亚洲内陆的上层人士区分开来，参加的活动和被赐予的礼物都有所不同。例如，一般来说，只有官员才会收到皇帝的御笔墨宝，而亚洲内陆的客人更可能得到的是蛇皮和与狩猎相关的毛皮衣物。这些物品经常是包括指定受赐者在内的很少几个亲近人士在场时赏赐的。然而，其他由皇室举办的活动将朝廷官员和草原精英聚集在一起，或者象征性地接受同样的礼物，如甜瓜和鹿肉，或者实实在在地参加宴会、射箭比赛和其他活动。在这些活动中整个帝国是通过提喻法来呈现的，来自朝廷和七个省的高级官员、皇亲国戚、蒙古王子和来自更远地方的使臣都聚集到了皇帝的面前。

帝国各地的精英们汇聚在一起，这只是皇家园林象征性地消除中心和外围之间差异的一种方式。当代学者经常将山庄的规划解读为“一个微型帝国”，即通过“宫殿”、“湖区”、“草原”和“山区”四个地区的重组而代表范围广泛的帝国领土。另一种更加概念化的解读表明，乾隆年间山庄的设计体现了清朝皇帝对“档案馆”的强烈兴趣，不仅将领土与园林相对应，而且将广博的知识和“天子”观念相对应。虽然这样的说法在康熙时代的文本中都没有明确的证明，但它们为解读山庄的景观，即将其视为理想化的清朝领土，提供了一个有用的出发点。

再回到1702年皇帝的诏书，康熙指示官员们“参酌南北之名园，供奉图样，构设烫样（即建筑模型），以呈御览”。这一指示表面上仅限于园林，对著名景观的或多或少直接的援引，要在山庄中，尤其是在中心湖区予以表现。身在湖区，当你的目光穿越下湖投向“芝径云堤”柳树成荫的河岸时，联想起杭州西湖景观是显而易见的。从远处看，那河岸很像以宋代文人、杭州前知州苏轼（1037—1101）命名的苏堤。

这些建设也不局限于自然景观。在《避暑山庄记》中，皇帝在描述“鸢飞鱼跃”时，援引了一个著名的隐喻，将山庄园林与中国其他

从下湖远眺“芝径云堤”柳树成荫的河岸 魏瑞明提供

两个著名景点——西湖放生亭和湖北黄州刻有据说是唐代诗人李白题词的洄澜石相联系，以形成一种自由自然的状态。许多参考文献试图以这种方式将热河与重要的文化景观联系起来，援引或直接采用了这些空间形成的“聚合调解和集体记忆的过程”（the processes of accreted mediation and collective memory）。对于像张玉书这样的访客来说，山庄这片区域的规模可以模糊封闭式园林与非封闭式景观之间的界限，这种感觉被摩崖石刻这样的景观元素所强化，它马上让人联想到在中国随处可见的刻有名人题词的山峰。

借鉴了公众和精英接触景观的历史经验，御制诗画册页作为一个整体，进一步推进了这一建设。作为灵感的来源之一，这些诗画册页尤其得益于北宋时期出现的一种重要的文学和绘图结合的类型——名胜游记。在16世纪印刷业繁荣的推动下，明代和清初，描绘名胜古迹，特别是描绘南方名胜古迹的作品大量涌现。诸如游记、碑文、建筑题刻、相关文本和绘画，这些附加物与园林本身结合在了一起。在热河，御制诗画册页构建了模仿“中国本土”文化景观的最早的典范之作，它代表了最早的对避暑山庄的文学和艺术的解释，这种解释取代了此前所有文化调解的标记，后来的游客都会在某种程度上与之接触。借助于在中国以往文化中找到的术语，热河作为一个表达文化景观的场景，这个场景尤其明确地与康熙及其皇帝身份的愿景有关。然后他邀请他的游客通过御制诗分享这一景观，就像他亲自领着他们穿过山庄里的殿堂和群山一样。

然而，避暑山庄的景观并不仅仅是指“中国本土”。它还让人联想到东北地区和亚洲内陆草原。在某些情况下，这包含对景观元素直接的吸收，比如栽种物。张玉书在第二次造访湖区时，描述了生长在内湖南端的一种荷花，“色至鲜艳”。这些花是康熙年间蒙古盟友敖汉部落每年到热河朝觐时送的礼物。另据康熙的记述，在这种色彩艳丽的花丛中点缀着来自中原的白莲，这两种品种组合在一起犹如“锦错霞变”[1]。就像夏末园林中举行的宴会一样，景观本身把帝国的多样性汇聚成了一个一致的却依旧可区分的整体。

万树园更经常被认为是代表了草原。尽管没有明确说明，但皇帝自己对它的描述明明是要让人联想到亚洲内陆的生活方式：

> 流杯亭之北，瓜圃之西，平原如掌，丰草茂木。麋麑雉兔，交物其间。秋凉弓劲，合悉徒，行步围。诚猎场选地。[2]

御制诗借助名胜定义了山庄，而将草原景观纳入名胜范畴，则构成了一种从体裁角度上重新塑造帝国领土概念的做法。作为与“中国本

1 引自御制诗《长虹饮练》诗序。

2 引自御制诗《甫田丛樾》诗序。

土”找到的文化景观原材料同等重要的组成部分，“关外”的领土被具体地和更明显地呈现出来。

如果湖水让人想到南方，平原让人想到蒙古草原，那么山庄西部起伏的群山又会怎么样呢？一般来说，代表“中国本土”的山区是可以被接受的，也可以引出另一种更令人信服的对应。尽管热河从未被指定为帝国首都，但皇帝每年在那里长时间居住使它成为事实上的首都。较早的草原政权，包括辽、金、元在内，都在清王朝合法化的修辞学中占有显著地位。像这些王朝一样，清朝正式的首都不止一个：盛京，满族建立王朝之前的最后一个中心，被指定为东都，尽管它主要行使的是仪式的功能。热河是辽、金都城——中京和北京的近邻。这两座都城分别按照历史惯例，在早期城址上或附近建起新的权力宝座。此外，清朝皇帝巡游时，营地的空间布局也与京城的布局相似。

然而，从规划上看，这座山庄与中国传统都城并不相似，传统都城一般不会像这座宫苑那样其外墙围绕或更清楚地说是横跨附近的群山。在这方面，山庄的规划更接近于建立王朝之前后金都城的规划，特别是费阿拉和赫图阿拉。这一比较表明，园林中的群山可能与满族的东北故乡有关，而不是与“中国本土”的西部地区有关。因此，该地区精心设计的水文工程就有了新的意义：不仅有园林的景观特征，这些河道还让人想起了从长白山上流出，途经纳禄窝集森林的众多河流，汲取这些带有吉祥寓意的地域的精华，在山庄的围墙内直接再造满族发源地的景观。

山庄园林对某些事物的塑造或表现的能力，远大于其本身所包含的借助设计、认知和想象所能达到的程度。这种效果与园林的概念有关，园林景观模糊了自然和工艺之间的差别。对自然的再创造虽然具有整体的封闭性，但花园的营造和表现的模糊性否认或抹去了它们的界限。这种似乎借用了透镜的结构允许山庄同时在两个范围内运作，一个是有形的（园林是有边界的空间，它隐喻帝国）；另一个是概念上的，是一个像帝国那样的“没有围墙的花园”，在这个花园中边界被忽略了。山庄的围墙取代了山庄内院落和花园的外墙，使得山庄的各个建筑作为独立的景观和更大整体的局部而存在。此外，围墙最终的雉堞状设计明显暗示了城墙和长城，后者在明代已经基本上得到了修复。

因此，山庄的外墙划定了一个在三种不同范围内运行的空间——花园、城市和帝国——物理参数是相同的，但在概念上相互嵌套：一个多层和同心的唯一景观。对长城的美丽联想在这里显得尤为重要，因为它直接说明了将山庄视为理想化帝国领土缩影的解读方式。从这个角度看，山庄的围墙代表了一个新的长城，它包含而不是分割关内和关外。利用想象的作用让长城来标示文明和界定一个有凝聚力的文化领域，山庄的围墙足以象征性地定义一个新的清王朝。

不同地域通过象征性重塑长城加以融合，这个特征在山庄内特定建筑上得到体现。四个亭子在湖区整个北岸和树木覆盖的平原南缘延伸，它们在与“中国本土”相联系的中心湖区与草原似的万树园之间形成一个“边界”。然而，这个想象中的屏障并没有起到完全的分割作用，而是保持了通透性——亭子之间有很大的开阔空间，而建筑本身至少可以在两个侧面（如果不是全部四个侧面）敞开。这四个亭子都出现在御制诗中，其中对中间两个亭子——东边的“莺啭乔木”和西边的“濠濮间想”的描写，强化了亭子的建筑象征——既划界又通透。

从形式上讲，御制诗中的三十六景，每一个景都以两种不同的角度来描绘：一种是看版画的人的角度，另一种是画中建筑假设的占用者的角度，后者被与之配对的御制文本所强化。在大多数情况下，这两种角度基本上是相同的，因为画面的用意都是为读者提供置身园林的体验。然而在对这两个亭子的描绘中，这种共享视角的形式被颠覆了，因为观看的人注视着场景中假设的演员和远处的风景，而那些假想的演员

沈喻主持的御制诗木版印本第十七景《濠濮间想》 哈佛燕京图书馆藏

则回眸凝视着画面。在《濠濮间想》中，观者站在南边的如意洲上，隔着澄湖眺望着以湖名命名的亭子，此景的名称和诗意的描述都指向水，而不是图画背景中的树木和群山。《莺啭乔木》正好相反，这一次，观者从如意洲往南眺望澄湖，而此景的感官焦点却是万树园清凉的树荫和鸟鸣。

这一系列的亭子可以被看作是"真正的"长城的代表，也同步复制了当时对长城正在改变的认识——把它视为一个象征性的而非实际的屏障。通过合并两个景——一个是明显的，另一个是含蓄的，并通过文本描述予以加强；一个是朝北的，另一个是朝南的——每一个景都在

沈喻主持的御制诗木版印本第二十二景《莺啭乔木》 哈佛燕京图书馆藏

唯一的景观中捕捉到了湖和草原、关内和关外。正如康熙将山庄描述为一座瞭望塔，从那里他可以看到一个和平帝国的南边和北边，四个亭子代表着一道如今可以自由来往的边界上的烽火台，这道边界的两边已经成为一个整体。

紫雾散开

就像土地、林中的营造与起伏的远景的谨慎对比一样，皇帝和帝国在山庄的建设也反映出二元性同步的消解和持续。这种二元性的中心是山庄模糊的地理位置。康熙将热河描述为“荒野”，这在一个层面上是指它缺少居民，皇帝占用它就有了相应的合理性。然而，他对术语的选择凸显了文化适应的潜力。热河是一片贫瘠的土地，皇帝占用它可以使它在多种意义上得到拯救。

有意思的是，在这里，清初免疫和征服的措辞并行使用。按照当时的说法，对天花具有免疫力是出天花发烧的结果，这样的人被称为“熟”，而那些仍然易感的人则被称为“生”。“熟”的人去北京觐见皇帝，而“生”的人则是北巡狩猎的主要受众。在另一种语境中，“生”和“熟”同样适用于原住居民，比如台湾原住民和西南苗族，在被清朝通过征服起到“教化作用”的前后使用。山庄建设的一个原因是，为康熙提供一个与免疫力差、无法抵御京城病菌的人会面的场所，而免疫力没有问题的人同样可以在这里觐见皇帝。因此，避暑山庄成为一个消除甚至解决“生”“熟”问题的地方。

同样的本质区别在皇帝对热河的描述中反复出现：尽管“荒野”在字面和隐喻上都是超出边境的，但它通过山庄的存在和其领土与皇帝每年的巡游相结合而成为帝国的组成部分。“地辟荒野”，这个隐喻从清朝的角度看可能延伸到明朝统治下的整个帝国，这些土地借助皇帝的美德和劳作而变得生机勃勃。在这个帝国的形成过程中，不管是“中国本土”还是亚洲内陆都将在清王朝统治下相互适应，同时山庄在这一解决方案中被视为典范和支点。这个景观是个例外，它既是清王朝的缩影又置身于清王朝之外。避暑山庄就像是如意洲北岸一字排开的四个亭子，既固定又虚幻。用皇帝的话来说，则是“念热河之地为中外之交”[1]。

因此，避暑山庄构成了两种帝国统一的形式——一方面，它处于

1 引自《御制溥仁寺碑文》。

新兴的清王朝支点的有利位置，而不是位于不同区域的边界上；另一方面，它是一座圣山，浓缩了整个有形的和概念上的帝国。然而这种二元性必然导致其自身的被忽略。处在各个部分的交界处，山庄将它们结合成一个整体，同时又充当同一整体的转喻结构（metonymic construction）。互相嵌套的统一帝国和景观建设，模糊了山庄作为一种自然景观和修辞景观的规模和有界性。山庄唤起了无墙园林的模糊感，为热河创造了一种新的二元性。

第三部分　空间和图画

Part III

Space and Pictoriality

第四章　绘画与实地勘察

冷枚绘制的《热河图》，高2.5米，宽近2米，像花冠似的展现在观众面前。皇帝的行宫依偎在从谷底层层向上攀升的青绿山峦的环抱中。每一个庭院和厅堂都被精心描绘，围绕湖区和沿着山庄左侧（实际上是山庄西部）边缘的群山清晰地排列着。在院子里和树木间，鹤和鹿或单个或成对地站立着，而一对大雁——草原上的鸟，朝西北方向飞越下湖。其他地方没有生物，几艘船、几件园艺工具、挂在厅堂外面的灯笼和旗帜是人类居住的唯一迹象，仿佛这个园林在等待它尊贵的主人。

在画的右下角，既写着画家的签名也盖有他的两个印章。这幅画对冷枚来说是非常不寻常的。冷枚是一位宫廷画家，因擅长画与天神或神话故事有关的人物而闻名，他的画作经常以册页的形式出现。这幅作品没有题目，也没有注明日期：乾隆时期的御藏著录《石渠宝笈》将它记录为《避暑山庄图》，除冷枚本人的印章外，这幅画上的印章都是乾隆年间或以后时期的。现代学者确定绘制年代和题目的学术观点，在很大程度上是依据有关画作中所描绘的营造状况得出的，这是一种令人信服但也可能产生问题的解释方法，它依赖于一种假定，即冷枚对山庄高度细致的描绘具有内在的一致性。杨伯达把这幅画称为《避暑

冷枚《热河图》描绘的建筑 丹尼尔·P.霍夫曼绘制

山庄图》，认定其绘制时间在1711年至1713年之间，推断这幅画是为庆祝康熙六十寿辰而绘制的吉祥画。其他学者注意到画中没有正宫，断定这幅画一定早于正宫建造之前，时间在1710年左右，因而把它看作是对山庄较早形态——“热河行宫”的描绘，所以题目应该是《热河行宫图》。

在这两种情况下，人们关注的都是画中到底描绘了什么，对于它是如何描绘的这个更重要的问题却忽略了。冷枚的作品反映出风格模式、通用主题和超越图画的其他标记的一种混合。那些标记得自中国绘画以及宫廷正在变化的对景观的态度。它显示了一种复杂的方法，其绘画空间的构建，既基于既定的、内源性的绘画模式，也基于从进入宫廷的外国传教士那里学到的欧洲绘画技巧。将营造的理想化的场所景貌与具有地图性质甚至制图的方法融为一体，突出了康熙宫廷重要的景观特征。除了营造方面的和文本的表达，景观的形成及其社会和政治的期望值完全依赖于对图画和技巧的新认识。这种情况并不是清朝独有的：测量手段和表达方式定义了土地以及它在近代早期欧亚社会中的中介作用。然而，清朝，特别是康熙王朝，提供了一个特别有说服力的例子，表明跨文化接触和交流在这一过程中的作用。中国宫廷也好，欧洲宫廷也好，都有过类似的过程，他们对图画技巧和空间应用数学的认识，产生了新的空间表现方法。

这种二元性表明这一时刻中国和欧洲的实践在实验方面和策略上都开始取得特殊的成效。把由此产生的方法或风格看作一种特定的技术，而不是“混合物”——一种与任何技术没什么差别的可以被开发、传播、改编和重新改造的技术——这样的话，就能将它和更为普遍的图画修辞视为服务于特定目的的工具，根据特定的需求和特定的受众进行视觉上的表达。弄懂冷枚《热河图》形式和技巧的基础，就在于不能仅仅将它看作是对所绘地点的写真记录。它体现了宫廷在近代早期欧亚大陆来回涌动的思潮中，逐步演变的对景观、技术和皇权的三角形定位。

康熙式的综合

无论冷枚的画作如何表现和如何布局，它都是一个有条理、多层面的作品，对预设的受众来说，在形式和象征层面上都是易于解读的。这幅画是皇帝希望人们看到的和理解的山庄的图像，它结合了让这个地方容易辨识所需的真实特征与从当时的宫廷实践中提取的图画修辞——这种修辞分成语汇的历史性的和有吉祥寓意的层面。从这个意义上说，它是一种肖像，通过客观描绘和主观表现之间的张力来进行表达。

总的来说，《热河图》符合宫廷绘画的传统，宫廷绘画是历史绘画的一种子类型，通常具有神话历史的特征。历史上归在公元10世纪宫廷画家郭忠恕（977年去世）名下的《明皇避暑宫图》，是这类作品的一个典范。作品的右侧描绘的是九成宫层层叠叠的殿堂。九成宫是皇家避暑的地方，位于唐都长安城外的群山之中。到了10世纪，这座宫殿已成为一个历史和传说交织在一起的令人怀念的景观。据说它规模巨大，以至于需要骑马在漫长的走廊中穿行。它显示了唐朝的辉煌，也被康熙视为将避暑之地用作贤明有效统治策略的一个范例。

郭忠恕和冷枚画的宫苑景观有着某些共同的绘画元素（特别是建筑和景观）和类似的结构，但布局却非常不同。在《明皇避暑宫图》中，构图的焦点明显是在高耸的皇家殿堂、精致的屋檐和看不到尽头的柱廊上面，这些都是用“界画”手法精心绘制的。郭忠恕以“界画”这种精确、细致的技法闻名后世。远处巍峨的群山与高耸的宫殿遥相呼应，也许是将雄伟山峰视为儒家社会等级制度的隐喻，这种认识将两者联系起来。景观也有助于从物理性和概念上确定宫殿的位置，强调其处

郭忠恕（传）《明皇避暑宫图》　大阪市立美术馆藏

于不受城市干扰的位置，暗示着远离尘嚣的优雅和精致，并利用与群山的联系来表现这个世俗世界和永生境界之间的衔接空间。

相比之下，这些相对重要的绘画元素在《热河图》中则基本被颠覆了。山庄的建筑看起来几乎像宝石一样，坐落在一个更宏伟却依旧是精心营造的景观中。与郭忠恕一样，冷枚也采用了“界画”的形式，而且与郭忠恕的画作比起来不那么烦琐，更为自然。每一座建筑都被细致描绘并且在一定程度上相当准确，但是并没有明皇宫殿那么恢宏。冷枚对山庄殿堂的描绘，似乎反映了皇帝在其《避暑山庄记》中提到的，试图通过摒弃“刻桷丹楹”以使整座宫苑体现出简朴的感觉。

对建筑的精确表现出现在六朝和唐朝（甚至更早一点）的佛教绘画中，用于表现神殿和皇宫，与其相关的题材也延用这种风格。界画用

王翚《康熙南巡图》第九卷（局部） 故宫博物院藏

直尺、圆规和方尺之类的测量工具作画，在宋朝被确立为一种正式的技巧。这种技法运用于建筑图纸和复杂结构体的技术图示，因为涉及技术管控以及人力和物力资源，使其与皇权产生了联系。这种文化寓意自然要延伸到界画对城市景观和建筑环境的描绘上，例如12世纪的《清明上河图》。归在张择端名下的这幅长卷详细记录了繁华的北宋都城汴梁，它长期以来一直被解释为表现了繁荣和谐的景象，因此也是宋代统治者美德的象征。

由于意识到了上述联系，康熙和乾隆年间的宫廷画家直接借用《清明上河图》的构图、人物形象和建筑风格，创造自己的清朝和平景象。由正统派绘画大师王翚（1632—1717）和一批助手绘制的12卷题为《康熙南巡图》的不朽历史画卷，将清朝的南方描绘成充满活力、秩序

（上、下图）焦秉贞《历朝贤后故事图》（局部） 故宫博物院藏

井然、商业繁荣的城市景观。该系列画卷记录了皇帝1689年的巡游，向人们展示了康熙通过热河景观表达的物产丰富、和谐农家愿景的城市翻版。王翚的空间构建结合了视角和地平面的变换，在渐进的几乎是电影化的长卷格式中创造出一种连续性的构图。尽管其对建筑的表现不如《热河图》中的那么一致和稳定，但这种动态的空间表现手法，加上王翚利用了康熙宫廷中界画那种空中四分之三最优视点的特点，是我们认识冷枚构图的一个关键模式。

冷枚与其老师焦秉贞（约1660—1726），以及康熙年间其他宫廷画家一起，继续改进这种画法，因为界画已成为表现神话、历史和宫廷真实与理想化空间的重要手段。以皇权合法性的视觉建构和文献纪实为中心的绘画主题是从康熙年间兴起的。《热河图》中的建筑以稳定的视角和富有内涵的空中视点，与焦秉贞《山水楼阁图》册展现的10幅建筑画稿的表现方式密切相关。在焦秉贞图册的一页中，一个由房屋、墙壁和道路组成的复杂系统，被借助直尺以富有层次的墨色精确地勾勒出来。建筑横跨在一条溪流上，这条溪流从一个灰蒙蒙的群山环绕的湖中流出。这些画作展示了宫廷新近形成的界画透视手法，将或多或少被抬高的轴测位置与“灭点”聚焦的戏剧性空间化处理结合起来。此外，该图册还可以被视为随后宫廷建筑环境处理方式的一种绘画宣言，这种处理方式将界画与更加程式化的景观元素结合了起来。

焦秉贞的这个图册可能是雍正初年绘制的一系列绘画立轴的范本，这些立轴描绘了皇家园林里12个月的行乐情景[1]。据信，这组画作中的场景是北京郊外雍正的静养地——圆明园。这两组画作之间的联系引出了这样一个问题：焦秉贞的图册究竟是画于一般认为的18世纪10年代末或20年代初，还是更接近于康熙将这个园林赐给儿子的1707年。当

1 即《雍正十二月行乐图》轴。——译注

焦秉贞《山水楼阁图》（局部） 台北故宫博物院藏

然，把绘制日期往前提会使它非常接近《热河图》绘制的时间，尽管两幅画作运用的是不同的视觉模式。虽然冷枚的视点比焦秉贞的更高而且距离更远，但二者在绘画手法和描绘建筑方面有着高度的相似性。这些建筑可能更多地反映了清代皇家园林中常见的建筑风格，而不是使用了共同的绘画语言或共同的主题，但风格上的联系证明康熙后期出现在宫廷绘画中的技术标准化趋势在不断加强。

冷枚在《热河图》中对景观的处理方式，同样结合了长期以来的绘画惯例和当时宫廷绘画的新进展。他的画法借鉴了所谓正统派的风格，这个画派以王翚和南巡图工程为开端，以高士奇（1645—1704）和王原祁（1642—1715）为领袖人物，主导了康熙时代后期宫廷绘画理论，成为宫廷山水画的主要表现模式。尤其是《热河图》遵循了王翚集正统派流脉之大成的努力，以及他对其表现方法的改造，以适应意识形态趋于成熟的康熙王朝的绘画要求。冷枚将宋代绘画经典元素、古色古香的青绿色调与笔墨和构图结合起来。他的笔墨和构图尤其受黄公望（1269—1354）的影响，而王翚和王原祁也都把黄公望视为元代最伟大的绘画大师。《热河图》两侧耸立的山脉是由一系列富有层次的山冈形成的，这些山冈通过淡抹的色彩和干笔“披麻皴”的微妙分层而形成，这些笔触错落交搭，在图像空间中形成上上下下互相缠绕的线绳。

同时，冷枚《热河图》的构图和画作的尺寸，就像郭忠恕笔下的九成宫远景的山峦，令人联想到五代十国（907—979）和宋代宫廷画所谓具有纪念性元素的景观。尽管纪念性山水画从宋以后到清初这段时间中不再被普遍采用，其时以元代范本为基础的尺寸较小、更有亲和力的构图和样式占据主要地位，但在王翚和王原祁的影响下，人们又对以前的大师们产生了兴趣，其中包括荆浩（约850—911）、关仝（约907—960）、巨然（活跃于约960—985）、范宽（约950—1032）。因此，由王翚和正统派形成的宫廷画风跨越了多个朝代，将宫廷与文人气宇联系在一起。可以认为这不仅是绘画史上的融合，而且也是历史本身的综合，那些艺术典范融合为唯一的、富有条理的构图，这种构图被作为清朝借助不同文化、政治和领土的先例谋求自身合法性利益的有效隐喻。

吉祥景观

然而，王翚、冷枚等人发展起来的清朝宫廷画风格，并不局限于通过风格和构图符号抽象地表达清王朝的合法性。康熙时代晚期的画家们将形式元素和主题元素结合起来，绘制了吉祥景观的图像，尤其是通过与神话历史主题的联系，起到了充当皇德和帝国隐喻的作用。青绿风

王翚《康熙南巡图》第七卷（局部）　加拿大阿尔伯特大学博物馆藏

格起源于唐朝（甚至可能更早），到了宋代就明确地与对不朽境界的描绘联系在一起，并扩展到像桃花源那样的天堂般的隐居地。桃花源是东晋诗人陶渊明笔下的一个远离乱世的居住地。

鉴于界画的相关内涵，上述两种做法经常被同时使用，清代也是如此，对神话历史主题和不朽境界的大幅绘制在宫廷和商业绘画中相当盛行。冷枚、王翚等宫廷画家所采用的青绿色调，用的不是此前大青绿山水那种颜色浓重的矿物颜料，而是较薄的涂色，往往还加入了其他颜色，特别是浅棕色和浅绛色。从形式上讲，这些变化可能部分归功于黄公望的影响，他对淡色的使用经常被明末清初的仿效者们所参照。然而在实践中，就像在风格不那么死板的《热河图》和其他界画所显示的，

它们在图像中增加了自然主义的味道。

冷枚用青绿和界画技法来描绘热河宫苑，创造了山庄独立在外的形象，这座宫苑不仅让人联想到合法性和圣人统治的历史范例，而且是一个处于世俗和神圣世界之间的吉祥空间。这种观感因在画面中随处可见的鹤和鹿的存在而得到加强。因为鹤的寿命极长，所以与不朽相联系，这一事实与太后在热河住处的名称“松鹤清越”有了呼应。道士经常驾鹤飞来飞去。单独地看，这类鸟要么被理解为神圣空间的标志，要么被理解为神仙的化身。以北宋文人苏轼的《后赤壁赋》为例，在作品的高潮场景中，飞过苏轼头顶的仙鹤，最终变成了道家的神仙，就像乔仲常（活跃于11世纪末12世纪初）在其画作（绘制时间接近于苏轼生活的时代）中所描绘的那样。尽管鹿在中国绘画中并不常见，但它们却让人产生相似的联想，既因为它们有长寿的名声，也因为人们相信，动物中只有鹿具有找到灵芝这种令人长生不老的植物的本领。

这种主题和风格的结合可以在18世纪早期的其他宫廷绘画中看到，这也促进了这种结合方式在《热河图》中的使用。在《养正图》这套绘制时间可确定为乾隆时代前十年的图册中，冷枚描绘了古代帝王，将他们置于理想化的宫廷环境中。仙界的祝福和吉祥的氛围是由成对的鹤、界画和青绿色调渲染的。就像宫廷《御制耕织图》（冷枚也参与了这项绘画工程）那样，《养正图》册也是基于可追溯到宋代的一个说教主题。意在以类比方式，用这些仁义之治的典范表现清朝的皇权。冷枚的《热河图》就像王翚的《康熙南巡图》一样，这种绘画语言被扩展运用来描绘清朝的疆域，其描绘方式启示人们要将整个帝国都解读为人间的“天堂”。

热河景观的吉祥性质通过冷枚刻意地运用（几乎是照搬）正统派绘画的另一个标准元素——“龙脉”来加以强调。龙脉最初指的是一种特殊类型的风水山脉，在18世纪早期流行于宫廷的王原祁的绘画理论中，用龙脉描绘起伏和开合的山脉，会赋予一幅画创作上的也许还有超自然的能量。在《热河图》中，一条长长的由群山组成的龙脉顺着这幅画的两边构建起来。从前景开始，龙脉从靠近谷底的地方升起，扭曲和转向，消失又再现，通向画面顶部的一个遥远的山峰。在王原祁的创作实践中，这种清晰可见的脉络主要是一种构图手法，但在某些清代宫廷作品中，这种清晰可见的脉络似乎意味着在特定的地形环境中风水能量的存在。一幅描绘康熙的曾祖父努尔哈赤的陵墓——福陵的宫廷画作（不知何人绘制，也未标明日期）可以说明这一点。这幅画形式上与《热河图》非常相似，偏暗的青绿色调描绘的层层叠叠的群山环绕着陵墓。对看画的人来说它们与陵墓以倾斜的角度同步上升，而不是冷枚的

《福陵图》（18世纪）中国第一历史档案馆藏

画中那样围绕着上升。然而，最终的目的是相同的，因为两幅画作都强调了重要的皇家建筑物被由山脉定义的风水能量吉祥系统所围绕。

风水也可能以另一种方式被纳入了《热河图》的构图中。将这幅画与山谷的地形图做对比，画中左侧的山脉看起来比现实中更靠近公园的东墙，实际上是缩小了山谷，并以几乎是连续不断的马蹄形山脉将其包围。这种组合的一个结果就是对这个地方关键风水问题的消解，这个风水问题就是它朝向东北的鬼门是敞开的。同时，这个组合还包含了附近地区的一个重要的标志性景观，即被称为“磬锤峰”的柱状岩石。

尽管有鬼门，但山庄的景观和地形无疑有很多的吉祥元素。遵循传统的房屋、城市、坟墓等选址的幸运原则，热河山谷拥有众多令人向往的特征，包括向南流淌的河流、北边保护性的群山、从北向南的缓坡，以及随着湖泊的早期疏浚，山与水形成有益的平衡。专门解释自然现象的钦天监的官员在山庄的规划中发挥了核心作用，特别是随着工程的进展，来自礼部的官员与工部的官员加强了合作，以确保在设计上体现吉祥的寓意。皇帝对这里自然景观的描述同样强调了积极的风水能量，包括“风清夏爽”、“远色紫氛”和土地的肥沃。

吉祥的寓意也通过景观构建切实体现在避暑山庄之中，特别是在中心湖区。在张玉书第一次造访行宫的记载中，他回忆起皇帝把湖堤和岛屿的构成比作“灵芝”，这个景点的名称“芝径云堤”保留了对这种相似性的提示。这一形象在御制诗中得到了呼应，皇帝在《芝径云堤》诗序中描述：“夹水为堤，逶迤曲折。径分三枝，列大小洲三，形若芝英，若云朵，复若如意。”就像蝙蝠（“蝠”）形状的瓦片排列在园林建筑的屋檐上，借助双关表示带来好运（“福”），园林中人工构建的湖泊和岛屿则传达了灵芝的吉祥寓意。灵芝特指长寿，而如意这种睿智和权威的象征物，在清朝尤其流行。

冷枚的构图揭示了许多这类自然的和嵌入的元素，特别是宫殿所在的山脉和流经此地的水流，与福陵的画作有着共同的特点。更微妙的是，《热河图》强调的是景观中的如意形态，甚至创造出一种不是自然出现的形态。通过整体构图和空间缩小感的结合，冷枚的画作夸大了中心湖区和岛屿占山谷其他部分的比例，把焦点放在最北端的岛屿，即现在被称为如意洲的那个岛。通过与地形图的对比可以看出，虽然如意洲和“芝径云堤”确实很像一根如意杖——这一形状在冷枚的画作中得到了呼应——但主湖区和谷底就不是这样了。然而在冷枚的描绘中，岛

《弘历采芝图》（局部） 故宫博物院藏

冷枚《热河图》中的同心如意形山谷 潘·塞雷帕尼亚绘制

屿、湖泊、山谷似乎形成了一系列的同心如意，成为一个真正的吉祥画面。

强调位于园林中心的岛屿，也有助于把人们的注意力引到山庄的皇家身份上面。在正宫建造之前，如意洲上的建筑群是皇帝的主要居所，因此也是热河最早的皇权中心。在一个水体中有三个这样的岛屿，这与以往皇家园林的吉祥布局相呼应。这种布局通常被称为“一池三山”，源自汉武帝（前140—前87在位）的建章宫。在他借助长生不老药和其他方术追求永生的过程中，一个仙界的替代品在园林的主要湖泊太液池中被营造出来。太液池中有三个岛屿，模仿神话中位于中国东部沿海的仙岛方丈、蓬莱和瀛洲。太液池成为后来许多皇家园林的样板，包括唐朝的长安、洛阳以及经历金、元、明、清连续建都的北京。

明朝永乐皇帝（1402—1424在位）将都城从南京迁往北京后，几乎立刻意识到这种园林布局在确立帝王身份方面的重要性。15世纪前十年，永乐皇帝敕作了一幅长卷《北京八景图》，长卷用诗文和图画记录了京城最著名的景点。“太液清波”“琼岛春云”是紫禁城以西皇家园林中的两处景点，分别是图卷中的第三幅和第四幅。官员杨荣（1372—1440）在对后者的描述中，把琼华岛比作仙宫。杨荣这么做就给这个当时被称为西苑的园林下了定义，以确认它继承了皇家园林建筑的身份。这个长卷“显然是永乐皇帝的拥护者们赋予北京及其周边地区与皇都相称的文化遗产的努力之一”[1]。在这个绘画工程的背景下，杨荣的这种确认凸显了园林景观总体上的潜在意义，特别是皇家园林建筑对于王朝合法化的潜在意义。对康熙来说，营造园林的一个重要方面，是有机会遵循这条历史路线，像以前的皇帝那样，建造既有吉祥寓意又明显与以往的合法政权相联系的景观。在避暑山庄的游客中，那些熟悉传统园林

1　参见凯瑟琳·M. 利斯科姆《北京八景图：文人中的政治》。

设计的人会理解从中间的小径分出三个岛屿的多重寓意。灵芝、如意、仙岛都暗示着长寿的愿望，象征着智慧和修为，以及清王朝所继承的皇权。

在某种程度上，仙境和桃花源等神话历史中的天堂，似乎与康熙晚期的政治局势是背道而驰的。作为一个相对年轻的王朝的皇帝，康熙和他的许多臣民都经历过征服战争，很像是陶渊明所想象的可怜渔夫需要逃离的境况。因此，康熙统治的修辞学着力强调清王朝是受命于天，特别是通过统治方面积极而专注来体现和证明。与之相比，桃花源和其他天堂则暗示着要从人间的难题中隐退，与时代脱离关系。除了图画的证据，皇帝在他的《避暑山庄记》中选择的描述符号，包括“远色紫氛”“自然峰岚”“榛烟出谷”“窍崖润色”“引水在亭”都在随后对桃花源的评注中起到了重要作用，就使得这种联系变得非常明显。

既然用这些术语来表现山庄，冷枚的《热河图》就可以让这个地方发挥一个隐喻性景观的作用。与其把这个地方简单地看作是皇帝可以避世的地方，不如把它解读为王朝的一个转喻。于是这个景观就不仅是地方，而且还是时间，也就是清朝的桃花源，康熙的臣民们已逃离了明朝那个混乱凶险的世界。《热河图》通过其理想化的地形、历史学的形式化元素、吉祥的动植物、安宁的环境，体现了帝国的这一愿景，将帝王的宫苑塑造成一个帝国的缩影——不是危机四伏的，而是实现了正义和人道统治的和谐的王国。

透视法的偶遇

《热河图》借鉴了中国某些成熟的绘画模式，也体现出康熙时代宫廷中流行的创新方法和技巧，尤其是在空间构建手法方面。在这幅画中，冷枚发明了一种解决方案，将透视法融入重大题材山水画宽泛的形式和技巧的中。这不仅包括所描绘对象随着空间纵深产生的近大远小，还包括一种构图结构，它可以定义并且构筑观者相对于画面的位置。虽然冷枚笔下的群山大体上似乎都遵循中国传统的模式，但山谷的表现却肯定不是如此。观众俯视着一个基本上是平坦的、延伸着的地平面，它从画平面伸展到远处，这种方式在中国绘画中简直就是史无前例的。晚明画家张宏（1577—1652）的几幅作品中，最著名的是《句曲松风图》，画中山谷蜿蜒进入陡峭峡谷崖壁之间的那种狭窄距离，提供了一个与《热河图》的鲜明对比。不过张宏的山谷很快就消失在雾霭中，从深度上讲仅仅带着看画人走了很短的一段路。相比之下，冷枚《热河图》的观众不仅有身临其境之感，还在视觉上从最近的前景建筑一直被带到了谷底最远的地方。

但这也不是《热河图》传达画面与视觉特殊关系的唯一特征。整个构图是通过三条不同的视线形成的：第一条朝向山谷，第二条界定建筑描绘的位置，最后一条指向两边的山。谷底采用不是很严格的单点透视法绘制，使这一部分形成一个整体，在有效地描绘空间纵深的同时也把观众的目光引向中心。最明显的是沿着山谷的边缘往后延伸的正交线在远处的一座小山上交会。这个相交点就在中心画面靠右的地方，形成一条略微倾斜的视线，贯穿了整个画面。第二条视线上的建筑则按透视法缩小规则来描绘，从画作的右下角起始，它的正交线在画面外的左上角交会。通过三个相交的虽然是分开的视觉指令，使构图的预设视点产生了不稳定，并与群山向上的伸展、建筑正交线的往左拉动和山谷的深度，一起创造了构图整体上的张力。

山谷和高耸的群峰的垂直度界定了正面的观察位置，使人感觉到图画的空间结构是围绕着一个稳定的视点组织的。但图像的视点即“画家的视点”，实际上是可移动的，尽管这不是中国山水画通常能接受的。早期重要的山水画家，如范宽和郭熙，经常用视点、视角的变换，

张宏《句曲松风图》（1650） 波士顿美术馆藏

背景和深度的构建来创造虽不连贯但在视觉上却具有一致性的空间构图。冷枚采用了这种策略的一个变种，利用不同的却是相关的视点分别塑造山脉和山谷。群山是沿着一条水平线构建的，这条水平线横切画作

冷枚《热河图》中建筑的正交线 潘·塞雷帕尼亚绘制

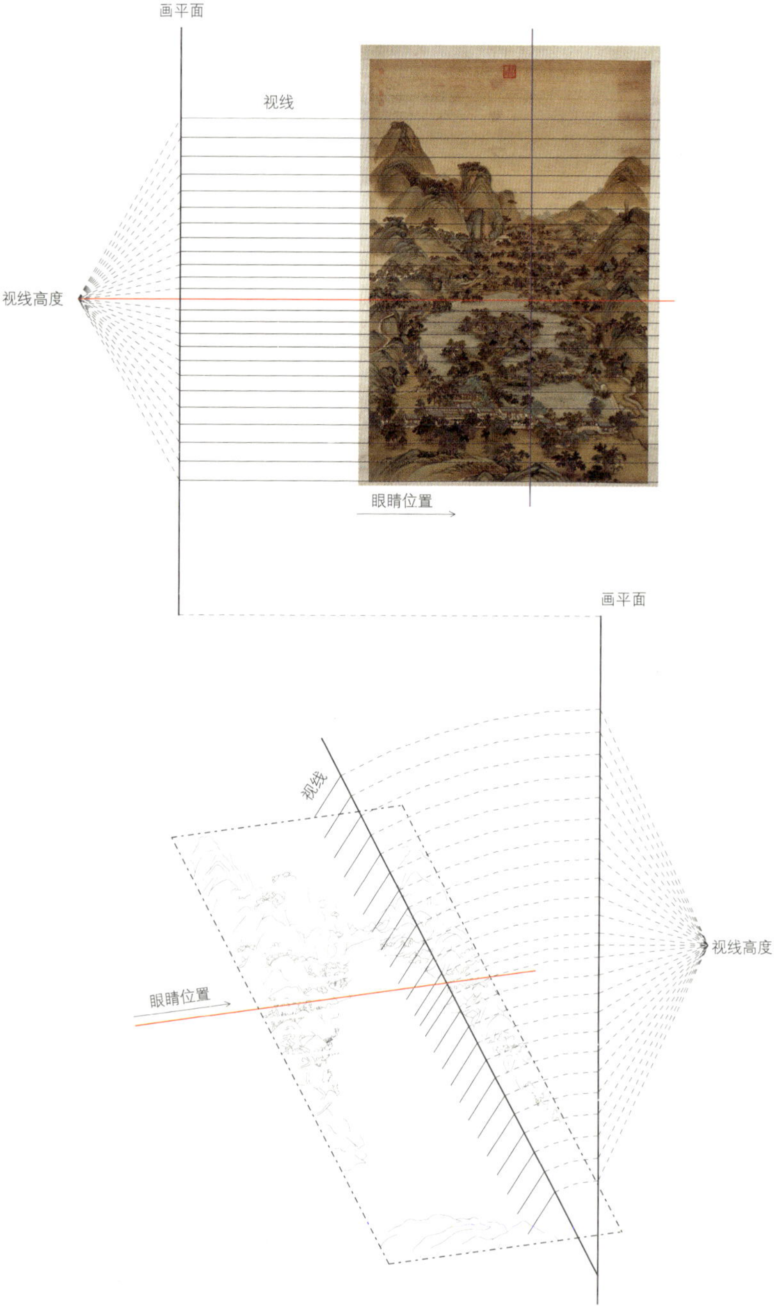

（左、右图）冷枚《热河图》中群山和山谷的构建表明画家的视点分别沿着水平轴和垂直轴移动 潘·塞雷帕尼亚绘制

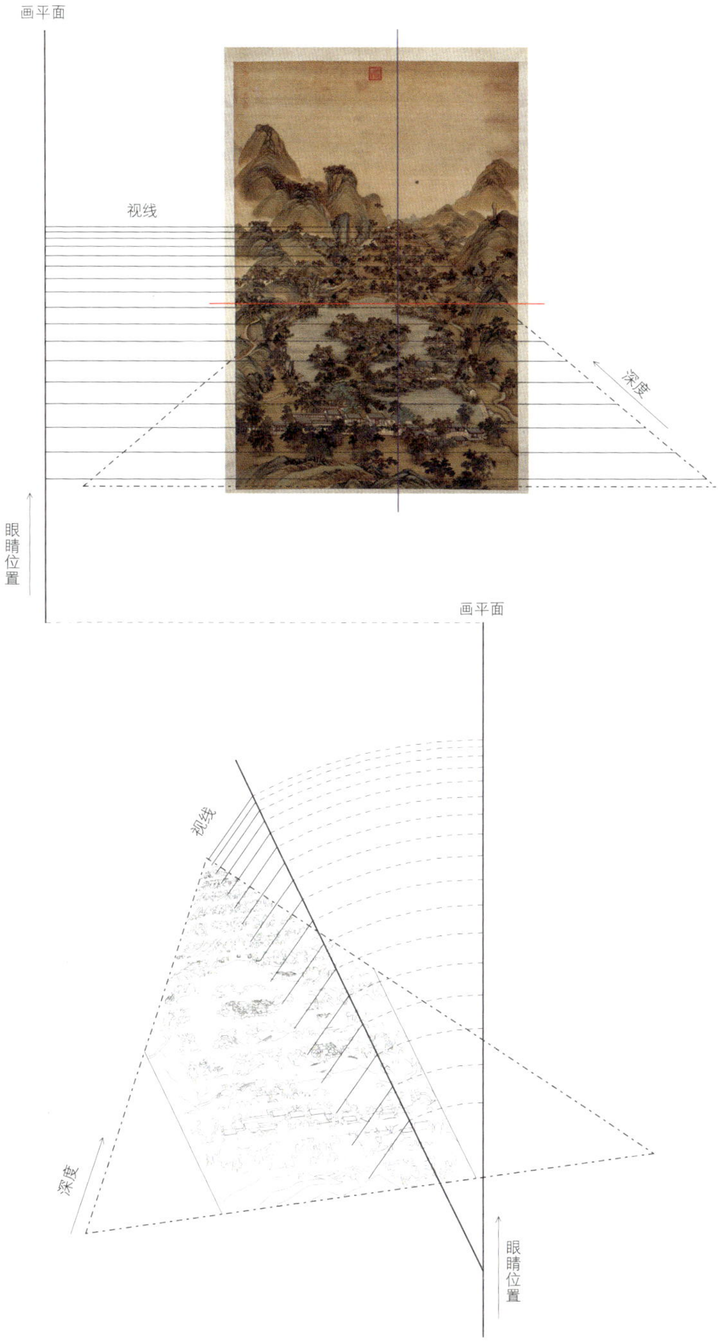
画平面
视线
深度
眼睛位置
画平面
视线
深度
眼睛位置

上部约三分之一的图像，大致在如意洲的顶部和湖泊的北岸之间。因此，画家的视点俯瞰前景中的山，直视中间的山，仰视远处隆起的山脉。每一种山形都是从正面的视点来描画的，这意味着眼睛随着山体的移动沿这条水平线从一边移到另一边。相比之下，山谷是从一个逐步推进的视角得到表现的，当构图向远处移动时，它沿着一个中心轴向上移动，但始终是从左到右。因此，画家的眼睛以始终如一的视角观察山谷，即使画作往深度推进，也不会像画家的视点是固定住的或者看画人是置身地面上那样，变得越来越没有景深和越来越倾斜。

这种复杂的空间结构体系起到了与看画的实际体验相一致的作用。悬挂的方式使得卷轴位于地面或刚好在地面上方，普通身高的看画人若穿的是宫廷里常见的厚底靴，可以直接看到如意洲的上半部分。作为画作的中心，这个高度大约也与群山沿着移动的那条视线相对应。站在画作前面，画面会从看画人腿的中部往上伸展到头的上方。因此，看画人相对于绘画的物理位置，强化了冷枚的构图结构：一个人从眼睛的高度向下看，直视，往上看，从前景、中景到远处的山，同时，垂直移动的视点可以让看画人仰望山谷并进入其中，就像漂浮在景观之上并跟随它到达远处。

虽然欧洲运用焦点透视法是为了在身体、视觉和心理上设定观众相对于画作的位置，但中国绘画传统上采用的散点透视意味着图像与看画人之间的联系，以及实际位置的视觉不是很确定。《热河图》背离这一内生性传统，是17世纪90年代开始的宫廷艺术试验成果丰硕时期的典范。在此期间，冷枚、焦秉贞和其他与意大利耶稣会教徒乔凡尼·格拉迪尼（Giovanni Gherardini，1655—1723？）的画室有联系的人，创造性地将不同的透视法技巧整合到新的空间表现和体验的模式中。乔凡尼·格拉迪尼17、18世纪之交曾在宫廷教授透视法。

《桐荫仕女图》屏（绘于康熙年间，现藏于故宫博物院）是一件未标明绘制日期的八扇折叠屏风，画面里是湖边花园中的仕女。画家很好地利用了画面被屏风框稍稍抬高这一点，他画上了一小段阶梯，观者可以顺着它进入彩绘的亭子，仕女们聚集在亭子的周围。这幅画的正交线汇聚在构图的中心上方，形成了一个较低的观察位置。因此，看画人被定位在图的下方，从低位向上看，这与《热河图》真正的观赏者——首先以及最重要的是皇帝——的所处位置一致。皇帝会站在略低于画面的地方看到它。其他大约画于这时期的作品，包括康熙读书的坐像和《耕织图》中的场景，也同样通过新颖的视角来界定看画人与作品物理上和视觉上的关系。前一幅画作的透视法聚焦在康熙腿上的那本书上面，增强了皇帝已经相当伟岸的身躯俯身靠近看画人的感觉。尺度更小的《耕织图》将看画人放在地面来观看建筑空间，这些建筑空间与冷枚的《热河图》和焦秉贞的《山水楼阁图册》运用空中四分之三最优视点的呈现结果大致相同。然而，从近处观看《耕织图》，活动的人物充满了画

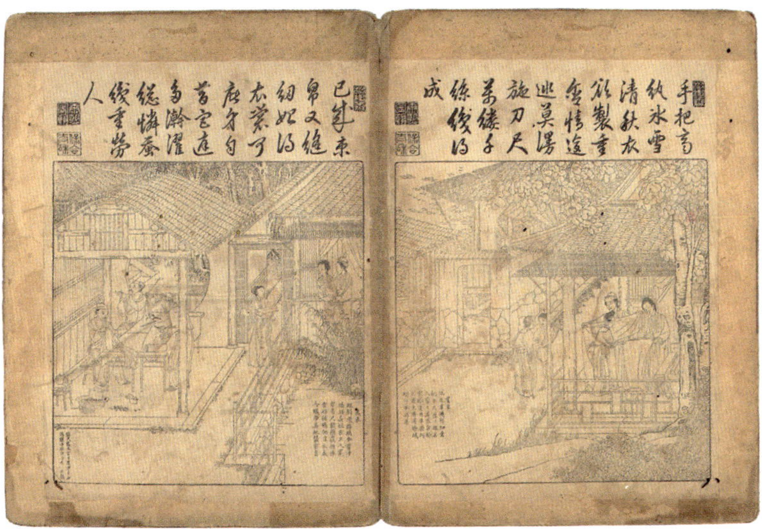

《御制耕织图》木版印本第四十五和四十六图（1696）
哈佛燕京图书馆藏

面，画面显得更为拥挤，使得看画人仿佛就置身于场景旁边观看似的。

像《桐荫仕女图》屏一样，《热河图》依靠加速透视的形式，其透视错觉则基于理想的观看视角——虽然那时还没有达到欧洲这类实验特征图像的精确程度，这点将在18世纪后期的清朝宫廷绘画中得到继续发展。然而，与《桐荫仕女图》屏和在这里描述过的康熙时代其他样本完全不同的是，冷枚在《热河图》中设计了一个系统，按照这个系统，深度和高度——图像空间的 y 轴和 z 轴——可以得到处理，创造一个与众不同的图像，这个图像将肉眼透视的特征融入移动的视点和多个图画焦点的系统中。这幅作品运用了从欧洲引进的新知识和新技术，同时保留了中国绘画业已存在的类型和基本绘画语言。

被测量的视角

冷枚构图的几个层面不仅为看画人提供了一个理想的位置，而且画作还从一个特定的现实位置再现了风景。站在画卷面前，顺着它自下而上——实际方向是从南到北——这幅画的地平面在看画人面前均衡地展开。从最下面的“万壑松风”到碧波粼粼的湖泊，视线从森林覆盖的万树园一直延伸到远处低矮的群山。虽然基本上是均匀的和连续的，但地形中一个并不连贯的点提供了如实精确记录景色的微妙迹象。在画作的前景中，浅绿色区域边缘被一个细细的黑色轮廓界定，这在建筑与左下方低山之间的开阔空间最容易看出来。在右下角，同样的轮廓标志着地面与湖泊之间的边界，就在一个边门和小厅堂的上方。这条线不仅表示过渡，而且表示高度的急剧下降，因为它界定了“万壑松风”所在的陡岸的边缘。在这幅画中，这条山脊实际上遮掩了下面湖泊较低的部分，于是晴碧亭就无法出现在看画人的视线中了。晴碧亭是一个湖边小亭，建在通向“芝径云堤”的桥附近。在这里，这幅画似乎并没有描绘

带有冷枚《热河图》绘制视点矢量的热河山谷图　丹尼尔·P. 霍夫曼绘制

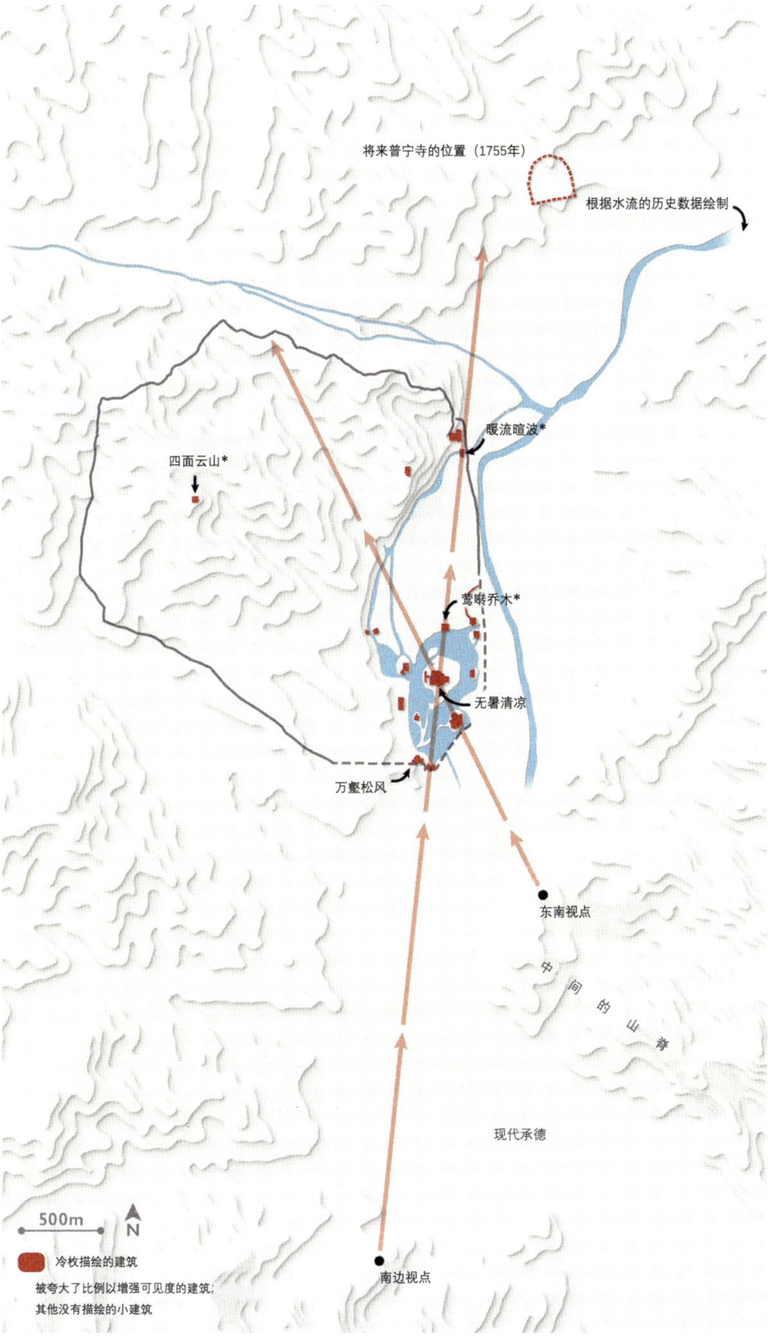

出前面描述的全景鸟瞰图，而是描绘了从远处一个较低的视角观察到的场景。现在的承德市以南有一座山距山庄入口大约3公里，正好提供了这样一个视点。

康熙曾在多个场合提到建造山庄之前的设计和规划过程，包括对山谷地形的测量。他在《避暑山庄记》中回顾曾“因而度高平远近之差，开自然峰岚之势”，这座园林的规划就与这里的风景和谐一致了。尽管皇帝文字表达的修辞性使当时具体做了什么难以确定，但地势高低和距离的测量，与中国早期数学和制图方面的论述相呼应。就像土木工程、城市规划和地图绘制悠久的历史所证明的，测量（首先是应用于农田这样的平地，然后是高度）早已成为中国实用几何学的一个分支，自周朝以来，它逐渐形成一门成熟的学问，在宋朝达到了极高的水平。

这种内生性的发展史到了康熙年间，又补充了宫廷中的耶稣会传教士介绍进来的欧洲方法。三角测量，无论是小比例的还是大比例的，截至1703年，在清宫廷都是得到充分认可的，这是耶稣会传教士介绍过来的应用数学的一部分。刚开始是天文学，皇帝出于政治考虑对这门学问有着特殊的兴趣，因为它与每年日历的设置有关。通过南怀仁（1623—1688）和张诚（1654—1707）的努力，宫廷的兴趣很快扩大到制图。17世纪80年代早期，在皇帝第一次于长城以北进行季节性巡游的时候，南怀仁绘制了地形和路线图。张诚则绘制了清朝北部与俄罗斯帝国的争议边界图，对1689年通过签订《尼布楚条约》解决这个国际问题起到了重要作用。

到了17世纪90年代，随着征服战争的结束，宫廷发起了一个欧洲-大清联合测量项目，绘制已大大扩展的帝国领土地图，最终在1708年至1718年间完成了《皇舆全览图》。冷枚没有直接参与这个地图绘制项目，也没有参与理论和应用数学的翻译和应用，但他的老师焦秉贞却可能参与其中了，这些工作占用了宫廷中耶稣会教士的大部分精力。17

世纪80年代，焦秉贞在钦天监担任职务，在那里他和南怀仁一起工作。有人认为，焦秉贞可能是从这位佛拉芒教士那里学到了透视法，毕竟南怀仁是在宫廷里向皇帝介绍这门技法的几位欧洲人之一。不管怎样说，焦秉贞在作为天文学基础的数学方面无疑是专家，这是耶稣会教士和清廷都了解的一个知识分支，它与应用数学的许多其他领域（包括测量学、地图学和图像透视学）联系在一起。

1702年，当皇帝和随行的高级官员视察热河下营时，测量以及很可能是某种形式的透视法或其他的联合制图，是他们建设准备的中心工作。这群人中有几位是与皇帝关系密切的学者，他们长期参与皇帝的欧洲科学教育活动，其中最著名的是李光地（1642—1718）、张英（1637—1708）和张玉书。工部和礼部都有代表随行，耶稣会教士的代表也在列：闵明我（Claudio Filippo Grimaldi，1638—1712），他在1688年接替南怀仁治理历法之前，曾在钦天监协助过他；刘应（Claude de Visdelou，1656—1737），他原是路易十四亲封的“国王数学家”之一，法国国王于1688年把他派往清朝。上述二人都被认为是皇帝扈从的成员。

闵明我是一个有能力的能够运用透视和投影形变（anamorphosis）的画家——除了满足皇帝的视觉享受之外，耶稣会教士还用这些技巧来演示数学问题。至于是否还有其他画家在场，这可不好说，因为焦秉贞特别是冷枚的级别相对较低，这意味着他们不会出现在起居注之中。那年夏末发布的一道敕令指示工部对待建的园林进行勘测和标桩。1703年新年过后不久，有奏折报告说，测量工作已经开始，工部和监督宫廷画师的内务府也开始进行绘图和设计工作。

因此，无论冷枚是否参与山庄最初的规划和设计，小尺度测量的工具和方法，以及制图技术与绘画技巧之间的关系，在18世纪的第一个十年就在宫廷得到了认可。冷枚的艺术背景和当时宫廷普遍的知识环

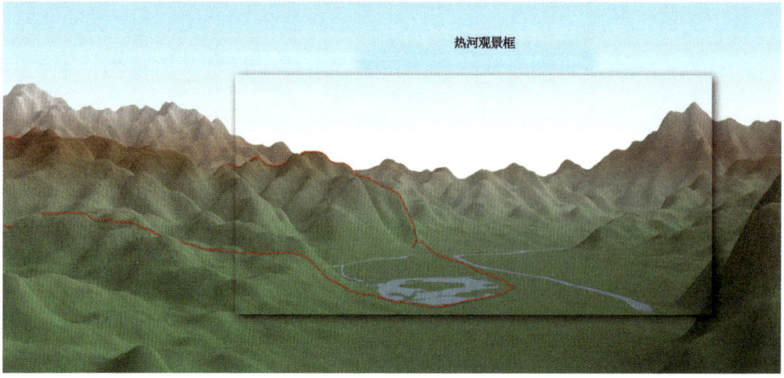

南边视点的三维视图分析，反映了冷枚《热河图》的大致框架，红线标示山庄围墙的位置
丹尼尔·P. 霍夫曼绘制

境，使人们不禁要问，这幅画画面的准确性是否来源于对现场的观察和测量？这幅画作仅仅是对山谷的一个高度准确的印象，还是它的准确性显示存在特定视点？即便传统上认为中国以往的山水画纯粹是画家想象力和画室产物的说法不足信，冷枚要依靠测量数据来创作《热河图》，也是没有先例的。没有任何文献能证明这个假设，但当我们将这幅画与山庄的地图对照一下，就能为这种可能性提供有力的证据。

再次参照避暑山庄周围地区的地形图，很明显，尽管山庄本身是南北走向的，但由两边山体及其北面的开口决定了山谷的角度偏向东北方向。如前所述，南边的低山可以俯瞰山谷。在这些山和山庄之间，有一道低矮的山脊从东边延伸过来，部分穿过其中的空间。

宽泛地讲，从南边看到的景象就是画中的景色：山谷在看画人的眼前伸展开，两边继而出现的山脊在远处低矮的山峦上达到顶点。在这幅画中，三处建筑——“无暑清凉”“莺啭乔木”“暖流暄波”——在一条直接延伸到山体深处的轨迹上精确地排列在一起，山体中心在画面中是山谷的灭点。这些建筑也在自然景观中整齐排列：一条连接它们的

冷枚《热河图》中的视线轨迹：红色的与南边的视点相对应，连接“无暑清凉”“莺啭乔木”“暖流暄波”，还有那用作灭点的山体；蓝色的与南边的视点和中心建筑物的透视正交线相对应

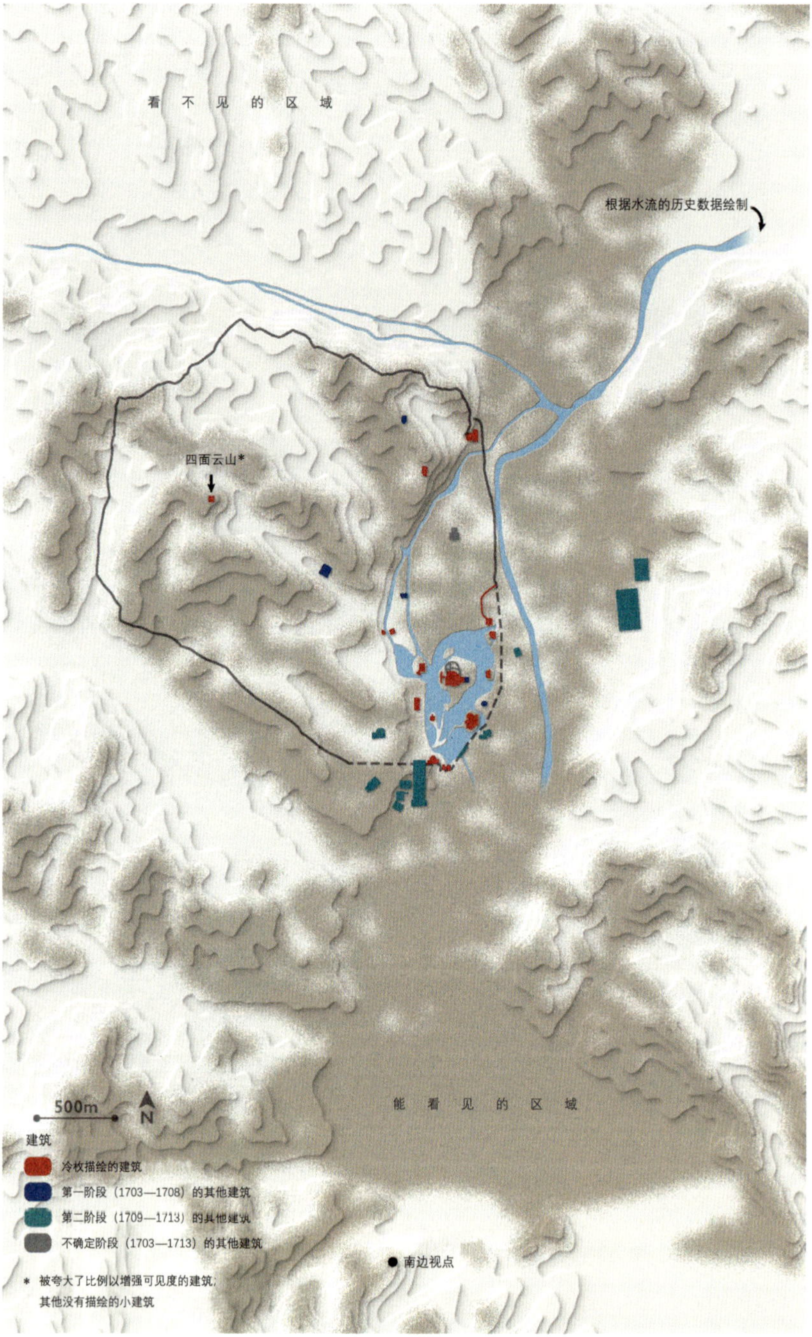

南边视点的视图分析　丹尼尔·P. 霍夫曼绘制

线向北延伸，将绘画的灭点确定为尚未建造普宁寺（1755）的西北低矮的山麓；这条线往南延伸，完美地与南边山麓一座亭子相交。尽管这个亭子最初建造的时间不得而知，但这里是一个理想的位置，山庄的景色尽收眼底，它可能是从远处眺望山庄的一个固定位置。

从亭子所在位置进行视域分析，通过解释这其中偏离真实地形的某些方面，有助于论证实地观测的假设。亭子要高出山庄中心湖区约90米（海拔高度之比是424：336米），距离画中最南端和最北端的建筑分别是3公里和5公里，这就使得视角极低。因此，从东面延伸到亭子和山庄之间的山脊的高度（在海拔375到425米之间），足以遮掩山谷东侧的半月形洪泛平原的大部分地区。结果在这个视域中，山谷几乎沿着它的东部边缘直接显现，就像冷枚在《热河图》中所描绘的一样。如今在实地仍可见的洪泛平原北部的一小部分，大致与万树园相对，也出现在山庄围墙与谷底轮廓略往后的山脉之间。

对群山的描绘方式同样反映的是从低角度的观景亭看到的样子。在视图分析的左侧，山庄内有四条山的脉络从东南向西北延伸。向北移动时，它们一条比一条高，最近一条的高度有370米左右，而最远一条的高度有430米左右。由于基本是北边的图像框架与稍偏东北的山谷之间略有抵消，在冷枚的画的前景中只能看到山麓，而多个山峰出现在更靠后一些。从本质上说，这幅画作如实记录了这一景色：一系列分层的、逐步抬高的山脉伸展到远处。同样的道理，在东边，这些山最南端的高度足以充分占据视域，遮住后面的东西，看画人只能看到远处更高的山峰。虽然，磬锤峰是在真实画面之外，但可从观景亭看到磬锤峰的尖顶，这有助于把磬锤峰纳入画面中。

视野的低视角也解释了前景中山脊遮掩近端湖岸的画法，尽管还没有达到还原的程度。视图分析表明，这座山脊应该完全遮住了如意洲以南的湖面，但其中的一部分却仍然清晰地出现在画中。同样，虽然冷

东南视点的视图分析　丹尼尔·P. 霍夫曼绘制

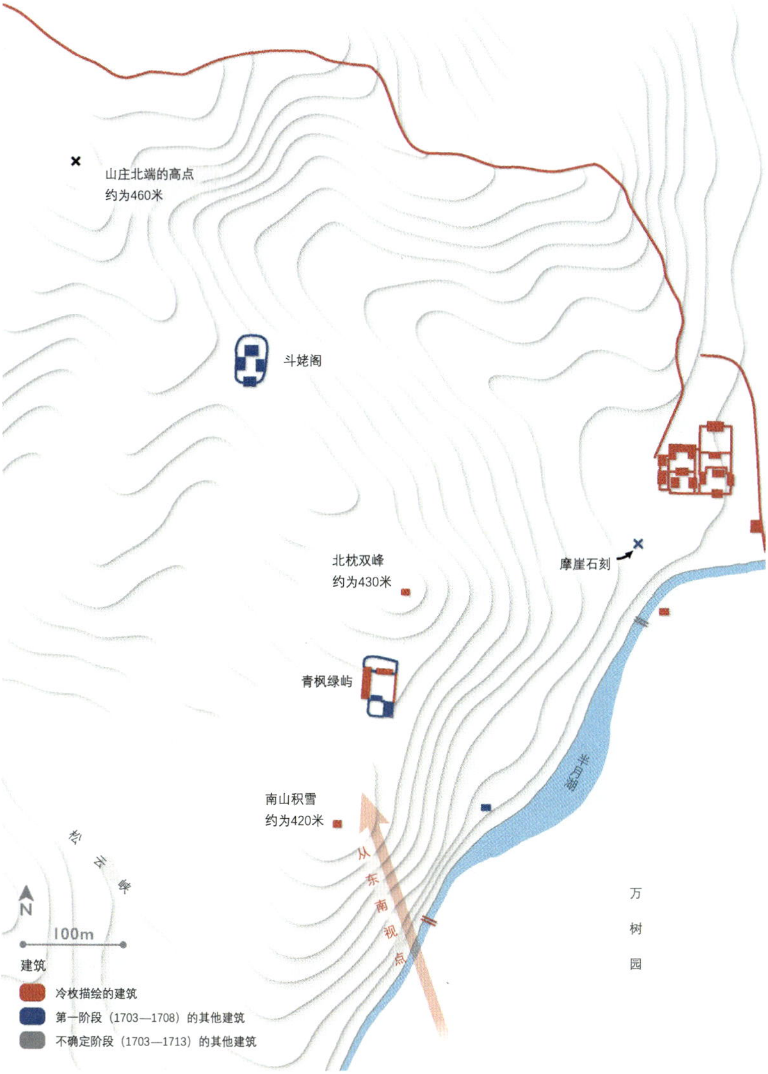

『青枫绿屿』周围的地形图 丹尼尔·P. 霍夫曼绘制

枚正确地省略了一些原本会被各种地形特征掩盖的建筑（包括晴碧亭、龙王庙、梨花伴月等），但仍有其他的本应被遮掩的建筑在画中显露出来。

它们出现在画中可以用第二视点的运用（用三角定位进行测量的一种实际要求）来解释，第二视点提供了一个可以看到下湖的位置。再看一下建筑物的透视正交图，可以从介于观景亭与山庄之间的低矮山脊南端的一些点上，得到与它们的大致视角相对应的视点。从那条山脊往东北偏北看，“月色江声”和如意湖诸岛几乎在一条直线上，前者就在后者的左边，正如它们在画中所表现的那样。此外，几个从南边看可能会被遮掩的建筑物则进入了视野，尤其是“四面云山”和“北枕双峰”。

冷枚在画面左上角对群山的处理也符合东南视点的假设。仔细看这幅画作，“青枫绿屿”坐落在两座建有亭子的山峰之间的马鞍形地貌上。“北枕双峰”矗立在马鞍右侧、两座山中较高的山顶上，后面什么也没有。图中可以看到“南山积雪”位于左侧稍低的山峰顶部，这是在一条通向一座无名山峰（图像中的最高点）的底部。不过，这幅画作对这些部分的布置不同于实际的地形。在实际地形中，向上延伸至山庄高点的山脊源自“北枕双峰”。与此同时，“南山积雪”矗立在一个有点孤立的山顶上。正像前面概述的其他例子一样，冷枚在《热河图》中的准确性不仅仅表现为地形的真实性，而且还表现为从实地观察中获得了真实的具体视图。

地方图志似的热河

在冷枚对热河的表现方法中，视野和精准观察尤其重要，凸显出不仅在应用数学分支学科之间，而且在地形景观画与更多表现空间的技术手法之间，都存在着密切的联系。把《热河图》想成一幅地图似的图画在哪些方面对我们有帮助呢？该画作的这些方面是如何在山水画范围内加深或扩大作用的呢？在中国和在欧洲一样，近代早期对制图的强烈需求往往在某种程度上源于人们对精确性或逼真度的兴趣，感觉借用这种先进手段可以揭示出更深层次的知识形式。当然，这种关注不是仅限于地图，同时在较小规模空间表现形式（尤其是建筑平面图）上也富有成果。但对准确性的感知，特别是对从实地观察和直接的视觉中获得的知识的感知，也可以起修辞性的作用，允许图像为其他图画目的提供依据。同样重要的是，制图特征有助于从视觉和技术两个方面，对冷枚不同寻常的画作是如何形成的给出最终的答案。

如果把冷枚的画看作一幅地图，那最好不要把它看作是地理画——也就是对大尺度空间知识的记录与再现，亦即康熙宫廷在地理学方面的首要关注，而要把它看作是一种地方志。地方志记录小范围的和当地的情况：城市景观、水系、村庄和寺庙。中国和欧洲地方图志传统在描绘场景时将描写性和修辞性结合起来。这种不同方式的融合凸显了地图绘制本身势在必行的信息传递，即量的准确性只是一种方式，在这种方式下，地图可以被认为是准确或真实的，而地图也和所有图画一样，可以通过视觉、文本和符号代码进行交流，这些代码对绘图人和看图人来说都是能够理解的。

地方志，尤其是"城市景观"将讨论回归到与张宏作品的比较上。正如艺术史学家高居翰（James Cahill）大胆指出的那样，张宏在《句曲松风图》和《止园图》等作品中对空间不同寻常的处理，显示出与近代早期欧洲城市地图（如《寰宇城市》）的惊人相似之处。《寰宇城市》由地貌地理学家格奥尔格·布劳恩（Georg Braun，1541—1622）和雕刻家弗兰茨·霍根伯格（Franz Hogenberg，1535—1590）于1572年至1617年间在科隆绘制。[1]不寻常的升高或鸟瞰的视点，地平面移位，略微体现了物体在视野中的近大远小，甚至特定图案的使用，都

1 参见高居翰《引人入胜的图像》和《晚明山水画集》。

《寰宇城市》第三卷中的《贝桑松风景》 美国国会图书馆藏

清楚地表明欧洲版画（包括地方图志）流传在晚明中国绘画名家和知识分子之中。

布劳恩和霍根伯格制作的景观来源广泛，遵循了一些基本的构图，尤其其中的一幅为《热河图》提供了一个令人信服的对比模式。《贝桑松风景》描绘的是法国靠近瑞士边境的弗朗什-孔泰的一个城市。在这幅画中，前景的一个小岬角为三个观察者展现了城市和周围乡村的广阔景色，他们可能代表地方志作者或测量员，但不管怎么说都代表看画人。这幅木刻由皮埃尔·达尔让设计，布劳恩和霍根伯格对它进行复制，是城市历史学家卢西亚·努蒂（Lucia Nuti）所说的“透视景观”一个早期的样本。这个类型将从城市勘测中获得的数据与源于城市地图的图画策略结合在一起。这种城市地图包含周围景观和用来维护图像权威性的一系列非自然主义元素。与《热河图》一样，《贝桑松风景》并没有遵循一致的透视方法，也没有在图像中遵循某一种特定的空间构图。尽管前景中有人物，但无论是在图像中还是在现实中，视点都不自然地高于任何可用的观察位置。这座城市坐落在群山的环抱之中，主地平面稍稍抬起，以使其图景更加清晰。相比之下，群山基本上是正面的，看画人可以一直看到很远的地方。大体说来，缩短的线条汇聚到正对着贝桑松中部的山顶，环绕城市边缘的河流对城市起到强调的作用。不过透视法的运用有助于增强视觉的真实性。在城墙之内，个性化的建筑和街道弯曲的特征同样增强了看画人对这个图像的信任，而这种信任感正是它作为商业性作品能够存在的关键。

《贝桑松风景》之类图像表达的准确性不过是图画修辞方面的问题。城市景观画作为介于地图和风景画之间的一种风格和技术的类型，扎根于第一人称的观察和测量数据。从16世纪晚期开始，寻找观察和测量城市的高点成为欧洲一种流行的消遣活动，在受过教育的精英群体中，熟悉相关的方法和工具的情况很普遍。各种仪器，包括象限仪、观测管和测量平板仪，在这个时期迅速得到改进，提高便携性和增强精确性以方便使用。不过，城市景观画更适合由工作室来完成，既是出于某些现实的原因，也是由于测量数据的应用是一个数学过程，而不是严格意义上靠眼睛完成的过程。自15世纪中叶莱昂·巴蒂斯塔·阿尔伯蒂（Leon Battista Alberti，1404—1472）绘制罗马地图以来，将抽象的测量数据绘制为地图的程序已经完备地建立起来，这样的话，测量员、制图员或画家不仅可以是不同的人，而且可以在不同时间和地点分别去做。

这两幅画在构图上的相似之处是显而易见的，特别是结合前面提到的高居翰对张宏的论述来考虑。如前所述，抬高的视点，或是对多重灭点与透视法的综合运用，在中国绘画传统里都不是全新的。然而，这里却显现出手法上不同寻常的结合，以及对视觉透视形式的兴趣，这就非常意味深长了。某些细节也是如此，比如两幅画都用到了作为远处灭点的山和前景的山脊。在冷枚的绘画中后者显得很独特：虽然中国的山水画经常使用某种形式的前景地域，但它们通常是从画平面开始的，并不能为观者提供进入画面空间的真正入口。相反，它们的作用是作为一种“色彩构图中引入的元素”（repoussoir），视觉上居于画平面的中间，便于眼睛进入和穿过所展示的空间。相比之下，在《热河图》中，一条狭窄的小径将观众直接引向画面，很像《桐荫仕女图》屏中间的阶梯。最后，冷枚笔下的中心湖区不像贝桑松城市景观和其他16世纪晚期的地方图志那样明显地向观者倾斜，这也许反映了17世纪形成的风格——倾向于更平缓、更自然地表现地方景观的主题。尽管如此，冷枚笔下那银蓝色的圆盘一样的湖区还是被略微抬高了，这既可以理解为要与山谷的地平面连成一片，又可以理解为从尺度和色彩上考虑，略微抬高以突出湖区岛屿上的“皇城”。

欧洲测量所用的基本工具也出现在清朝宫廷，甚至在数学方面很好学的康熙皇帝也颇为熟悉，关于它们的实际应用当时至少已有一个汉语文本——《测量高远仪器用法》。这些工具以及其他的土地测量设备，比如计时器和光学仪器，要么是在宫廷作坊制造的，要么是由耶稣会教士作为礼物从欧洲带来的。据康熙的老师们的记录，这位学生既熟悉测量仪器的制造——现存的一些出自宫廷作坊的样品明确提到是“御制”——又能熟练使用它们。通过冷枚与焦秉贞的师生关系以及后者在宫廷绘画透视法发展中不可或缺的作用，推测他也熟悉测量学的基础知识是合情合理的。不过这并不是必需的，因为宫廷的其他人可以（而且非常可能）进行了真正的实地勘察。如果运用的是阿尔伯蒂技术后来改进过的版本，冷枚甚至可以在没有对这个地方进行实地观测的情况下，把这幅立轴画得更接近于地图。

不管冷枚怎么利用测量数据和直观研究来构建他的画作《热河图》，像《贝桑松风景》一样，它最终也是在室内完成的。不管是在欧洲还是在清朝的例子中，这个绘制过程的具体方法——如何选择和转化数学信息，如何将实地的观察结果变成这个地方更具代表性的图像——是不太清楚的。不过可以借助宫廷里透视法的教学和研究来提供部分解释。17世纪90年代，康熙的宫廷引进了正规的透视法教学，同时也引进了透视法的新用途，尤其是安德烈亚·波佐（Andrea Pozzo，1642—1709）的错视绘画技巧，这种错视艺术成为全球耶稣会传教士将数学与艺术紧密结合的核心组成部分。波佐以“拓宽墙壁”（quadratura）而闻名，这是一种利用教堂或私人空间的天花板和墙壁制造令人迷惑的幻觉、以绘画方式扩展建筑空间的技术，15世纪以来一直用于剧院布景的设计。乔凡尼·格拉迪尼是被派往康熙宫廷的耶稣会画家中最重要的一位，他也受过“拓宽墙壁”技法的训练，他在北京耶稣会北堂（1703年完工）天顶上的绘画是京城早期错视绘画的里程碑之一。与“拓宽墙壁”相关的加速透视最终在乾隆宫廷绘画中变得非常重要。这种技巧早期的证据从《桐荫仕女图》屏和《热河图》以多种形式模糊看画人空间与图画空间的边界中可以看出。

与应用数学其他分支一样，宫廷在透视法方面最终依赖于引进、翻译与自产文本的结合。波佐关于这一主题的著作《透视绘画与建筑》于1693年首次出版，对康熙晚期和雍正年间的宫廷具有非常重要的意义。这部著作为清宫廷中18世纪最著名的欧洲画家郎世宁（Giuseppe Castiglione，1688—1766）和官员年希尧（1671—1738）的专著《视学》提供了重要源泉。《视学》是1718年至1735年间年希尧的几部有关数学的专著之一。虽然冷枚绘制《热河图》时，北京可能还没有波佐的这部著作——在北堂图书馆的目录中记录在案的是稍晚的1702年至1723年的版本——但当时北京已有一些17世纪关于透视法的最重要的著作

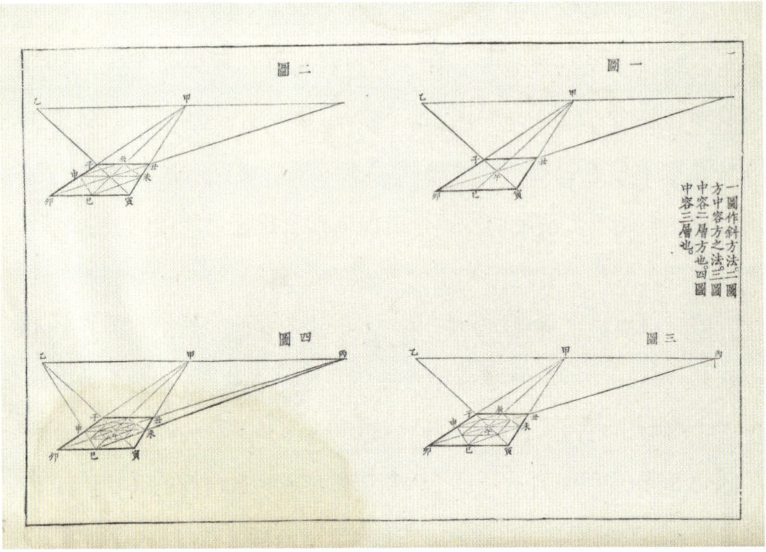

年希尧《视学》中通过侧平面图表现透视的方法
牛津大学博德利图书馆藏

了。此外，可以借助来解释《热河图》中透视法构图的核心观点在欧洲已经确立了至少五十年，因此没有必要将冷枚运用的手法与某一特定文本联系起来。

谷底和那里的建筑的构建似乎包括三个基本步骤。首先，主要视线是通过单点聚焦的透视法明确表达的，尽管在一个“侧面”稍微向右偏移。第二条面向建筑的视线，采用了一种被称为“角度视图”的技法。它起源于剧院布景的绘制，这种布景画也将透视错觉延伸到观众席的两侧和中心。虽然这两种技法确保了画作中空间的深度感，但最后一个步骤则让中心湖区的建筑得到适当的排列。往下看，建筑物以精确的相互关系排列着，同时随着主要视线和第二条视线的推进渐渐变小。这种安排方式通常出现在欧洲透视法手册中，经常通过描绘复杂的地面图案来表现。年希尧的《视学》中包含了许多这一技巧的例子，他所列举的插图例子并不是用来说明镶嵌地板的图案，从更广泛的意义上来说，这里很重要的一点是为了说明一种“地平上起物件法”。就像三角测量那样，山庄里的亭台楼阁以简单的几何图形被等距地布置在一个网格内，犹如一些单独的有着复杂图案的马赛克瓷砖。

与《贝桑松风景》和更普遍意义上的城市景观做比较，可以启发我们解释《热河图》不同寻常的构图策略和绘制手段的方法。这些比较不应被视为对这些问题的全面解释，而是要与宫廷对这幅画及其同类作品的其他解读放在一起来理解。虽然对于欧洲早期的城市图景（像《寰宇城市》），清朝宫廷似乎有可能（甚至很可能）已见识过了，但后面的同类样本则提供了更为接近、更为复杂的来源。1699年，路易十四的“国王数学家们”从巴黎返回北京后，随身携带了大尺寸多卷本的《国王内藏》（*Cabinet du roi*），这是包括数百幅法国宫廷版画的集子，用红色小牛皮装订，烫金压花。其中有大量风景画，如法国城市和皇家园林的风景。这些册页进入清皇家图书馆，后来在乾隆年间，欧洲语言的图书又转让给了北堂。即使在欧洲，这套来自路易十四的内藏版画也被认为具有非凡的品质，这些版画引人注目的尺寸和细节肯定会引起熟悉同时代人自我表现方式的皇帝的兴趣。鉴于它们的来源和真实的存在，很难想象这些版画不会在康熙宫廷留下较为深刻的印象。

在路易国王“内藏”版画中，有许多新式的透视图和剖面图，显示了包含《寰宇城市》在内的地方图志类型的最新手法。像《从花园边上看枫丹白露城堡》，由伊斯哈雷尔·西尔维斯特（Israël Silvestre，1621—1691）创作，采用了一种类似于《贝桑松风景》那样的版画主题视野开阔，从较低的视点和更自然的透视法来描绘。前景的人物不见了，取而代之的是分叉的小路，通向一个热闹的狩猎场景。尽管无论是比例还是构图，都没有像《桐荫仕女图》屏或《热河图》那样，以“拓宽墙壁”式的方法引导看画人进入，而是凭超大的版式和广阔的视野就能吸引看画人了。与早期的城市景观一样，这是一个有序的图像，但重

伊斯哈雷尔·西尔维斯特《从花园边上看枫丹白露城堡》　选自《国王内藏：路易十四的皇家花园和被征服的城市的景色》（1666—1682）　洛杉矶盖蒂研究所藏

点有所改变：在这里，皇家娱乐和皇室权威取代了《贝桑松风景》中体现的自然和谐和城市安宁。

对热河和枫丹白露的描绘虽然在构图上有很大的不同，但它们在借助景观表现皇权形象方面有着高度相似之处。基于统治者与一片特定土地的密切联系，这两个画面自然地反映出皇家园林——为个人娱乐保留的井然有序、精心管理的景观——以提喻的方式为帝国服务。跨文化

语境下园林寓意的一部分功能就是使清宫与法国的皇家园林趋同。然而，巴黎和北京之间园林形象的跨文化交流，也说明了景观在近代早期具有全球视野的皇权的背景下充当了交流和表达的媒介。这一功能必不可少的部分就是技术（特别是测量技术）与土地之间字面的和隐喻的关系。就像一幅鸟瞰图，地图学和地方图志构成了皇家视觉的形式：全能的，有支配力的，并处于对真实性的要求与修辞学表现的矛盾之中。

画像，建筑图，还是地图？

视觉修辞学与可测量技术之间的紧张关系，理想化景观与真实景观之间的矛盾，最终回到了本章开始时的问题上，这类问题一直是研究冷枚《热河图》的著述的主要关注点：这幅立轴究竟描绘了什么？可能更准确的是，这幅立轴描绘的是什么时候？它是什么时候画的？如果你接受了许多人所采用的前提——这幅画能根据它所描绘的建筑来断代——那么了解这幅画中建筑的信息有助于缩小可能的时间范围。根据第一章所概述的年代——诸如东南的湖和正宫、金山顶上的寺庙都建于张玉书描述山庄的1708年之后——那么可以确定《热河图》的绘制时间大致在张玉书离开这里的1708年年底到修筑避暑山庄大门的1711年之间，而且可以说得相当具体，是那个时期的最初阶段，在给湖区清淤和修建正宫之前，即1709年。

确定这个时间的关键在于一个亭子，就像磬锤峰一样，在《热河图》中是不应该出现的。“四面云山”的标志是画上左侧山峰中四个亭子中的第二个，其建造时间被一些学者定为1709年，如果没错的话，那么绘制时间不仅可以追溯到那一年，且其他1708年之后的元素（包括东南的湖和正宫）也可以更有把握地将建造时间定在1710年至1711年。鉴于目前对康熙时期山庄状态的认识，在画中找不到什么证据可以否定这一假设。除了金山岛上的情况以外，没有其他明显的1708年之后的特征被提及。同样，也很少有第一阶段应该见到的东西没在画中出现。只有一个例外，紧靠“月色江声”东边围墙的一个小的院落，可能是由于构图显得拥挤而被省略了。

第二种或许更为有效的方法是，由于宫廷与冷枚关系密切，可以在宫廷早期复杂空间表现的实验中，从风格上和技巧上去认识这幅画。虽然这不会帮助缩小绘制时间范围或得到明确的答案，但它使《热河图》处于与同时代画作的具体对比之中，而不是依赖作为一种图画价值的关于准确性的假设。尽管《热河图》绘制的那个时期可比的作品相对较少，但图画空间的复杂性和形式表现的精致性，以及山庄营造年表的简单事实，有助于把《热河图》放在《耕织图》和《桐荫仕女图》屏之后，这两件画作的绘制时间都被认为是17世纪的最后几年。《热河图》也可以被视为王翚《康熙南巡图》与王原祁《万寿盛典图》之间空间处理方式发展的一个不可缺少的步骤。《万寿盛典图》画的是1713年皇帝六十寿辰的庆典。

在不强调（甚至放弃）那种可能性（即由冷枚的画呈现的东西来决定绘制时间）的情况下，关于探究其特定时间性的新的可能性就凸显出来了。当清朝以业已确立的认识论、政治学和对空间的科学认识与新的知识领域密切接触时，《热河图》对这些接触、相遇和交集的发生过程提供了特定的认识角度。正如其他人在考察宫廷里的应用数学、天文学和制图学时所注意到的那样，其接受方式既不是一种混合，也不是直接的影响或融合的过程。更确切地说，《热河图》中所反映的清代宫廷绘画风格是策略性地、有选择地将新技巧融入现有的绘画模式中，那个时期清宫廷对图像参与塑造意识形态的潜力的认识在迅速变化，《热河图》的做法正好与这种情况相吻合，毫无疑问这种做法也在增进这一时期认识上的变化。在近代早期，不可避免地存在一种依赖感——不仅依赖于整个欧亚大陆上的人、图像和思想的交流，而且还依赖于在全球背景下与全球视野的帝国和皇权的关系网的密切接触，冷枚的园林图像本质上也是清朝的，因为它将图像表达的内生和外生模式以及对空间的各种思考方式结合成一个单一的、合乎逻辑的图像。

第五章　纸上花园

1711年，康熙皇帝正式启动了一个项目，寻求将山庄的物质和感官体验与他的统治思想和自述交织在一起。《御制避暑山庄诗》通过皇帝撰写的诗文与宫廷画家绘制的图画的结合，呈现了36个皇家宫苑的景点。这部作品几乎同时以三种不同的方式进行制作，是一系列建构清朝统治愿景的多元且通力合作之尝试的一部分，这些尝试强调景观、技术和皇帝本人之间的串联。除了武英殿修书处印行的两个汉文和满文木版印刷版本外，御制诗也以多种彩绘版的形式存在，其中包括高级官员和主要宫廷画家王原祁绘制的册页（现已遗失），以及一套意大利传教士马国贤和两位清代画家制作的铜版画——这标志着欧洲铜版凹版画技法传入了中国。

在某种程度上，御制诗构成了一种模拟的游览形式，是一种借助文本和图画对避暑山庄布局和构成的再现方式。通过一系列形式、图像和物质的复合手段，这种模拟性将这本书和书中的图景与对山庄的真实的和知觉的体验联系起来，具体来说，这是一种由皇帝自己对景观的感知来塑造并反映出来的体验。这些庄重而具体可感的言辞将御制诗的艺术和思想意蕴融入中国、清朝和欧亚文化之间运行的寓意的系统中，从而以图画形式用实例说明了近代早期康熙的世界性帝国的方方面面。

将御制诗理解为一个完整的工程，经过多次迭代取得成果，而不是仅仅专注于该作品的某个版本，可以在景观被用作意识形态表达工具的过程中，提供更为复杂的关联性。在这里发现的跨媒介的相互作用反映了皇家的空间形式与更广阔的表现形式之间的联系，通过皇帝创造和激活的个人的、观念的和智慧的魅力连接起来了。确认绘画、木版画和铜版画之间的关系有助于重建宫廷的艺术生产过程、该工程每次迭代的具体物质性以及它们共同的图画方案。这种探讨继而要求重新考虑印出来的画面风格和物质层面的问题，以及看画人对这种在纸上创造的景观的体验。

艺术史学家詹妮弗·罗伯茨（Jennifer Roberts）在讨论近代印刷陷入更广泛的视觉和实际的话语时，提出了“转换”（reversal）的概念，她通过转换来援用印刷矩阵——原始图像被雕刻或蚀刻在一块板上，然后制作出印刷品。[1]虽然从技术上讲，罗伯茨所指的是印刷品背后经常被遗忘的东西，但她所提出的“转换”概念已经超越了物质的先前所指，延伸到了作品创作的人类和文化的背景。从“转换”的角度看御制诗画册页——重建构成该工程形式和素材根源的失传绘画，以便将各种版本相互交织在一起，还要确定参与制作的个体的关系网——从两个重要的途径重新定位那著名的木版印刷本以及整个御制诗工程。

首先，采用这个考察方式有助于界定一种清初宫廷的视觉方式，这种方式借鉴了历史上的宫廷风格、当时社会上层人士的趣味和引进的艺术技巧，形成一种具有创新性的、国际化的图画制作模式。御制诗工程与《热河图》《耕织图》以及南巡图卷等一起，形成了康熙时代的宫廷风格的基础，这种宫廷风格通过如今广为人知的雍正和乾隆画院里的第二代清朝和欧洲画家，得到进一步的发展。因此，这一世系对于理解

1　参见理查德·尼尔《鉴赏能力和风格的赌注》。

图画媒体作为意识形态载体的发展和有效利用，不仅在康熙时期，而且在整个清代都是至关重要的。将艺术史专家理查德·尼尔（Richard Neer）所称的“风格的赌注”（the stakes of style）[1]加以扩展，在康熙时代宫廷视觉和文本生产（包括绘画、印刷、建筑和纪念碑）的更广泛应用的背景下，对御制诗的考察不仅要看到风格，还要看到构图、体裁、格式，还有作为正式手段的媒介——它在更广泛的修辞策略中通过文化生产和具体的景观来进行意识形态的表达。

第二，将御制诗的不同迭代加入它们彼此的对话，突出了绘画和印刷作为图画媒介的相互关系，或许更重要的是，康熙宫廷试图利用这种关系作为文化生产配合机制的组成部分。在近代之前的艺术史上，绘画和印刷往往被视为非常不同的媒介，这在中国和欧洲没什么不同——绘画是面向私人欣赏的，印刷则是面向大众消费，它们的价值即使不是对立的，也是有明显区别的。然而，到了清代，两者就有了漫长的跨媒体互相关联的历史。御制诗画册页是康熙宫廷第一次用印刷的图像来记录皇帝和皇家的空间，这是皇帝的身份构建和宣传表达的过程。这个过程可能受到国内外某些先例的启发。康熙宫廷后期出现了一些将绘画和印刷的迭代连接起来的工程，显示了一种与印刷能力微妙而成熟的密切关联。印刷具有传达皇家这种伟大图像的能力，从而向更广泛、有文化的受众表达帝国复杂的意识形态。

皇家正统派

1711年7月6日，一群艺术家来到热河，“对山庄的三十六景做研究”。相比张玉书游览山庄时的丨六景，景点的数目已有了增加，这些

1　参见詹妮弗·罗伯茨《转换的美国艺术》。

景点构成了山庄景色的重点，在这些地方，景观的感官体验与富有诗意的提示相结合，以激发对空间的智识和情感的反应。对于张玉书和康熙的其他客人来说，这些景点是以物理空间的形式存在的，它们是根据特定某一天的具体体验而定义和塑造的。当它们被转化为一本画册——将精选和理想化的景观图像与皇帝对景物以及他本人和皇权的诗化表达结合在一起，这些景点随即就被固定下来，并得到无限的扩展。印成了书，对这些景点的解释和体验就有了更为明确的架构，其范围远远超出了山庄的围墙或任何特定的时间点。

在这群艺术家中有马国贤，他的日记中提到了这次访问。这是马国贤所记载的他为清宫廷研制铜版画过程中最重要的时刻。遗憾的是，这位意大利人忽略了对艺术史学家来说很关键的这次旅行的某些细节，包括其他艺术家的名字、他们的特长，甚至还有皇帝交给他们的具体任务。沈喻肯定是在场的，他因为是御制诗木版印刷印本的最终设计者而赢得了荣誉。王原祁也应在场，他是当时最高级别的朝廷官员之一，还可能是属于皇帝个人的三十六景画册页的绘制者。另外两位鲜为人知的康熙御用画家沈映辉和戴天瑞也被记录有三十六景图的作品，尽管只有后者的留存至今。马国贤在铜版印刷方面的合作者，有张奎和另一位如今已不知姓名的艺术家，还有负责制作木刻印刷版的雕刻家朱圭和梅裕凤（都活跃于1696—1713），也都可能在场。最后，虽然冷枚此时并未与御制诗联系在一起，但他当然对如何表现山庄非常熟悉，在同一时期，他正与王原祁和沈喻合作绘制表现帝王六十寿辰庆典的重要画卷。

在接下来的一年里，至少有一套画作已经完成，并被制作成了雕版。作为画家和图册的设计者，沈喻一直是神秘的人物。他出生于一个汉八旗家庭，父辈是参与满族征服明朝的精英中的一员，很可能住在后金都城盛京或附近地区。沈喻在参与御制诗工程时，只是朝廷内务府的一个低级官员。几乎找不到沈喻艺术生涯的具体细节，能可靠地归于他名下的画作也非常少见。此外，对沈喻绘画风格的描述很泛泛：山水画专门学董源（934—约962）、巨然等早期大师，还擅长描绘建筑。尽管这些特征只能说是符合一般惯例，但仍显示出与冷枚的《热河图》和相关作品中的康熙宫廷表现方式有明显的关联，将上述作品与印刷出来的景点建筑和风景图画做对比也是如此，后者将正统派山水画的分层形式与界画的精确描绘结合起来。

宫廷里最有才能的两位木版雕刻工匠朱圭和梅裕凤，负责沈喻设计稿的雕刻。张奎和梅裕凤还为皇家的《耕织图》刻版，一般来说这是康熙宫廷艺术中最接近御制诗的先例。就像按照焦秉贞的绘画原作制作《耕织图》那样，在御制诗画中，朱圭和梅裕凤对形状和空间细密、精致的刻画，似乎意在捕捉被用作样本的画作的风格和感觉。这不仅符合宫廷的先例，也符合16和17世纪印刷的倾向，当时普通印刷品和豪华版图书市场的兴起，以及某些画家与印刷业的密切联系，都要求木版画工匠尽可能用另一种媒介来传达原画或画家的风格。

1712年至1714年间，宫廷制作了第二套山庄图像——由马国贤和两位清代艺术家制作的铜版画。这些铜版画在很大程度上以木刻版的场景为基础，反映了三位版画制作者尽其所能的实验性阐述。他们有着对于这种媒介不同水平的技术经验，和对欧洲样本的不同程度的艺术认识。马国贤是梵蒂冈传教分支“信仰传播圣公会”的成员，他承认自己不是一个有经验的版画制作者，他以一种更欧洲的方式改变了木版画的样本，采用更长的、富于肌理的笔触和空气透视法，还插入了中国版画中缺少的环境元素，如动物、云，甚至光芒四射的太阳。然而，他的两个学生——在版画上签名的张奎和另一位不知姓名的艺术家，试图改变引进的技术，而不是改变图像本身，用铜版画师的刻刀在木版画美学上留下自己的烙印。这些不同的方法传达出的兴趣在于技术上和文化上的获取，也像后来《皇舆全览图》的雕版印刷那样要传达某种一致的艺术倾向，试图展示自己精湛、高超的技巧。马国贤，也许还有他那两个清朝伙伴，也为《皇舆全览图》做出了贡献。

现有的学术研究全都集中在这两个印刷版本，顺便也论及沈喻的设计，而包含王原祁绘画的第三个版本又增加了从整体上认识印刷版本和这个工程的必要条件。有实质性的证据充分表明，三次迭代——绘画、木版画和铜版画——在构图上是直接相关的，每一次在某种意义上都是另一次的变种。此外，无论是风格的分析还是当时的状况都表明，王原祁的册页至少是这个工程集体艺术意图的代表，很可能是其他图册遵循的主要模板。虽然它已经不复存在，但通过三角定位已知作品，包括木版印刷品、乾隆时期该册页的变种以及王原祁自己当时的画作，可以重建王原祁画面可能的样子。

1717年，当这群艺术家一起游览避暑山庄时，王原祁不仅是宫廷的重要官员之一，而且还是宫廷中最重要的画家和绘画理论家，他在这两方面都有稳固的地位。1683年，王原祁第一次进入朝廷的官僚机构，断断续续地在北京任职，直到1699年，也就是乔凡尼·格拉迪尼到达宫廷的那一年，王原祁从此就留在了北京，在宫廷里一直待到1715年去世。王原祁回到京城时，已经是全国最著名的画家之一，也是董其昌（1555—1636）正统派衣钵的继承人。所谓正统派受到董其昌的学生，同时也是王原祁祖父的王时敏（1592—1680），以及娄东派中他的追随者们的推崇。随着王翚的出现，王原祁在17世纪的最后几年，与王翚一起成为正统派的杰出大师。王原祁画作上的题词证明了这种卓越的地位，因为他在南方以及在京城的旗人和汉族上层人士中得到极广泛的赞助，其中包括一些在宫廷有影响力的官员。

1700年，康熙皇帝恩准王原祁进入翰林院，接替沈荃（1624—1684）和高士奇担任皇帝的首席艺术顾问。在接下来的岁月中，王原祁将正统观念牢固地确立为宫廷山水画的核心理论。他所定义的“正统派”，指的是扎根于元代名家（尤其是黄公望）样本的一个精英和文人的山水画世系。它成为复杂的宫廷风格的关键组成部分。当时的宫廷风格包含了界画、写实肖像画和同时受欧洲和中国影响的空间透视形式。与后来的对早期正统派的想象重构相反，王原祁的正统派形式在宫廷内外都有实践，在构图和风格上都有创新。它借鉴了过去的模式，但也与当时的资源投入和思想观念密切相关，特别是与宫廷制作的背景密切相关。这种结合所呈现出的本质矛盾——表面上的反职业性、正统文人立场与使其获得最大赞助的宫廷环境——对王原祁的艺术实践来说是内在的，而不是外在的。

切实有效的皇家赞助机制，是18世纪前十年王原祁的观念和实践在宫廷受推崇的核心。1705年五月，皇帝邀请了包括王原祁在内的13位官员游览一座皇家园林，客人们在那里欣赏荷花，参加宴会，并得到一个瓷花瓶的赏赐。在游览期间，皇帝委派其中几位学者负责编写《佩文斋书画谱》（1708），这是一部艺术家传记和书画历史文献汇编。在王原祁的指导下，这部书建构了“正统派崇尚的历史典范的权威”，它推崇山水画、文人画谱系和董其昌的地位，为宫廷对这些风格的采纳和赞助提供了理论依据。最终参与这个项目的12位编撰和校对者中，有10位籍贯是苏州一带，王原祁也出生在那里。王原祁推荐一些画家担任官方职务，在画家和官员中都有了追随者，这有助于确保他的观念和风格在宫廷中传播。据说，他宫廷画家中的大师级的身份地位在那一次游园中得到正式确认，康熙皇帝指示几位画家拜王原祁为师，以他为楷模，从而建立了清代宫廷绘画的一个“流派”。

不管这种引自撰写于王原祁去世后的传记的叙述是否属实，康熙时期及后来宫廷的汉族和满族画家中都有很多王原祁的追随者，同时王原祁的风格也经受那些以更具自然主义风格画家的改造，比如冷枚在《热河图》中就这么做了。王原祁在艺术方面一直与皇帝保持着既符合

《芥子园画传》中介绍黄公望的书页　哈佛燕京图书馆藏

礼仪又不拘礼仪的关系，进一步反映出了他的威望。作为南书房精英中的一员，起居注记录者和皇帝的私人教师，王原祁是康熙身边知识文化圈子里的一员。除了制作供皇帝送礼的作品外，两人还经常合作在扇面上题词作画，正面是皇帝的书法，背面则是王原祁的山水画。王原祁并非独自享有这种殊荣，参与这类合作的画家还有翰林院的蒋廷锡（1669—1732）和宋骏业（？—1713），他们在宫廷重要的学术和艺术活动中扮演着同样重要的角色。蒋廷锡为御制诗的注释做出了贡献，并最终被任命为《钦定古今图书集成》的主编修。年龄大一点、师从王翚的宋骏业是南巡图卷工程的负责人，也是《佩文斋书画谱》的编修之一。然而，在这个群体中，王原祁在皇帝眼里占有特别高的地位，他赐给王原祁一方印章，刻有特别高的评价："画图留与人看"。

"合笔"画扇面之类的活动，是皇帝和一位官员为了表示友情共同完成的一种援引自精英文人之间互通友谊的仪式，虽然并不会消除两位参与者之间无法弥合的社会鸿沟，但至少可以说，这类活动反映了皇帝赐予的一种特殊恩惠，类似于张玉书获准到山庄游览，消除了君臣关系中的礼俗差异，显得更加亲密。在康熙年间，这种活动经常出现在园林的背景下，使相对日常化使用的园林成为皇帝统治行为中的关键属性之一。王原祁晚年的许多作品上都有题词，其中特别提到是在圆明园里绘制的，他和皇帝身边其他的近臣在那里设有办公地点。他不间断地参与这类仪式，凸显出他重要的特殊地位，不仅在宫廷官员和艺术群体中受尊重，而且获得来自康熙个人的恩惠。

鉴于这段历史，大致可以说是同时代的御制诗的各种版本（王原祁的册页、木版印刷的图书和铜版印刷品），它们呈现出不同的面貌。有切实的证据表明，这些迭代不只是巧合，很可能是以协同的方式实施的。特别是王原祁的画作和这两套版画的尺寸几乎完全一样，都是27.5厘米×30厘米左右。铜版画与木版画相匹配并不令人奇怪，但王原祁的绘画与木版画之间密切的关联性更意味深长，因为这将王原祁与整个工程的理念联系在一起。同样，多个版本制作人员有兼职的情况：两套留存下来的铜版印刷品上的书法是王曾期（活跃于18世纪初）书写或按照他的墨迹刻制，王曾期的书法也出现在王原祁的册页中。

这些实际的联系表明，康熙时代各种形式的御制诗画，都是一小群艺术家共同努力的结果。此外，它们也表明，各种迭代更可以被理解为彼此的变种，每种媒介的特定重要性都影响到其他迭代呈现的性质。从实际情况看，似乎最有可能的情况是，不同的版本是基于一个共同的样本。如果真是这样的话，那沈喻和他的作品几乎完全没有相关性，王原祁和他的作品才具有压倒性的重要性，他的图像才是其他绘画和印刷版本赖以存在的范本。

一个文化工程经过多次迭代，无论是绘画终稿前的草稿，还是单幅作品相关联的绘画和印刷版本，在康熙宫廷都很常见。例如，王原祁《西湖十景图》的一份草稿，是用水墨绘制并带有黑墨题词的，而不是最后成品那样呈现丰富色彩和使用金墨。焦秉贞在他设计的《耕织图》木版印刷本出来之前，绘制过一套彩色的。而冷枚这个主题的画作与版画非常接近，似乎它们要么是木版图案的原始样本，要么是在版画制作完成后重新画了一遍。最后要说到的是《万寿盛典图》，记录了1713年贯穿京城街道、长达10公里的为康熙皇帝六十大寿而举行的庆祝活动。这个画卷（现在能看到的只有乾隆时期的摹本），最初由宋骏业设计，宋骏业去世后，王原祁接着绘制。1714年这幅画作的草稿完成后，王原祁想制作一个印刷版，以便能传播得更为广泛，这样皇帝的臣民就可以“仰望上天赞美他的荣耀”。为此目的成立了一个新的部门——万寿书画局，再度由王原祁来主持。至少有16位艺术家为该工程做出了贡献，包括冷枚和沈喻，他们的参与说明了他们在宫廷艺术等级制度中隶属于王原祁的地位。画卷和图书都是在1716年初完成的，离王原祁去世还不到一年。这两种版本很可能彼此相仿到非常精细的地步，除了画卷有着丰富的色彩，而版画是单色的。

《万寿盛典图》是王原祁指导下的一项意义重大的皇家景观工程，它从绘画开始，然后以图书的形式复制和传播。虽然同样的情况不一定适用于御制诗的制作，但在康熙时代后期的三大绘画印刷工程中，有两项——《耕织图》和《万寿盛典图》，在高级官员和杰出艺术家的指导下，多位艺术家跨媒介为不同版本工作。这些密切相关的事例表明，沈喻作为描绘热河三十六景的画家的地位需要重新评估。将关注点从单个艺术家和二元制作过程，转移到跨越媒介和表现形式的多位艺术家的共同制作，就会发现绘画的木版印本能够显示它多元的高效，既是对王原祁的正统派的诠释，又是对一件珍贵的原创画作的量产表现。

画的矩阵

《石渠宝笈》中有关王原祁御制诗画的条目，用准确、具体的文字描述了这套册页："王原祁画避暑山庄三十六景一册。素笺本，着色画，凡三十六幅……每幅左方书圣祖仁皇帝（康熙）御制各体诗。"条目中也记录了每首诗的全文，还有王原祁和书法家王曾期的印章和签名以及绘画的尺寸。尽管这套册页没有保存下来，但这一描述，结合王原祁同一时期的画作，现存的乾隆御制诗版本在构图上的相似之处，以及前面提到的康熙三种版本一致的尺寸，都表明王原祁的画作是能够有效地被描述出来的，即便不能精确地再现，也可以对清代人如何阅读素净的、纯黑白的木版印本增进认识。从皇家艺术创作的大背景来看，这一重构说明了宫廷视觉文化如何借鉴历史范本，结合同一时代新奇的外来元素，并将风格和类型的潜力转化为作品的寓意，以传达康熙年间世界性皇权的一种多元表达。

王原祁大致有同时期的三件地形山水画为御制诗提供了最直接的语境。注明时间为1708年的《卢鸿草堂十志图》和可确定时间为1711年的《辋川图》，是为姓名不详的私人赞助人“寄翁先生”绘制的，为御制诗画册页提供了类型相似、可能风格也接近的样本。第三件《卢鸿草堂十志图》可确定为1708年的宫廷作品，是王原祁对清王朝版图图像化的第一次重大贡献。每一件都捕捉到一个历史性的或半历史性的景观，通过一系列场景进行组织，在描绘既定的系列图景的过程中借鉴或改造现有的构图传统。这些作品不仅代表了王原祁生命最后阶段的风格，而且也代表了他对有效重叠的理解，这种有效重叠可以存在于通常与正统派绘画相关联的理想化景观和地形记录之间，两位赞助人对这两方面都很感兴趣。

《辋川图》的绘制时间只比御制诗画册页早一年左右，要认识宫廷画册页的主题和风格，拿它做比较最为贴切，也最有成效。《辋川图》描绘了诗人和画家王维（701—761）在唐朝首都长安城外的乡间庄园。王维的原作早已不存，长期以来只有通过摹本再结合诗歌和这个庄园的景色才为人所知，它成为园林描绘传统的鼻祖，王维本人也成为有修养的园林主人的楷模。王原祁的画卷以一系列互相关联的辋川图景为基础，尤其是借鉴了一幅据说按照王维原始构图的宋代石刻的明拓本——一幅清代的“富有灵感的仿画”，在失去了原作之后复制出了一幅可靠的原始图像。

从画卷的边缘开始，王原祁依次画了王维庄园全部的“二十景”。王维在五言诗中写到的景点名称和相伴随的诗句，都出现在画面之后的题跋里。有文化的看画人很可能早已熟记这些文字，能够边联想边在图画的景观中游历。而与画作后面的诗句相遇，使人得以再次游览庄园，这是一种文学上的递归，不仅唤起了既定的景观意象，而且也回想起刚刚看完的王原祁的描绘。王原祁的景观形式是建立在随机聚集在一起的细碎、粗略的体块之上的，并用这种景观形式来创造山间庄园的群山和开阔的田野。然而，那些轮廓并没有起到多大作用。更确切地说，王原祁用干笔焦墨、纹理扭曲的笔触和淡淡的石青、石绿和浅绛来组构体量感。色彩不仅仅是一种描述性的存在：如果不是实质性的取代，那它是作为必要的媒介在补充单纯的水墨，风景通过色彩逐渐地呈现出来。形体与留白令人目眩地并置，动摇了作为一种稳固的可栖居空间的构图能力。近距离看，风格在抽象的边缘飘摇，它的各个元素在抵抗自身微妙的消解中凝聚成一个画面。

在后来的艺术史描述中，正统派绘画常常被看作是以纯水墨为特征，被想象成适用于文人的质朴表达，而色彩的使用则被贬低为一种装饰效果，适合那些只对直接描绘感兴趣的职业画家和宫廷艺术家。然而在清初，色彩在许多所谓的正统派画家以及模仿他们风格的画家笔下扮演着重要的角色。王原祁尤其如此，在他生命的最后25年里，他逐渐形成了一种越来越复杂的运用色彩的技巧。《辋川图》所采用的笔法和色彩，可以看作是他后期风格的一个图像宣言，是他一生推崇正统派山水画手法的巅峰之作。王原祁在画的结尾处描述了正统派“一灯相续”的世系传递。沿着这个起源于王维的世系，接着是宋元的经典大师——荆浩、关仝、董源、巨然、李成（919—967）、范宽、米芾（1051—1107）和米友仁（1074—1153）、高克恭（1248—1310）、

王原祁《辋川图》（局部）（1711） 美国大都会艺术博物馆藏

赵孟頫（1254—1322），“元四大家”的黄公望、吴镇（1280—1354）、倪瓒（1301—1374）、王蒙（1308—1385）。在明朝只有董其昌“一扫蚕丛”，而王原祁的祖父王时敏则“亲承衣钵”。题词“余髫龄时承欢膝下，间亦窃闻一二”，暗示这个衣钵后来就特地传给了他——王原祁。

王原祁接着讲述了《辋川图》接受委托和绘制的过程。虽然过去他没有可靠的样本可供借鉴，但最近获得原画的一幅石刻拓片，加上王维自己有描绘这个地方的诗歌，让他有信心做下去。然而，它并不像很多较早的《辋川图》版本那样，仅仅是一个生搬硬套的复制品，仅仅是一件适合“职业画工”去完成的工作。王原祁的画作不是这样，他“以我意自成……墨刻中参以诗意，如见右丞（王维）阳施阴设、移步换形之妙。即云拙劣，亦略得‘诗中有画、画中有诗’遗意”。因此对王原祁来说，《辋川图》是一个重现的过程，通过这幅画，他追溯了将他与正统派第一位大师联系在一起的悠长的艺术线索。这幅画也宣示了他技巧的精熟，宣示了他将这个世系发展到顶点的地位。在吸取前人经验的基础上，他用自己独特的风格追求王维隐含的意愿——“诗中有画，画中有诗”。

王原祁的《西湖十景图》适合用来对比，它是最近才确定了绘制年代的现存宫廷画作。与《西湖十景图》比起来，《辋川图》在表现方

王原祁《西湖十景图》画卷（局部）（1708）
辽宁省博物馆藏

面很可能比王原祁为皇帝画画时压力更大。在《西湖十景图》中，他所用的颜色没有那么多样化，主要依靠绿色和棕色。形体也更加平衡，不仅作为单独的元素，而且在构建更大的景观时，群山以稳定、垂直的组合环绕着湖面，而岛屿和湖岸则具有与水分离的独立性，支撑着被细致描绘的大量建筑。尽管在构图上依旧相对平面，似乎更关注水墨画的笔墨，而不是自然的体积表现，但地平面是一致的，避免了《辋川图》里地貌的移位和倾斜。但整体上采用渐变染色来组合形体的基本技巧，本质上与《辋川图》如出一辙。技巧上的相对保守是与作品绘制背景有很大的关联，王原祁为皇帝画的其他画都有类似的情况，并不是要形成一种彻底的背离，以彰显宫廷画法与私下里画法的不同。

带着这些范例的印象回到《御制避暑山庄诗》中，就不难理解在印本中看到的景观形式了，这是将王原祁充满活力的笔触变成木刻刀雕刻画面的一种模式化的转译。以第儿景《四面云山》为例，起伏的群山是通过一系列较小的山头构建的，直接让人想起王原祁的表现手法。尽管雕工喜欢小的、离散的纹理，但由于从头到尾由短促不连贯的一系列交错线来布置，它们的密度和图案形成了长的却又断断续续的笔触的样子，呈现出类似于王原祁“披麻皴”笔触的效果，又不会因为过多线条的堆积而给印出的画页带来视觉上的污浊感。而且用稀释的水墨作画不会有这样的效果，这表明王原祁在画法上既用薄涂也用线条来创造体积和质地。形体的轮廓虽然还在，但在视觉上被忽略了，因为纤细如丝线般的线条描绘出来的轮廓，都被成片的苔点所覆盖，或以其他方式淡化进了纹理图案中，得到突出的是体块感和体积感。

此前在印刷品中表现正统派大师们笔法的尝试，例如著名的《芥子园画传》（1679）中的再现方式，往往侧重于轮廓和构图。这一策略

沈喻主持的御制诗木版印本第九景《四面云山》（1713） 哈佛燕京图书馆藏

与绘画指南很相称，可能不是作为学习绘画的实用文本使用，而是作为识别和传达一种人们不熟悉的艺术形式的启蒙课本使用。与木版印刷的御制诗画册页相似，纹理是通过累加、重叠的内在线条来表现的，尽管其密度远低于清代宫廷产品，没有后者那种特征。因此，人们想到黄公望，是借助他那种群山堆积、递进的形式和标志性的长线条，而他真正的手法特征，即薄涂和纹理的精心分层、暗色主导，却被忽略了。尽管不能说康熙年间的宫廷木版画精确地再现了王原祁的绘画风格，但其中印刷画面密集的线条和精心雕琢的方式，能让人回想起《辋川图》中显现的同样品质。沈喻、朱圭、梅裕凤描绘山川的方式似乎是前所未有的，这表明他们有兴趣表达一些新的、独特的东西——也许是一种成熟的、特定的清代风格，比如王原祁的风格——而不是正统派或其他派别的一种通用的印刷景观。

通过与王原祁为寄翁先生绘制的第二幅系列画作——《卢鸿草堂十志图》的比较，这种独特的感觉就进一步加深了。这套册页以公元8世

谢时臣《卢鸿草堂十景》第一开 沈阳故宫博物院藏

纪隐士画家卢鸿（活跃于约713—742）为主题，描绘了卢鸿在嵩山的隐居地。卢鸿为了过隐居生活而辞去了朝廷封赏的官职，唐玄宗（712—756在位）特意为他在嵩山建造了这座草堂。随着时间的推移，《草堂十志》有摹本和归在卢鸿名下的多种版本传播，其中包括乾隆皇帝认为是原作的一个版本。它有时也成为知名艺术家自己的绘画主题，例如明代中叶的苏州绘画大师谢时臣（1487—约1567）。与《辋川图》一样，不同的版本都有一致的构图——这里以画作的第一个场景为例，表现的是卢鸿坐在题目所指的草堂里，平静地朝看画人方向看——证明某些主题的画面经过几个世纪的反复创作已变成固定的表现方式了。这种基本构图超越《草堂十志》而拥有了自己的生命，将人们记住的或想象的卢鸿的庄园与其他类似的园林形象联系在一起。例如，文徵明（1470—1559）借用了一个简朴的草顶建筑物的正面图景，作为他1551年绘制的《拙政园图咏》册的开篇，这个图景描绘了园林的主要建筑——若墅堂。虽然园林主人王献臣（活跃于约1500—1530）实际上不在该建筑

卢鸿（款）《草堂十志》摹本（局部） 故宫博物院藏

内，但也许是为了向可能去世不久的主人致意，其构图足以唤起对逝去的主人的思念，并纪念他与园林密切相连的身份。

跟《辋川图》一样，《卢鸿草堂十志图》可以被视为“记忆性地形”的一种形式。这些画作是描绘地形的，因为它们根据一个固定的地点图像，记录了一个特定的、已知的地点，而这个固定的地点图像对博学的看画人来说是易于识别的和熟悉的。不过，地形主要是通过记忆和传统，而不是通过现存的、可核实的地标来界定。这个图像借鉴了对那片土地某些建筑或特征的共有的解释，这些建筑或特征不是与实地观察有关，而是与文本的中介功能、特定地形的形象和附加的图形惯例有关。这并不一定会减少这类景观描绘一个实际地点时的真实感。尽管园林本身已不适合用来评估这幅画，但传统和记忆的作用很强大，而且充当各种意图和目的等价的替代品。与文徵明的《拙政园图咏》册一样，王原祁为寄翁先生所作的画也提供了丰富的图画语汇和一个可以理解它们的语境。其他园林的表现方式都可以建立在这些图画语汇之上。

王原祁的《卢鸿草堂十志图》是一件既与过去密切相连又积极地重新诠释正统派语汇的作品。它在遵循这个主题既定场景的数量和顺序的同时，也在一些重要方面背离了卢鸿的传统。它由六面彩色和四面单色的画页组成，每个画页的尺寸为29厘米×29厘米——有意思的是，这与各种御制诗画册页的开本很接近。不过王原祁的《卢鸿草堂十志图》将这个主题的经典风格和色彩放在一边，换成了他自己独特的画风，在表现草堂的开篇画页中，用薄涂和线条描绘了一个群山环绕的小山谷。与三年后的《辋川图》的素雅的红色、蓝色和绿色相比，其主色调更依赖于丰富的绿色和浅棕色，与同年绘制的《西湖十景图》一样。其构图也与标准的样本有所不同，虽然人物——卢鸿、寄翁先生，或者在某种意义上是他们两个人——仍然坐在草堂里，倚靠在他旁边的书案上，但视点已经上升，草堂已经移到了图像的边缘。与册页中的其他画页一样，王原祁对这个主题的构思削弱了对建筑的强调，反而对更为广阔的环境景观更感兴趣。

王原祁在开篇画页的题词中，明确地将这幅图景——也许是整个册页——与“山庄”的描绘联系在一起。它的构图，尤其是王原祁将草堂围在低墙之内的方式，与《辋川图》中间的厅堂建筑相似，这些厅堂出现在宋代的石刻和后来王原祁1711年绘制的画卷上。然而，王原祁对王维的依赖，其重要性并不仅仅或并不主要表现在形式上。正像王原祁“以我意自成”的《辋川图》那样，更为重要的关联是，两个相关却独立的主题、两种文化行为模式和两个引发人文化联想的园林，借助王原祁所属时代的表现方式连接到了一起。通过这些册页，王原祁将自己和赞助人与他艺术仿效的对象——王维和卢鸿联系起来，同时也通过那些价值被记忆编码的景观手段，将他们作为共同价值的典范彼此相关联。

正如王原祁的风格可以理解为抽象与表现之间的张力一样，至少他的一些画作，尤其是《辋川图》和《卢鸿草堂十志图》，还有《西湖十景图》和御制诗画，也可以被视为存在于理想化与地形化的景观之间。正统派绘画通常被理解为不包含地形信息的图像，只关注理想化景观的表现，并通过这种表现探索合乎规范的绘画语言。然而，就像正统派理论及其后来被接受的许多其他元素一样，无论是对于最崇尚董其昌的艺术家们，还是对于康熙时代主要的追随者王原祁和王翚，这个观点都没有反映历史现实。不过和其他所谓的正统派画家一样，王原祁所画的山水画表面上看是以宋元大师们的既定标准为基础的。董其昌和王时敏在这种既定标准之上创立了他们的艺术理论。与许多明末清初的画家一样，王原祁的作品经常是对那些典范作品的“富有灵感的仿画”，这类画作反过来又成为传播正统派思想及其艺术关联性的载体。然而，王原祁等人并没有完全照搬他们的范本，而是通过标准的构图形式或刻意追求的风格特征，比如模仿宋代画家米芾和米友仁的米式墨点，或是模

王原祁《卢鸿草堂十志图》第一开（1708）（仿王维） 故宫博物院藏

仿旨在让人联想到王蒙繁密的笔墨和倾斜的山峰，来捕捉这些偶像级艺术家的精髓。

对于赞助人来说，一本由摹古的作品构成的册页代表了以时尚方式对经典风格和构图的聚合，这些画作是由一位精研古代名家的同时代画家完成的。对于画家来说，这类册页是对世系关系的确认，甚至完全是启蒙读物。王原祁画过不同的版本，组成画页从6开到12开不等，单色和彩色混合使用。他为私下里的赞助人和皇帝绘制册页，经常在多个迭代中频繁重复那些元素，并从众多的艺术家中汲取灵感。五代画家董源、巨然、荆浩、关仝，无论在不同的组合中是单个出现还是成对出

王原祁《卢鸿草堂十志图》第七开（1708）（仿吴镇） 故宫博物院藏

现，都代表了不朽的山水画传统。在宋代画家中，赵令穰、李成和米家父子（即米芾和米友仁），都有与他们的名字相联系的特定作品和风格。黄公望、倪瓒、吴镇、王蒙、赵孟頫，还有现在不经常被提起的高克恭，代表了元代。依照这样的经典集合自然会约束正统派的某些方面不再追求个性化的，尤其是描述性的构图，但显然也并不妨碍对地形性主题的表现。

王原祁以一本过去大师的作品为框架，对《草堂十志》进行了重新诠释，使得他背离了与卢鸿的隐居地相关的传统构图和风格，开创了一种理想性与独特性的新的结合。在参照了王维《辋川图》的开篇画页

王原祁《仿荆关山水图》 上海博物馆藏

之后，其余的画页分别运用了黄鹤山樵（王蒙）、北苑（董源），大痴（黄公望）、米氏父子，荆浩和关仝（或合称“荆关”），以及与清初正统派画家没有明显参照关系的江参、赵大年（赵令穰）、梅道人（吴镇）、赵承旨（赵孟頫）的手法。单个的图像依赖于王原祁与每一位画家既定的联系，同时加入能根据卢鸿传统识别的特定图像元素。例如，第六开呈现的是坐落在群山环绕的林中空地上的一个小亭子，里面坐着两位先生。这些山峦结构复杂，由大量的小形体组合而成，上面有一个倾斜的悬崖，这是按照荆浩和关全的风格绘制的，显然与另一幅画作很相似——一本未注明日期却可能比王原祁《卢鸿草堂十志图》稍早的十二开册页，如今由上海博物馆收藏。不过，在这里，占据画面中心位置的建筑却在王原祁的画中显得格格不入，这是按照宋代一位大师的风格画的，有学问的看画人能辨认得出。题词将这个画页命名为“洞元室”，王原祁硬是把这个景观放进了卢鸿草堂既定的记忆性地形中。

构图上的比较表明，御制诗画的原作可能像《卢鸿草堂十志图》那样，想画成一本呈现过去大师风格的册页。《石渠宝笈》只记载了这套热河册页的样式，没有留下关于王原祁构图手法的任何记录。在没有原作的情况下，对比木版印刷本和现存的乾隆时期的绘本，其中包括张宗苍（1686—1756）和钱维城（1720—1772）的版本，可以看出三十六景的不同迭代都显现了一个相对稳定的构成程序。虽然张宗苍和钱维城不是王原祁的直系学生，但在乾隆宫廷中，他们通过各自的老师黄鼎（1660—1730）和董邦达（1699—1769）与正统派遗风极为紧密地联系在一起。考虑到王原祁对康熙和乾隆宫廷画风的影响，再加上后来的作品是在18世纪50年代早期到中期时绘制的，那个时候王原祁的册页极有可能还在皇家收藏之中，这类共享组合非常可能也延伸到了王原祁的原画。

从题材、赞助人和受众角度考虑，御制诗画对地形描绘的冲动尽管非常强烈，但它显然与某些构图的范例有关联。其灵感来源不如王原祁其他摹古作品中所使用的那样多样化，在其他画作中，特定的画家出现的次数很少会超过一次。尽管如此，那些最重要的范例还是出现了。

其中最主要的是倪瓒标志性的构图，即一片水域将前景的一个亭子与中间的山隔开。王原祁的仿倪瓒山水也采用了同样的公式，只有细微的变化——有时前景的建筑是在侧面而不是处于中心，有时这座建筑是在小岛上而不是岸边。这一基本公式多次出现在御制诗画中：《莺啭乔木》《濠濮间想》《澄波叠翠》，甚至《远近泉声》都会让人想起倪瓒。

同样能说明问题的还有《南山积雪》。木版印刷的图像自然没有色彩和明暗，但乾隆时期的版本，包括张宗苍和钱维城的版本，显示这幅作品一直描绘的是冬天的景象，用灰蒙蒙的天空和不同的纹理笔触处理，创造出下雪天的景观。王原祁画作中的冬天场景虽然比较少见，但

沈喻主持的御制诗木版印本第十三景《南山积雪》（1713） 哈佛燕京图书馆藏

出现的时候总是与五代和宋代画家联系在一起，主要是巨然和李成。重要的是，在清初正统派绘画的背景下，这样的场景几乎总是参照这两位或类似的画家。将“南山积雪”描绘成冬季的风景，对于这个景点的名称是恰当的，但这也必然会让人想到某些宋代绘画大师的正统表现方式。

其他的图景参照的范本可能不那么明确，但与王原祁作品中反复出现的构图明显相关。例如，《青枫绿屿》描绘了一个小的花园院落，它处于悬崖边上，俯瞰下面的山谷。虽然这种突出院落上方山峰的构图，在王原祁模仿王蒙的画作中能找到类似的表现，王蒙的画作结合了

沈喻主持的御制诗木版印本第二十一景《青枫绿屿》（1713） 哈佛燕京图书馆藏

董邦达《水流山静图》 承德避暑山庄博物馆藏

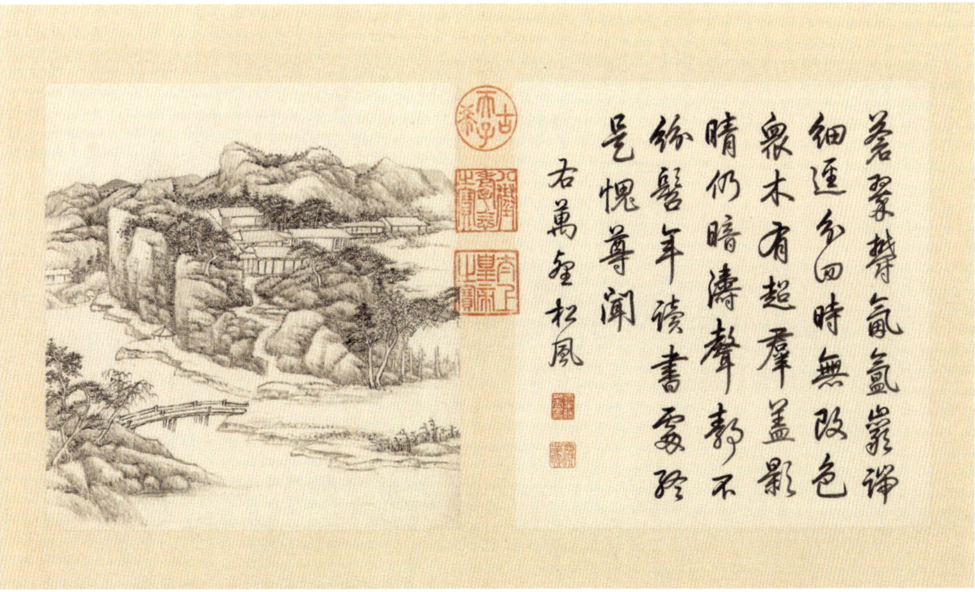

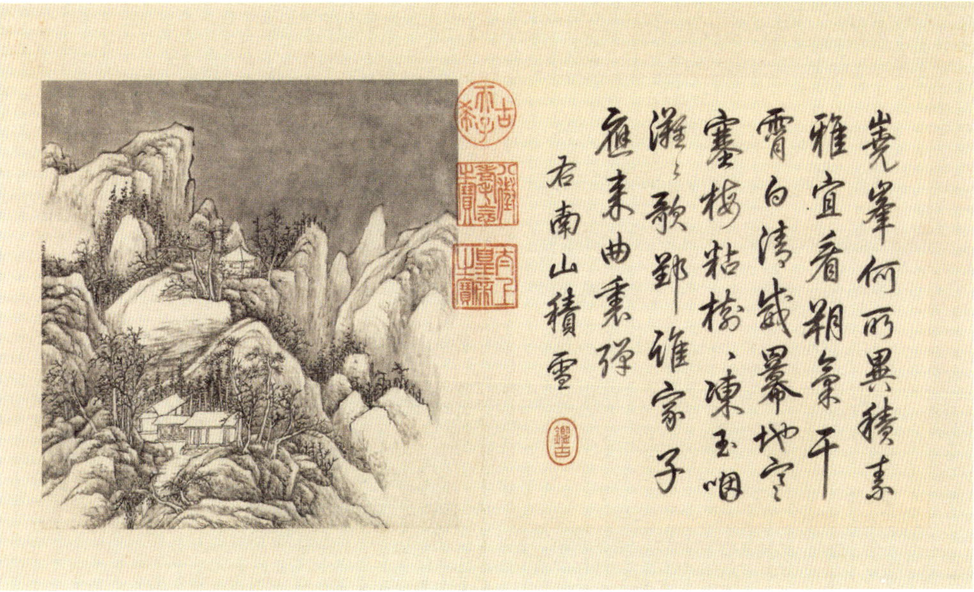

张宗苍《万壑松风》（上图）、《南山积雪》（下图）（1752） 选自《避暑山庄三十六景诗图》

故宫博物院藏

董源、巨然、赵孟頫等人的表现手法，但相比之下最为接近的还是四部作品中模仿吴镇的画页，尤其是《卢鸿草堂十志图》的第七开。《万壑松风》也有类似的例子，这个画面提供了一个大致是从环碧岛向南看的视野。在前景中，一座小桥将“芝径云堤”连接到湖区南岸。一组建筑物坐落在一个低矮的丘陵地带。类似的来自王原祁的构图可以在名义上效仿宋名家巨然、范宽，以及元名家王蒙、吴镇的画作中见到。张宗苍这一场景的版本和避暑山庄博物馆收藏的钱维城的版本几乎完全一样，两者与王原祁绘制的另一幅册页进行对比，则再次表明吴镇才是最有可能的模仿源。

然而，在许多情况下，王原祁仿效的不同范本显得相对类似，得通过画家的题词才能得到确认。这种明确度在御制诗画中并不适用。事实上，在王原祁已知的作品中，御制诗画即使不是独一无二的，也是很罕见的，因为它没有被明确为一部摹古作品。这种相对不确定性突出了一种矛盾，即通过王原祁笔墨加工的传统山水画样式特定的程式在表面上的相似，与这些构图类型最终成为王原祁自己的东西这个事实之间的矛盾，所以在王原祁的作品中发现这种情况是不足为奇的。换而言之，王原祁的作品与宋元绘画大师们遗产的关联性，超越了具体的逐幅逐页的相似，这种关联性是其画作所依据的艺术理论所固有的。尽管没有明确地表示御制诗画是一部摹古作品，但考虑到御制诗画扎根于王原祁的作品和艺术理论，它与宫廷中正统派绘画存在视觉上的联系，以及王原祁作为皇帝的首席画家的突出地位，有鉴赏力的看画人几乎肯定会以这种方式来欣赏它。

交互的物质性与迭代再现

本章所概述的与园林绘画、地形性画作和摹古作品的比较，目的在于强调官方的和传统的或者皇家的与文人的双方，区分双方是为了揭示御制诗画册页作为系列景观画的性质以及图像对宫廷意识形态的传达。地形性画作本质上反映了对具体性和文献记录的兴趣。对于一个朝廷来说，尤其是一个专注于确立其拥有领土的合法性的朝廷来说，这是一种有价值的推动力。地形表现可以看作是起补充作用的绘画，通过将事件的场景放置在可识别的空间来记录重大事件。王翚的《康熙南巡图》、冷枚的《热河图》以及皇家陵墓的图示地图，尽管不是客观意义上的王朝地图，但都是以风格和构图上的真实面貌来达到其修辞的目的。正统派绘画，至少在其传统的建构中，似乎是处于另一极。在风格和构图上，正统派理论显示其追随者都扎根于过去的大师，受他们的启发，只专注于与标准范例建立一种形式上的联系。其构图是抽象的、一般化的、理论化的，同时又是他们个人风格和这些既往程式的总和。

与人们通常的预期相反，王原祁晚年的职业生涯表明，他对使用正统派的规范语汇来描绘地形空间有着持续的兴趣，为私人和皇家作画都是如此。这种新颖的做法并非王原祁所独有，比如王翚，他不仅负责南巡图工程，还为私人赞助者画了许多园林图像。地形与理想之间的张力在王原祁的御制诗及相关画作中别开生面，尤其是他为寄翁先生绘制的《西湖十景图》。在《卢鸿草堂十志图》和《辋川图》中，王原祁用自己独特的手法为赞助人创制了经典构图的变体，在某种意义上说既是当代绘画又是古董。作品所处的空间涵盖了过去、现在以及两者之间的一切。无论是明确以《卢鸿草堂十志图》那样的摹古册页的形式，还是用笔墨在《辋川图》中含蓄记载的绘画史积聚的顶峰，这两件画作在对特定园林的描绘中，都体现了某种艺术文化史——包含它的个体瞬间和整体面貌。

在王翚和冷枚将正统派语汇的各个方面并入风格不同的清宫廷风格基础的同时，《西湖十景图》似乎是清宫廷正统派画家首次主要以自己的风格来描绘地形性景观。与《卢鸿草堂十志图》相比，《西湖十景图》的色调更为柔和，就像王翚和冷枚的作品一样，都依赖于绿色和青色。王原祁的作品突出了这个地方类似于园林的性质，加之是一个高度规划和经营的景观，像所有的“名胜”那样，通过命名和文学性的纪念活动与园林共享了组合的形式化模式。同样，《辋川图》和《卢鸿草堂十志图》反映了艺术史学家文以诚（Richard Vinograd）称之为“地产景观”的各个方面，描绘的地方是通过所有权和历史与拥有者个人及其价值相联系，王原祁的《西湖十景图》把这一著名景点跟他的皇家赞助人联系在一起。我们在画中看到了一种个人的喜好或依恋的风景，它的组合和历史是由皇帝用石碑固定下来的。这位皇帝经过多次游览越来越喜爱这个景点，他通过竖立御碑标定了十个景点的位置。从总体上说，包括其他的地产景观在内，王原祁与文人作品的这种形式上的联系，增强了皇帝与西湖及其历史相关联的感觉，即便皇帝对西湖及其历史并不是直接拥有。

御制诗画册页引起许多类似的解读。这套册页本身就被赋予了与私家园林绘画体裁相联系的价值，其内涵从王维和卢鸿开始，经过御制诗，附加到山庄本身。然而，这套册页也是那个时期最著名画家的作品，体现了画家处于创作力和智慧最高峰时的创作理念，体现了一个在艺术和其他方面融入近代早期世界的清宫廷。因此，通过这些图像想象出来的避暑山庄，既有经典的伟大之处又有那个时代的风格，山庄的主人被塑造成一系列人物中的一员，这些人物的个人道德准则体现在对大自然的欣赏上面。

然而，册页和印本之间的关系不仅是风格的关系，而且是格式的关系，这是一个矩阵，同等深刻地影响御制诗作为一个主题如何在不同媒介和迭代中能够被理解。无论是来源于唯一的册页或者仅仅跟唯一的册页有关联，木版印刷图书都具有绘画的代用品的功能。它模仿册页的布局和与景观的关联模式，将图像和文本紧密地按比例成对排列。这些图像的风格让人想到王原祁，但更为重要的是，他是皇帝最看重的画家，从而标志着这本书是宫廷文化制作最高级别的作品，它显然是皇帝委托的和拥有的。该书的书法风格加强了这种联系，虽然不是刻意模仿皇帝的手迹，但经过在高品质的宫廷出版物中反复使用，这种书法风格已与皇家联系在一起。

印刷本的《御制避暑山庄诗》通过制作和消费，尤其是将与二者相连接的手工和智力的活动，促进了册页中材料的复现。康熙皇帝直接参与了这本书的制作细节，从挑选一种特定类型的优质纸张，到审查和校订印样，再到检查成品样书。他一直密切关注工程的进展情况，包括养护朱圭和梅裕凤所使用的枣木板时遇到的困难，以及考虑到工程的规模和复杂性，需要更多的工匠参加进来。400册（汉文和满文各200册）的订单直接来自皇帝。与当时其他印数在1000册或1000册以上的文化工程相比，这一数字表明皇帝对他心目中特定的受众有着明确的指向。

没有关于木版雕工、印刷工和装订工为赶工期而辛苦劳动的任何记录，然而，鉴于该工程的时间安排以及1713年（闰年）第5个月至第7个月之间印刷和装订方面的一连串报告，这些书极可能是用作那一年皇帝六十寿辰庆典的礼物。制作该书的规模和奢侈程度符合这一假设，因为400册的数量表明这是打算好了要在皇室宗族、草原精英、高级官员和皇帝身边其他人中小范围分发。

除了参与图书的实际制作之外，康熙还在艺术上为该工程做出了贡献（或被认为做出了贡献）。他是《避暑山庄记》的作者，这篇“记”以独立的篇章流传，还用作《御制避暑山庄诗》的序言，他还是每一个“景”的文本部分的作者，皇帝参与的方式类似于前面说到的那种“合笔”创作的扇面。尽管绘画和印刷的御制诗画册页都涉及以王曾期书法和雕版工匠的“代笔”工作，但必须被视为部分由皇帝完成，不

沈喻主持的御制诗木版印本第三十景《澄波叠翠》（1713） 哈佛燕京图书馆藏

是因为他下旨制作，而是因为他确实为图书制作出了力。这些不同形式的皇家投入结合在一起，以一种超越简单所有权的方式将绘本和图书与皇帝联系在一起，同时通过皇帝本人的劳动将绘画和印刷这两个迭代联系在一起。

《御制避暑山庄诗》的第二个印刷版本是在马国贤监督下制作的一套铜版印刷品，同样与一个由劳动和皇家所有权构成的矩阵联系在一起，尽管其全球的和跨文化的程度要更深一些。这套版画是应皇帝委托制作的一组“欧洲风格”的图像，不是一个人的作品，而是二个人共同完成：马国贤研发了在清宫廷制作铜版画所必需的材料和技术，还有两位接受他指导的清朝艺术家，一位不知名，另一位名叫张奎，9张铜版

署名『张奎』的御制诗第三十景《澄波叠翠》（1713） 华盛顿特区邓巴顿奥克斯研究图书馆藏

画上有他的签名。他们三人对于由什么构成“欧洲风格”都有着不同的解决方案，这些解决方案既与文化上受影响的图形语汇和对图画的预期相关，也与那些观念的技术表达相关。正如艺术史学家詹妮弗·罗伯茨（Jennifer Roberts）所指出的那样，将木版画转化为铜版画的版画制作过程名副其实是一种逆转，雕刻凹版就是需要移除凸版印刷中被留下的那部分。但从那两位清朝艺术家的印刷品（如《澄波叠翠》）可以看出，他们基本上都是想在铜版上重现木版原作的痕迹。这可能表明“欧洲风格”不仅仅是关于风格属性，更重要的是要将新技术与现有的图画制作手法调和在一起。

不过，可以归在马国贤名下的版画反映出的几乎是相反的倾向。

归在马国贤名下的御制诗第11景《西岭晨霞》（1713）
华盛顿特区邓巴顿奥克斯研究图书馆藏

这位意大利人在回忆录中声称，他基本上没有接受过凹版技术的训练，他只是为了准备远渡重洋去传教而看过一次凹版制作的过程。马国贤运用了欧洲版画制作的技法和图形，包括对反射光的线条调节，利用空气透视法以增强空间的纵深感，以及从他自己的视觉语言中提取的各种装饰图形。然而，至少从受众的角度来看，这些元素所体现的“欧洲性”是非常粗浅的东西，并且被抽除了它们原本的意义。例如，没有证据表明，这种透视法或太阳从风暴中显现出的图像被清朝看画人理解，更不用说接受上帝无所不知或上帝赐福了。相反，这类图形主要是作为外国的符号，只能在朝廷所受各国文化影响的范围内，融入清朝的意象之中。就像与之相关联的新颖的技术一样，这些图画元素象征着对符号的驾驭——符号、劳动力和思想观念的邂逅，要由清王朝处理和拥有。

就像冷枚绘制《热河图》那样，这些与别国文化的相遇有助于解释御制诗的存在及其面貌。众多的内生性模式对御制诗画册页产生了普遍的和形式上的影响，其中系列性的名胜和私家园林画作居于首位。在16、17世纪繁荣的印刷业的推动下，这种类型的画作在中国普通受众和上层受众中得到了广泛的认可。然而，以御制诗的形式对皇家园林的描绘（货真价实的御制）则是没有先例的。尽管这些“景”符合更广泛的王朝策略，即与精英文化紧密结合，甚至将皇帝描绘成通晓精英文化的人，但它们可能也反映出与康熙同时代人物都有的兴趣，包括路易十四、彼得大帝和奥朗则布——他们都是伟大的园林建造者。

特别是路易十四的《国王内藏》，向康熙宫廷介绍了法国皇宫的

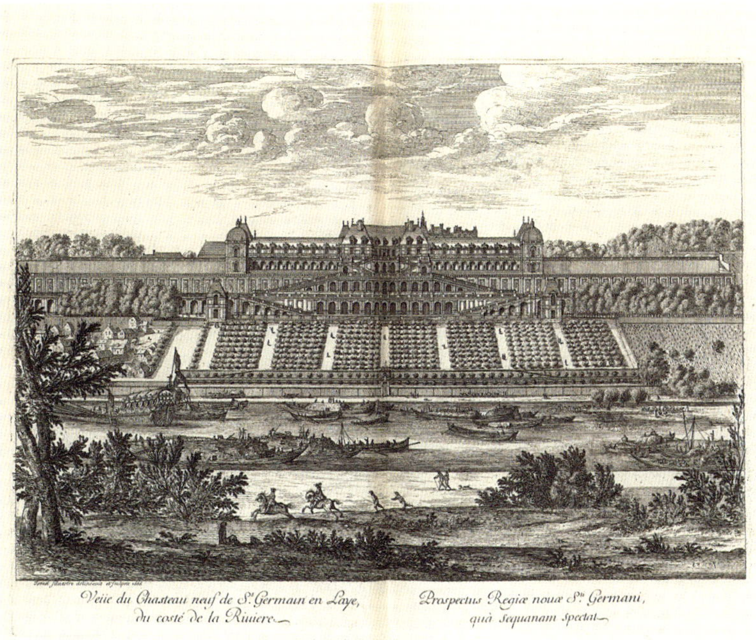

伊斯雷尔·西尔维斯特雷《从河边看圣日耳曼城堡》选自《国王内藏：路易十四的皇家花园和被征服的城市的景色》（1666—1682）洛杉矶盖蒂研究所藏

设计、建筑、园林和活动等方面的奢侈细节。在印刷品上展示君主形象当然很重要，但展示的方式也很重要。御制诗画册页并没有模仿《国王内藏》中的各种题材，例如，无论是文本还是图像都没有与路易国王的“凡尔赛盛会”图像相类似，后者从国王的观察位置描绘了盛大的表演。但御制诗画册页中使用的独特装帧方式（将图像折叠起来以提供一览无余的全景图，而不是被书页的中缝隔断）可能是受到了在眼前展开的《国王内藏》超大尺寸版画的启发。有些作品也出现了明显的相似之处。枫丹白露城堡和圣日耳曼城堡的景观虽然在构图上有很大的不同，但都聚焦于建筑的环境，这种环境的正面性和直接性将人们的视线引向这个空间，并引发看画人的想象。《国王内藏》中的许多宫殿场景在设想的看画人位置、与画平面的距离、建筑的朝向和所显示的不同活动等方面采取了一系列的方法，有些与御制诗画册页中的较为相似。还有两者都通过皇家景观表达了对统治的认识，特别是统治者自身的强大优势，可以测量、体验和拥有他的领土。对康熙来说，凹版印刷的新颖性是这种意识形态表达的重要组成部分，这种新颖性在《国王内藏》中给人深刻的印象，而在中国则由马国贤和他的清朝合作者首次呈现。

鼎盛时期及其回声

印刷本《御制避暑山庄诗》无论是其珍稀程度还是制作工艺上都具有独特性，这就增强了绘本、印刷图本以及对山庄身临其境的个人体验的交织性状态，其中的每一个应该都会产生这种状态。对于印本向更广泛受众传达帝国意识形态方面的特殊能力，康熙皇帝显然很感兴趣。仅仅两年后就有了王原祁提议制作《万寿盛典图》木刻版本的奏折，而《耕织图》也已流传开来。御制诗跨媒介易变性的重要意义，从其他几个罕见或独特的例子中可以明显看出，在这些例子中，版本之间的界限愈加模糊。其中有一个例子，因“指画”而闻名的宫廷画家戴天瑞的绢本组画被插入了木版印本中，混合的媒介指示着绘画和印刷版本的可互换性。铜版组画也起着同样的作用。将铜版印本与木刻印本加以对照，也许能告诉我们凹版印刷品是如何指向清代受众的，提供皇帝掌控的这两种类型印刷技术和艺术劳动密切相关的证据。

最终由两个画册完结了这些转换的过程。它们将铜版画与王曾期题写的或模仿他手迹书写的诗结合起来。王曾期的书法曾与王原祁的原作放在一起，此时又像原配的绘画和文本那样装订成对开本。其中一册带有皇家的绸面书套，现归香港私人收藏，而另一册出自法国国王的图书馆，现落户在了法国国家图书馆。目前尚不清楚这两个册页在铜版画原配本中是否是独有的，但考虑到手写书法的独特性，它们很可能跟戴天瑞的绘画本一样罕见。巴黎的这个册页是何时进入法国皇家图书馆的，这一点并不确定，因为它的收藏戳记只表明这个画册是随着法兰西第一共和国的成立并入国家图书馆的。将这两个画册联系起来看倒是颇有吸引力的：一个是康熙皇帝自己拥有的铜版画本，装裱和题词都与王原祁的版本非常相像；另一个是送给路易十五的副本，正是他父亲——路易十四首先把凡尔赛宫的图像送到了北京，这个副本是一面镜子，既可以照见皇帝持有的画本，也可以从中照见那个“本原体”（the prime object）——其他变种都从中衍生出来。

在每一次不同的迭代中，都反射着本原体和主要景观的回声：本原体指的是属于皇帝私人财产的一系列珍贵绘画，主要景观就是皇帝用来传达理想化的统治愿景的一个园林。反过来说，这些景观涉及具体的观赏行为、社交和劳力的系统，以及为景观焕发活力做出贡献的那些个人。詹妮弗·罗伯茨将这些回声称为“一个记录逆转过程的幽灵档案”，先要穿越充满标记的森林、起伏的单色山峦，还有木版印刷的御制画册页中空荡荡的厅堂才能进入。在某种层面上，其结果是要把所有的版本放在一个相互作用的网中，每个版本都唤起或参照其他版本的物质性。同时，每一个版本都像一棵树的分枝，都要回到王原祁笔下的景观，回到避暑山庄本身，回到他们的主人康熙身边。这两种关系模式并存，通过御制诗构建的山庄观念是从迭代世系和关联之网中产生的。世系与网的根在皇帝，皇帝对景观的占有和参与，无论是如何定义的，都是通过内容和物质实体在御制诗中表达出来的，他幽灵般的存在——这些反转的最重要的意义，贯穿于极度盛大的接待仪式和御制诗画册页提供的对山庄的模拟游览之中。

第四部分　转喻的风景

Part IV
The Metonymic Landscape

第六章　游览后花园

1708年夏天，张玉书前往热河时是作为康熙随行官员中的一员，参加了皇帝一年一度的夏季巡游。在这场巡游中，皇帝首次在新建行宫逗留了较长时间。张玉书对他在热河生活的详细描述，提供了一个特殊的视角，揭示康熙时代皇帝身份的构建，需要靠皇帝通过寻求与周围重要人物创建关系来实现。张玉书以及他那些满族和汉族的同僚于7月19日抵达热河，等了九天才被安排了私下的“后苑”之游，说“私下”既是指他们被安排进入的环境很私密，也是因为这个私密环境的主人是皇帝。皇帝带领客人从正门进入，翻过一座小山，来到位于行宫中心的湖区。这群人走过一座小桥，来到了“芝径云堤”，皇帝登上一座小亭子，向聚集在一起的客人介绍他新建的园林的设计，让大家联想到吉祥的意象和古往今来诗意盎然的景观。他们继续前往中心的岛屿，参观了皇帝的私人住所，然后在宫苑中进行了漫长的游览。他们从如意洲乘船渡湖，在有皇帝下令保护的树木遮阴的岸边徘徊，走访了可能最先吸引康熙来到热河山谷的温泉。宫苑游览中还有戏曲表演和宴会款待，客人获准在那里享用御膳。九天后，官员们再次前往游览，这次是徒步穿越园林西边的山麓。在皇帝的带领下，这群人体验了宫苑的许多景点，它们都已经被正式列入十六景，成为游客宫苑之游的体验和回忆。

尽管张玉书身为皇帝随从人员时的许多待遇都在皇家广泛恩赐的历史常规之内，但张玉书所描述的游览在环境、活动和潜台词方面，与君臣之间更为仪式化的其他互动形式有着实质性的不同。他的叙述传达了主客之间的亲密感，享受了倍受优待的游程、愉快的活动，甚至可以一睹内殿风采，皇帝分享了属于他个人的景观。这群人参观了皇帝宝座所在的大殿，虽然皇帝没有坐在上面。皇帝向客人致辞时，不是在一个更具权威性的地方，而是在园林中一个普通的亭子里，他直接谈到的不是统治和权力，而是园林设计和吉祥景观。从本质上说，在张玉书对游览行宫的体验和描写中，这个政治威严的象征性景观被归入了精英社交的场所，皇帝可以和志同道合的人士逗留于此，一起穿行于园林之中。

创建这种与皇帝的亲密感的背后，是“进入”的观念，无论是身体上的、视觉上的，还是情感上的。以不同的形式，在不同的环境下，历史上许多皇家园林都对公众开放。在唐代，一个废弃的皇家狩猎园可供公众使用；北宋时期，在某些季节性节日，公众可以进入金明池，观看皇家的龙舟竞赛和观赏园林；在明代，允许进入皇家园林的标准各不相同，但有足够社会地位的人就能进入。虽然这种特权提供了一种与皇家的关联形式，但并不一定包括与皇帝的直接交流，因为皇帝的不在场恰恰就是访客能够到场的原因，或者在节日期间，出于某种公开活动的需要，统治者现身在某个距臣民很远的地方。

康熙年间，不直接为皇帝服务或不参与山庄维护的人，想获准进入皇家园林似乎就只有等待邀请了。虽然不是“公开的”，但这种进入的机会不像看上去那么有限。官员因要参加正式仪式而进入山庄是很常见的事情，但档案记录和山庄的建筑都表明，像张玉书所描述的那种不那么正式的互动，在置身热河的康熙的治国之术中起着同样重要的作用。对蒙古首领、高级官员、皇族成员和其他精英来说，去热河觐见当然不是没有可能。这样的邀请会被视为皇帝恩宠的唯一标志，显而易见是皇帝给予客人的个人关注促成的。

从最为实际的意义上说，印刷的御制诗画册页扩大了康熙恩准进入这个地方的有限范围。通过对景区的视觉描绘和文字描述，这本书让读者可以随意观赏这座皇家园林，皇帝给了他们无限次的邀请。然而，御制诗画册页并不是单纯描绘这座宫苑，也不是单纯再现在帝王引导下游览热河的体验。它本身就是一个独特的景观，通过它，宫廷构建了皇帝身份的综合视觉呈现，并试图将其传达给读者。御制诗画册页集一般惯例和创新形式于一身，从皇帝的角度传达每一“景”的视觉、感官、情感、行为、知识和文化元素。文本和图像通过唤起主客关系创造了一种亲密感，这种亲密感是张玉书对山庄体验的核心，而更为重要的是，通过让读者进入皇帝所代表的和感知的景观以加深这种亲密感。

借园林表现主人

在中国，对皇家园林的描绘和描述是较为罕见的，像御制诗画册页那样对一个景点提供那么详细的描述是前所未有的，向较广泛的（尽管仍然相当有限）读者公开印行关于这样一个景点的图书也是前所未有的。在以往的作品中，皇帝把皇家园林当作表现其文学或隐含意义的舞台，也许是想作为图像的补充或在某些场合作为应该出现在公众面前的皇帝的替代物。例如，传为张择端的《金明池争标图》描绘了宋朝宫廷一年一度的龙舟竞赛。虽然没有明确描绘皇帝，但他的存在被反复地标示，无论是他的龙船和他坐着的亭子，还是整个园林和正在举行的庆典。描绘明朝元宵节庆祝活动的几个画卷传达了宣德皇帝（1426—1435在位）似乎更有亲和感的形象，他和侍从们在精美的园林和宫殿里玩游戏，享受这个时节的快乐。

虽然这两种画作描绘的都是客人们在皇帝在场的情况下观赏皇家

园林，但统治者和臣民之间的等级关系在每一种画作中都显得很突出，而这实在是它们寻求传达的皇权结构的本质内容。在张择端对空间和建筑的详尽描绘中，平民百姓在外围自由活动，而皇家的活动则占据了区域和图画的中心舞台。他的作品突出了宋朝皇帝“与民同乐”的仪式性特征，在这类仪式中，园林作为皇室恩赐的显示，在传统上发挥了重要的作用。相比之下，明朝的画卷是早期“行乐图”（表现皇帝的休闲形象）的重要例子。虽然《康熙帝读书像》等“行乐图”为宫廷画家提供了正式肖像的一种替代体裁，却仍然以描绘皇帝的形体为中心，并通过它来传达皇帝的身份。

张择端（款）《金明池争标图》（12世纪前半期） 天津博物馆藏

以王原祁画稿为底本木刻印刷的《万寿盛典图》（1717） 哈佛燕京图书馆藏

在康熙年间，清宫廷开始大力开发两种类型的画作，既精心绘制纪念性题材的画作，记录皇帝在重要仪式和国家大事中的活动和环境，又探索“行乐图”针对不同观众构建多元化皇帝形象的修辞学潜力。在康熙时代文献记录性绘画的两个主要例子——《康熙南巡图》和《万寿盛典图》中，康熙既真实地现身，出现在成百上千聚集在途经路线上的百姓中，又象征性地映照了图画场景精心展现的帝国繁荣昌盛气象。就像《宣宗行乐图》和《金明池争标图》那样，这些作品明显将皇家空间吉祥如意的气象与皇帝个人和他的统治相关联。在清代的两个例子中，皇家空间就是首都和领土，而不是以往的例子中关联性不那么强的园林和宫苑。

这类作品为理解御制诗画册页提供了一个语境，此外康熙的园林绘画的重要贡献是，它上升到了符合当时流行的艺术倾向和精英阶层审美的层次，把目光投向景观表现形式盛行于世的和品质超群的类型。把御制诗画册页放在汉族文人文化、社会关系网络和造园实践的环境中，尤其是放在与16、17世纪园林绘画相关的背景下去解读，就突出了康熙对一般惯例的利用，进而试图通过这部作品来构建身份。园林绘画的核心工程，也许更应该称为“园林肖像”，是人园合一，这个地方不仅反映了他的财富和财产拥有状况，而且反映了他在精英社会关系网络中的地位，这个网络把园林用作他们活动的主要舞台。作为社会性和文化表现的生动记录，园林不仅是它们的主人的写照，还能铭记它们的主人。

尽管作品中的所有元素都发挥了平衡作用，但被许多作品用作序言的那篇“记”常常扮演着特别重要的角色。一般来说，它不仅是持续使用时间最长的文本叙述，而且凭借其符合一般惯例的性质，这篇作品最适合直接以社交、智慧和情感的措辞传达园林主人的感觉。“记”是一种有着悠久历史、与景观相关的文体，在明朝特别受欢迎，当时文人不仅寻求描述他们作为旅行者、朝圣者、园林主人等置身于景观的经历，而且还寻求表达精神上、哲学上，或者被所处环境激发的对人类生存的感悟。园林记在内容上甚至在形式上都各不相同，但作为一种体裁，它们一般都会描述园林的营造情况和景观的性质，同时也会说明拥有者与该园林的关系。“记”的后面通常是画，这就形成了一种园林之旅，要么是分别通过文本、图像，要么像御制诗画和许多其他例子那样将二者合为一体。这种被称为“图咏”的组合，将文本和图像结合起来，以二维形式造“景”，以视觉和诗歌的方式表达对整个物质空间多感官并用和富有想象力的体验。

画卷和后来的册页，特别有助于呈现至少自唐朝以来形成的循环使用的经典图像。便携的格式允许艺术家呈现一系列景色，可以供看画的个人或小群体逐步进行体验，这是唤起人们对这个地方的向往的一种方式。御制诗选择了册页的形式，从而使书和景能很大程度地与较宽泛的一般惯例相结合。首先，它通过一种熟悉的文体与皇帝的受众交流，这种文体将情感和感官体验与景观的文化和记忆联想紧密联系在一起。其次，它构建了热河景观作为园林和名胜的一个文化中介，促成了它与其他历史悠久的景观（特别是中国内地景观）结构上的关联。最后，通过将皇帝和他的园林与定义和体验风景的精英传统（而不是帝王传统）联系起来，册页形式将御制诗与皇帝引导的宫苑之游加以绑定，使该书有效地虚拟出更亲密、不那么等级森严的互动模式。

经典的主题从卢鸿的草堂和王维的庄园，到杭州西湖和明朝首都北京，简直不胜枚举。三部明代的作品是理解同类型的御制诗的有力参照，它们是：文徵明1551年描绘苏州著名的拙政园的《拙政园图咏》；张宏1627年为不知姓名的“徽山词宗”绘制的《止园图》册；还有文人祁彪佳（1603—1645）私人印行的《寓山注》，描绘了他在浙江山阴（现在的绍兴）的园林。以上三种明代的书册都运用了图像，其中两种还有文本记录园林主人的地产和身份。了解这些元素的不同表现方式——例如每个画家如何用亲身体验和自然景观的特征来进行静态表现，如何将园林拥有者作为居住者或主人来建构，以及邀请所设想的看画人进入图画空间的方式，并借此了解园林主人——都有助于解释御制诗画复杂的叙事和空间策略。

和康熙一样，祁彪佳试图通过一次印本之游向他精选的受众介绍他的花园和他自己。明末有一场规模虽小却意义重大的自费印书的运动，《寓山注》就是一例，它以祁彪佳撰写的篇幅较长的“记”开篇。他是一个园林拥有者，与大多数同类人相比，他更可以被看作是为自己的园林所作。他描述了他开始建造寓山的情况、园林的总体布局和组成部分。辞去了京城的官职后，祁彪佳回到了他的家乡，他在这篇记中把家乡描绘成充满回忆的景观：他小时候种下的松树已经长高了，他记忆中的人要么已经搬走要么已经去世。还没有把自己安顿下来，他就想到要建一个园林，刚开始建造的规模不大，随着来访者提出了不少扩建的提议，也许是把别人的提议当成了婉转的批评，很快原本的兴趣就变成了一种痴迷——在两年的时间里，为了建造这个园林，他已“囊中如洗”。[1]

不过，通过对园林的痴迷，祁彪佳打造了一个完全按照他自己的概念和设计建造的园林。这个园林跟他有着密不可分的联系，他跟这个园林也是如此。如何看待寓山就是如何看待祁彪佳这个人，虽然他的整本书只有两个图像，但你看到的，或者更准确地说，体验到的，正是祁彪佳自己的意图。他总结道：“四时之景，都堪泛月迎风；三径（指隐士的田园）之中，自可呼云醉雪。此在韵人纵目，云客宅心。”虽然祁彪佳对其营造的描述主要包括园林元素及其周围的环境，但他的结论把他的受众——雅士和隐士带进了园林，开启他们的活动，体验一种完全迎合他们高尚天性的景观。这一切背后都是祁彪佳自己的智慧，他出人意料地假装对这一点并无兴趣。尽管如此，这座园林不仅反映了他所表现出的能力，也反映了他自己承认的弱点——典雅和痴迷。

文徵明1551年那套《拙政园图咏》册没有留下任何相关记录，好在此前他还为园林主人王献臣画过一套《拙政园三十一景图》并作了序。后者画于1533年，有31张画页。在那篇序中，文徵明在园林记和园主传之间创建了一种直接的联系，他将拙政园描述为王献臣的一个隐居地，王献臣在经历了一段皇家监察御史的官宦生涯后，刚从京城隐退。册页和园林的传记性结构都被开篇画面《繁香坞》所加强，看画人面对的是一个开敞式的小建筑——若墅堂。根据文徵明的记载，若墅堂是园

1　参见祁彪佳《〈寓山注〉序》。

里最优秀的建筑：它是按照王献臣的景观规划最先建造的，尽管不那么高大，但它是园中的主要建筑。文徵明1533年的册页开篇描绘了同一场景，王献臣和一个侍童出现在作品的中心，确认了主人、园林和厅堂之间的关系。相比之下，在1551年的册页中，厅堂里空无一人，也许是暗示王献臣已经去世。王献臣记忆性的存在是由这幅画高度描述性的正面构图所唤起的，这个构图立刻让人想起了卢鸿的《草堂十志》的开篇图像。因此，若墅堂和繁香坞不仅可以作为进入实体和虚拟园林时见到的第一个场景来解读，还可以看作是空间和其生平的焦点。这个图像的构图确认了这个位置，并示意这个场景是通过册页呈现的游园的自然出发点。

结合了许多类似的转喻，康熙的《避暑山庄记》将皇帝设定为园林的营造者，他的私人景观反映了他的美德，使他的品行显得更加高尚。文章一开篇，皇帝让人依稀联想到了隐退的学者，对他来说，对自己理想园林的描述也是他人生达到了某个阶段的隐喻，这个阶段人可以献身于园林的营造，而不再关注自己的职业生涯。像祁彪佳或王献臣都是在自己的家乡造园，对康熙来说，这个地方不是他的家乡，先前也没有联系，促使他要将这里纳入规划的原因是热河适合作为有“回家”似的感觉的皇家用地所具有的吉祥特征：山的脉络，云罩青潭，沃土清风，这些都反映了热河“自天地之生成”，使皇帝能够保持他的精力，在老迈之年继续当政，而不是退休。

与祁彪佳、王献臣一样，康熙以园林为终点的隐喻性人生旅程实质上也是一次现实的旅程。祁、王二人都是从京城喧嚣的官场隐退后才造园的。对康熙来说，1697年清朝核心领土的巩固标志着几十年战争的结束，使他能专注于政治和文化问题了。在那篇“记”中，皇帝完全忽略了这类活动的军事性质，而是把它们当作提供圣人统治所必须见识的仁慈视察之旅。然而，在热河到达旅程终点的潜在信息仍然是一样的：

仇英《独乐园图》（局部）（1515—1552）　美国克利夫兰艺术博物馆藏

在最终来到热河的时候，他自问："存心岂误万几？"《避暑山庄记》同步描绘了一幅反映园林主人个性的景象。对康熙来说，这意味着它体现了仁慈和勤政的帝王美德。在讲述山庄的建造时，皇帝强调了这一过程中的低调和节俭，并将景观与旨在烘托皇帝的道德品质联系起来。因此，通过《避暑山庄记》，康熙采用了一种易于识别的文学体裁，用读者熟悉的语言来传达有关皇帝身份和意识形态的元素，许多读者可能也写过这类文章。在这样做的过程中，他展示了他生活中本来是私密的或高度仪式化的一些方面，这种方式暗示了他的臣民和他自己之间在生活和体验方面的一致性。

构建叙事空间

在按照人们熟悉的修辞手法勾勒出主人和山庄之后，《御制避暑山庄诗》便转而通过皇帝的三十六景来呈现山庄之游。这样做的方式不是十分明显——这本书没有严格遵循地形顺序，也没有贯穿全书往前推进的一个明确的"叙述弧"（narrative arc）。御制诗画的结构强调记忆、感官和对景点的具体认识，是认识皇帝与其臣民之间交流媒介功能

的基础，但与以往的例子相比，它的结构可能更值得重视。

尽管前面描述的每一部作品都以不同方式呈现了要表现的园林，但宽泛地说，其组织方式可以分为两类，即顺序式的和片段式的。简单地说，顺序式的册页以反映原发地点空间结构作为逻辑演进的顺序，这样看画的过程就直接模仿了游园的体验。相比之下，片段式册页包含了没有明显空间序列的孤立图像。这并不是说片段式册页在场景的选择和排序上是随意的，而是说场景的选择和排序除了游览之外，还基于其他一些叙事逻辑。这样的图像可能会强调体验、环境、智识的或情感的叙述，经常是按时间顺序而不是按地形顺序编排的。

一般来说，片段式册页传达的是偶然的体验，而不是顺序式册页电影似的运动。正如艺术史学家柯律格（Craig Clunas）所指出的，册页作为一系列图像，其本质上是不对称的，也就是说，这些图像在既分割又连接的画卷场景之间缺乏视觉连接。[1]然而，这并不是说册页的画页没有传达出从一个场景到下一个场景的连接感。尽管画卷提供了连接空间的暗示，但事实上，场景单元分割所采用的空间顺序并不比其有规

1　参见柯律格《蕴秀之域：中国明代的园林文化》。

文徵明《拙政园图咏·繁香坞》（1551） 美国大都会艺术博物馆藏

律的时间进程更起作用。无论是在乔仲常的《后赤壁赋图》中，还是在表现更明显的仇英的《独乐园图》中都是如此。

同样，册页中的场景不能仅仅因为它们间的关系不是显性连续，就认定逻辑上是分离的。实际上，“连词省略”的概念用在这里很准确，因为尽管画页之间没有明确的联系，但册页的叙述（至少总体上）是容易理解的。画卷展开时单个画面的独立性也不一定就使它们成为一系列静态的“地点”，而不是画卷叙述性的“空间”。“图咏”格式中的文本和图像的有机结合，创造了哲学家米歇尔·德·塞尔托（Michel de Certeau）所说的“实践之地”（a practiced place）——一个通过叙述变得活跃或开始行动的地方。[1]通过看画人的想象干预，通过阅读和观看的行为，图像和文本以单独或组合的形式增进了这种空间感，从而表现出一种生动的环境。园林中人物的现身或暗示也可以活跃画面空间，在赋予画面叙事化意义的空间中充当演员。这些人物不需要明确或具体的描绘，因为文本、上下文或看画人自己补充了画家省略的内容。

在这三种明代园林图像中，《拙政园图咏》是最明显的片段式册页，至少在1551年八张画页的版本中是这样。只有第一开《繁香坞》和第二开《小沧浪》明确地描画了它们的空间关系，后者是从前者的左边看过去。文徵明的一些散文描写增加了更多的信息，例如“湘筠坞”和“芭蕉槛”之间的关系，前者在“槐雨亭”北侧，后者在“槐雨亭”左侧，还有“来禽囿”是一个果园，“在沧浪池南北，杂植林禽数百本”。

虽然没有明确的时间顺序，但文徵明将册页组织成了一种用园林来叙事的传记。除了在开篇画面中的转喻表现外，王献臣的形象贯穿始终，还直接出现在总共八张画页的第五页中。这些图像描绘了主人在园林中最想要的消遣：出入“小沧浪”观赏青铜器，或者在“湘筠坞”附近观看鹤互相整理羽毛。两个场景之间有着一种体验性的微妙联系，因为每个场景中都出现了青铜器——三足鼎和插花的尊，尽管画中的建筑物不同。这种对拥有、爱好和时光流逝的暗示，增加了通过园林图像再现王献臣生活的深度。无论王献臣本人是1551年册页的受众——就像他曾是1533年册页的受众那样，还是怀念他的人是该册页的受众，册页的组织都依赖于对园林和主人的熟识，可以推断这是关系密切的受众。

相比之下，祁彪佳的《寓山注》则是明代三种参照物中最为明显具有顺序的。尽管只包含园林的两个画面——两幅放在文本前面的导游

1 参见德·塞尔托《日常生活实践》中“空间的故事”。

文徵明《拙政园图咏·小沧浪》（1551） 美国大都会艺术博物馆藏

图，但文本明显按照地图上相邻景点的顺序依次介绍的。正像人们对公开印行的书所期望的那样，祁彪佳从一开始就表示这次游览是面向他的读者-客人，而不是他自己的消遣。他把寓山看作是他自己的园林，在描述园林的体验时就好像他和读者并肩站在一起。祁彪佳的读者-客人在从载着他们到园林的船上下来后，穿过大门，立即进入了水明廊，这是一个俯瞰花园中心水景（让鸥池）的亭子。望向幽深而如镜的水面，“主与客似从琉璃国来，须眉若浣，衣袖皆湿”。接着主人和客人从一个地方前往下一个地方，走遍该园林四十九处被命名的景点。每个景点都有一篇散文，其描述结合了导游图详尽的空间化描绘，给人一种在园

文徵明《拙政园图咏·湘筠坞》（1551） 美国大都会艺术博物馆藏

林中走动的体验，那些叙述在个人和历史的逸事中曲折前行，提及神话、诗歌和哲学，以及园林营造和园内生活的更多细节。

社交性是祁彪佳直接把自己写进建筑和景观里的几个基本自传体主题之一。尽管时常产生隐居的渴望，但祁彪佳坦言："予园率以亭台胜，独野趣尚少。"而在景致最好的地方附近，"游者之履常满"。奇怪的是，在你期待看到园景描述的地方，描述却没有出现，取而代之的是，祁彪佳将手边一些著名友人描述景点的诗歌放了进来。诗歌本身无非是对景色、环境和个人情感的标准诗歌形式的回应。它们的意义来自它们所证实的关系和活动，友情和社会地位通过园林的社交性表现出来。

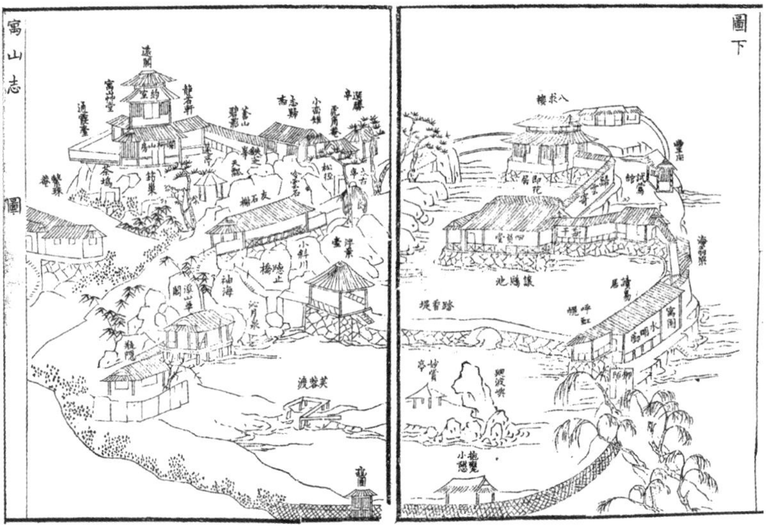

祁彪佳《寓山注》图二《寓山图》（约1637）
台湾『中央图书馆』藏

寓山的景观也纪念祁彪佳家族的过去，往往以个人的方式反映出一种失落感。为了解释“读易居”这个名称，祁彪佳讲述了自己家族对《易经》代代相传的兴趣，尽管他自己“不能解《易》理”。在其他地方，祁彪佳感到遗憾的是，尽管他继承了父亲对园林的热爱，但他并未以“尽足抱膝自娱”来达到后者天生的谦逊；相反，他让自己“心随物移”，以致“是亦不能约之一端也”。虽然祁彪佳描述园林的文字中真诚与嘲讽常常难以分开，但对其亡兄元孺的简短追悼却流露出真挚的情感。“天瓢”是一块靠近园林最高点的岩石，他这么命名它是因为那是元孺非常喜爱的景点。祁彪佳写道：他（元孺）“作诗以纪其胜，予不忍没旧名，复志之如此”。

包括祁彪佳的文本、朋友们的描述以及他这本书中的园林图像在内，它们共同呈现了一种独特的自我建构，旨在吸引读者，并创造一种如同招待客人那样亲近的感觉。虽然经常提到来访的客人，特别是著名的来客，在其他背景下可能是在排斥读者，因为读者不是名人而被贬到私窥的地位，但祁彪佳经常使用包容的语言消除了这种进入的障碍。这种态度在他对“妙赏亭”的描写中得到了明确的表达，他在描写园林所提供的形而上学的释放时，仿佛和读者心灵完全相通，既是知识分子，又暗示是社交的同群人，他总结道：“然而众妙都焉，安得不动高人之欣赏乎？”与《拙政园图咏》中王献臣的表现不同，在《寓山注》中，祁彪佳同时在利用他的园林，为读者-客人的游览创造了空间。

作为三种参照物中的最后一种，《止园图》从根本上削弱了园林主人对看画人-游客的重要性。张宏的画作没有用大量文字来详细描述园林的历史或主人的情感，这些都是《拙政园图咏》和《寓山注》的重要组成部分。张宏的画本身承载着意义的重量。尽管如此，张宏的构图和叙事策略还是建立在祁彪佳和文徵明的基础上的。这套册页以《止园全景》开篇，这是一幅观光客将要进入的景区的鸟瞰图。由于只有一个标题，这幅图像并不像祁彪佳和文徵明的描述那样直接地表达了园林主人的身份，却像冷枚《热河图》和其他全景式的园林地产表现方式一样，以全方位的视角突出了综合性的甚至一览无余的观赏与所有权之间的关系。

在张宏的图画空间和想象空间的建构中，《止园全景》既在结构上取代了“记”，又充当了其他画作中表述景点之间空间关系的题记。用这个开篇画页作为钥匙，看画人可以顺着画页的顺序，将每个景置于整体之中，确定它们的地理位置。尽管册页原本的顺序现在还不确定，从《止园全景》来看，其余的19张画页似乎遵循了一个富有逻辑的、基于地理的顺序，其开始和结束都在园林的入口，显示了在《寓山注》和许多其他园林的描述中同样显露的一种自负。游园开始时，看画人-游客乘船抵达河边的园门附近。进入园林，游览开始于能看到湖对面一个小亭子的景点（第二开）。游客从这里沿着一条两边种植竹子的小

张宏《止园图》第一开《止园全景》（1627） 德国柏林东方美术馆藏

径（第三开）走去，穿过一座堆叠精巧的假山（第四开），登上一座位于高处的厅堂，欣赏在眼前展开的景色（第五开）。在游园时，看画人一页一页地往前走，直到最后沿着一条僻静的小径穿过竹林（第十八开）回到正门（第十九开），然后，在最后一个画面中，又走出园子来到河边（第二十开），这正是游览开始的地方。

景的构成和呈现方式对这次图画之旅至关重要。每一个场景都是从某个升高的视点描绘的，在这个视点上，构图的焦点无论是建筑还是风景，都从图画平面退后。看画人具有了广阔而无遮挡的视野，可以有更大的想象自由，因此也就有更大的行动自由。同样，出现在大多数场

张宏《止园图》第十八开（1627） 德国柏林东方美术馆藏

景中的人物几乎都是顺便画上去的，似乎是通过对活动的暗示而不是清晰的描绘来使场景更加生动。他们不会像显眼的人物那样阻碍观众进入图画空间，如果他们成为阻碍的话，看画人将只能停留在图像之外想象了。结果是，看画人被领进了这个园林，这样一来，画面不仅让看画人体会到抽象和结构上的空间感，更能让看画人进入画中，身临其境地感觉画中的内容。另外，你也可以说，与《拙政园图咏》和《寓山注》的空间化不同，这两部作品都反映了主人的身份，而《止园图》的空间化在某种程度上能靠看画人自己的叙述实现。

虽然在《止园图》中自传体的叙述并不像在我们讨论过的其他作

张宏《止园图》第十三开（1627） 美国加州伯克利景元斋藏

品中那么重要，但看画人-游客的游园似乎不仅沿着园林的路径，而且也按照一年四季进行，其过程类似于生命的四季。在园中最大的湖边一个宽阔平台上可以获得开阔的视野，在这里，最能领略季节性的美景，隔着湖可以看到鲜花盛开的夏季树木；再翻过几个画页，开放的菊花预示了园林主人在画面中首次清晰现身是在秋天的场景中；在接下来的画页中，他那宽大的红色长袍成为明显的标记，而树木被用作遮挡的元素，暂时拉开与看画人-游客的距离。张宏通过画面中对园林主人的描绘与之前讨论的“园林肖像”有两方面的契合：一是将园林表现为园林主人社会地位的现场和社会关系的依据，二是将园林既用作进行时态的记录，又用作描述真实的和象征性的人生旅程的终点。不过，张宏的作品与我们在《拙政园图咏》或《寓山注》中看到的相比，即使保留了与它们相似的传记结构，也在某种程度上可以被理解为更能使看画人-游客从视觉上和想象中进入的作品。

进入形式与亲近关系

按照这里用到的术语，御制诗画中交替呈现片段式和顺序式两种特征。在《止园图》中，人们没有发现图像存在一致的地形次序，后来乾隆时代的《圆明园四十景图咏》则是和张宏的册页一样，按逆时针方向在园林中行进。御制诗画的组群显示出不同的方法，有的可能是想要再现游园的真实体验，比如张玉书的那种体验；其他的遵循非常不同的组织逻辑，包括强调感官或时间的影响、园林的地形和实体布局，以及与皇帝那篇“记”中的主题相呼应的高度自传性叙述。

御制诗画册页一开篇，看画人-游客就已经进入了山庄。第一景展示的是正宫后院的一座殿堂——“烟波致爽”，它于1713年正式成为康熙的寝宫。虽然首先采用的是《寓山注》和《止园图》的组织结构，画面开始于山庄的入口或附近，但其正面的构图强调这是与皇帝个人紧密关联的建筑，这立刻让人想到了《草堂十志》和《拙政园图咏》的开篇场景。从那里开始，册页接下去的四个画页是沿着张玉书的游览路线，命名或描绘张玉书提到过的许多建筑，都是他在徒步穿过“芝径云堤”（第二景）和如意洲的殿堂（第三至五景）时看到的。接着的第六景设想看画人-游客转身回望刚刚走过的小径，凝望南边的“万壑松风”，这组建筑坐落在可以俯瞰湖区的小山上面。

在这个开场序列中，御制诗画采用了一种与张宏在《止园图》中沿着地形顺序游览的第一人称活动相呼应的写实策略，这种策略复制了

（左、右图）《圆明园四十景图咏》中的两个景 法国国家图书馆藏

游园的体验。皇帝的册页利用视点与视觉体验之间的关系，以加深看画人-游客体验他人视角的感觉，仿制游客凝望的特定焦点，平衡对这座宫苑的客观和主观体验。如意洲的图像削减或删除那些非主要的、与被命名的焦点无关的建筑，这种对建筑和地形描绘的失真，别出心裁地确保看画人-游客被吸引到预定的空间。

这种对真实景象的微妙强化（与画家超越肉眼的“无形之眼”截然不同）在第六景中尤为明显。在这里，正像整个第一序列中所显示的那样，御制诗画的标准构图方式被反复玩味。这种标准构图方式是：通过文本描述与广阔的几乎是无所不包的景象的结合，提供一个进出这个

空间的窗口，而不是从真实世界的任何特定的点看到的场景。通过从如意洲上的建筑群推进到可以从该岛河岸上看到的建筑，这个序列采用了张宏也曾使用的“向前推进、向外看、向后看”顺序的一种变体。在《止园图》的三幅画页中，看画人首先从后面走近一座巨大的假山，然后登上建在假山中的楼阁，向外面看，再移步到池塘的对岸，最后回望他们刚刚走出来的假山。而《万壑松风》同样让看画人想到在御制诗中有多种形式的视觉，既有真实的也有想象的。这种视觉上的二元性与体验的本质相呼应，感知、记忆和想象在体验中并存，通过这种方式，这本书不仅仅是对山庄的直观的图画记录，而且成为对山庄的认识和居住

御制诗木版印本中像长卷似的连接在一起的第二十四景至第二十九景（从右往左）
哈佛燕京图书馆藏

的记录，成为熟悉这座宫苑的记录。

在第六景之后，御制诗画册页中的图像顺序不再有清晰的地形逻辑可循。另一种看待这套册页的方式则揭示出其与先前不同的组织和分组模式是建立在视觉、体验和知识或想象之间的趣味性互动之上的。将三十六个图像拼凑成一幅作品，就如同将它们连成了一幅长卷，某些画面非常明显是完全基于构图上的连续性。尽管没有原始证据表明存在过长卷形式的御制诗画，但当你以这种方式重建时，所产生的画作与王原祁的手卷有许多明显的相似之处，包括对角水体的场景划分和从较远的距离到群山突然挤满画面的场景转换。王原祁这一时期重要的地形山水画绝大多数是手卷，包括《西湖十景图》、《辋川图》以及《万寿盛典图》。后者的印刷版采用了经折装，再现了长卷原作的格式。而且我们知道还有另一个相似的例子，汪廷讷（约1569—1628以后）的《环翠堂园景图》是17世纪早期一种自费印本，和祁彪佳的《寓山注》属同流之辈，主要包含了在园林中一次漫长、连续的行程。最后要提到的是，两个描绘不连续空间的画页使用了大致连续的构图，这在清朝明显是有

先例的。这种技巧出现在《耕织图》的图像中，成对装裱的许多场景即使是水稻和丝绸的生产中的不同活动，也在构图上相互连接。

在御制诗画册页的特定部分，构图上和主题上的连接充分证明它们在册页顺序上的意义。这些画面突出了山庄规划中嵌入的叙事和感官主题，而不是册页开篇时的游览顺序。这些主题反映了对山庄空间富有诗情和创意的组织形式，如果单个来看的话，这些主题就不那么显而易见了。与开头的六幅景一样，这些叙述中有的跟在早期园林图像中找到的对比的实例有关，而另一些则更具体地反映了御制诗画册页制作的背景。模式的出现与山庄的总体规划、对环境的感觉以及观赏景观的习惯有关。这些画面组合在一起就显示了一场体验之旅，寻求再现一种置身于皇家宫苑并在其中穿行的现实的、感官的和智识的三维感觉。

说实在的，在许多情况下，两个或多个场景连接在一起形成一个构图，能大致准确地反映地形的真实情况，而单个的景却无法做到。第二十六景和第二十七景就是这样：在最左边靠近如意洲西北角的一个小亭子——“芳渚临流”，可以俯瞰园林的中心区域。往右是“云帆月

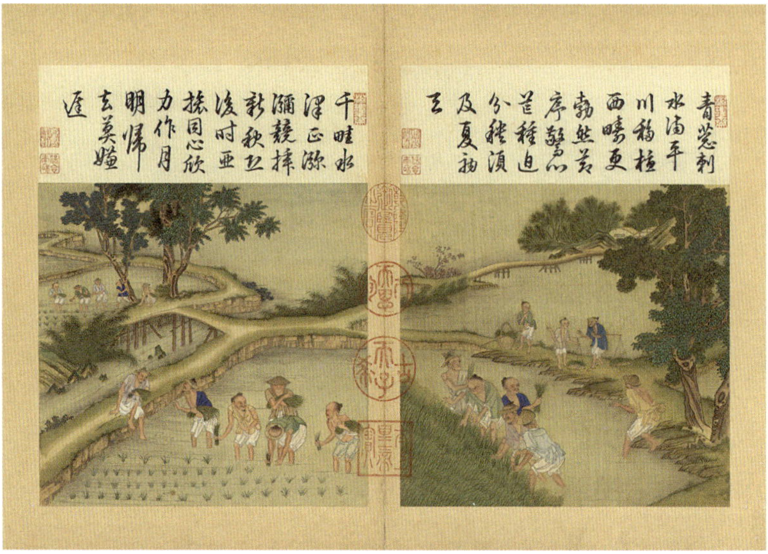

冷枚《耕织图》第九和第十开（1696年以后） 故宫博物院藏

舫”，位于如意洲西岸，大致与之相对。虽然把它们并置不完全准确，因为这两个景在图像上和现实中显然都是独立的景观。“芳渚临流”实际上是在“云帆月舫”的西北方向，而不是正西方向，因此从船形厅堂后面应该能远远地看到它。第二十八景的“云容水态”和第二十九景的“澄泉绕石”也是相似的操作。每一幅都描绘了两条溪流的一部分，这两条溪流在中心湖区西北的群山中沿着相邻的峡谷往下流。这些溪流最终汇合（尽管是在图画中各自流程的更下游），形成了半月湖，进而为如意湖提供水源。这两个景点在现实中或视觉上都不是相邻的，就像“芳渚临流”和“云帆月舫”一样。更确切地说，它们通过水路连接这个事实，传递出了关于山庄的更深层次的地形知识，不然的话，看画人-游客就无法获得这个知识。

其他组群则依靠人为的连接来创造更为印象主义的景观感。例如，第六至十景展示了山庄内一系列沿着湖岸和最高山峰顶部的景点。

就像在《芝径云堤》中所描绘的，群山的背景将这些景点连接在一起。虽然构图的各部分不太匹配，只在一些点上有联系，比如在“云山胜地”和“四面云山”之间交会的小径和桥，连绵起伏的山脊给人的视觉效果却像是站在山庄中心，看着三面环湖的群山。这些景在空间上既不是连续的，也不是以环绕的顺序呈现的，这一事实只会加强视觉体验的个体性，以及画卷和册页中叙述逻辑缺乏关联的性质。

成对呈现的景实际上是在互相对视，这也给视觉体验带来了另一层趣味性。例如，第三十三景和第三十四景展示的是同一座桥两端的远景，就好像看画人-游客从他们走到的地方转过身来回望出发的地方一样。尽管这两个景显示的是相反的视点，前一个朝北，后一个朝南，但这两个构图被中间一座小山、相似的湖岸线和水中都有的睡莲松散地连接到一起。与现场的实际情况不同，在这里制造的地形实体的幻觉扩展了前面描述过的“镜像视图”的手段，以加深千变万化的想象的景观的感觉。

御制诗画木版印本中合并在一起的《芳渚临流》和《云帆月舫》（1713） 哈佛燕京图书馆藏

御制诗画木版印本中合并在一起的《澄泉绕石》和《云容水态》（1713） 哈佛燕京图书馆藏

有些成对的景还在模仿空间上向前推进的感觉，其方式与张宏描绘止园主人的连续场景相类似。例如，游客穿过宫殿前往如意洲游程的开始部分就是这种路线，还有两个景展示了武烈河水从东北水闸被引入山庄的区域。在后一种情况下，这两个图像不仅以画卷的方式连接在一起，而且向前推进，就像透过镜片被放大了一样，后一幅图像是前一幅图像更为真切的细节。

除了在视觉和认知上重构空间外，一些画面还关注感官体验，感官体验在康熙的个人景观中起着核心作用。以《西岭晨霞》和《锤峰落照》为例，它们描述晨光和暮光映照着群山，共同形成了非常有感染力的一对景。虽然把这两处亭阁连起来看时，它们似乎坐落在彼此相对的两岸，但实际上它们之间并没有直接的地形关系。更确切地说，在左边的“锤峰落照”与由高耸的岩石形成的磬锤峰之间延伸的景观，为构图的统一起见已被大大简化了。同样，《金莲映日》和《远近泉声》描绘了两个位于山庄不同区域但都以赏花为中心的景点。右边的画面中一座

御制诗画木版印本中合并在一起的《长虹饮练》和《双湖夹镜》（1713） 哈佛燕京图书馆藏

二层楼阁矗立在开满荷花的庭院前端，“金莲映日”的名字表达了皇帝对荷花在阳光照耀下反射出金光的喜悦之情。而“远近泉声”的命名源于左边画面中的四个庭院，皇帝在那里可以欣赏附近泉水的声音。这两个场景的并置显示出一种感官环境的元素——不这样排列的话可能会被人忽略，这样排列就增加了看画人-游客体验的深度和广度。这些成对的景共同强调了这个册页所创建的景观——不仅描绘了第一人称的视觉和活动，而且还表现心智和时光的推移。

最后一对景沿用园林图像通常表现主人一生旅程的惯例，将景观的时间维度延伸到游客在山庄内的有限时间之外。在整本册页中，御制诗强调统治的重任，把山区描述为一种慰藉，同时也是对其责任的一种提醒。最后两个场景“甫田丛樾”和“水流云在”，将这两个主题合在一起，将如意湖北岸两端的建筑融合成单一的景观，而把两者之间的那片区域排除在外。在右边的“甫田丛樾”中，康熙通过对秋天常规活动的联想来描述他对晚年稍事休息的期望：收获和季节性狩猎的结束。一

御制诗画木版印本中合并在一起的《北枕双峰》《四面云山》《云山胜地》《松鹤清越》和《万壑松风》（1713） 哈佛燕京图书馆藏

座桥从前景通向一小块菜园的前门，那是皇帝的“瓜地”。这个景是对上述主题的补充。在瓜地后面是草原一般广阔的万树园，那是皇帝和他的客人们在山庄围墙内狩猎的地方。左边的景，也是册页最后一个景“水流云在”，出现了另一座桥，这一次是通向一座船坞——这是张宏《止园图》中客人们离开方式的回声，也许是对皇帝自己最终离世的隐喻。皇帝的语调在这里变得较为沉重，因为他表达了对老年和死亡的感受。

因此，最后一对景为册页提供了一个反思性的结尾，它跟其他册页没有任何不同，都属于那种自传性的景观。与三种明朝园林图像一样，看画人-游客在御制诗包罗万象的景观中的穿行与皇帝的人生丰碑相呼应。皇帝通过御制诗展现自己的方式远远超出了直截了当的自传性叙事，不过这一方式也为我们通过视觉洞察他的情感、心智倾向和对景观的感官体验提供了参考。皇帝的文本景观高度个人化的特征，加上隐

含在连续的画面构建中的强化的非地形逻辑，促进了读者和统治者之间的亲近感的创建。

从另一个角度看，文本和视觉景观的氛围、认知和行为诸方面也作为高度规范的框架元素运作，皇帝借助这些元素来规定看画人体验景观的条件。正如许多其他名胜的作品一样，御制诗画册页基本上是规定好的，它“封装”了皇帝对山庄的看法和体验，供观者消费。这种规范的态度也体现了以《西湖十景图》为突出代表的传统。王原祁在为康熙记录西湖这个名胜时所采用的体裁和模式源自南宋时期的《西湖十景图》——它在赞美杭州四季之美的同时，也在推崇一种加强当代与宋代新都城相联系的文化进程。到了明代，随着《西湖十景图》演变成一个借助集体记忆而备受推崇的旅程，出现了许多绘画和木刻的“十景图”版本。各种版本的《西湖十景图》也被用作当时文化行为的指南，针对具体的天气、活动、游伴甚至着装，组织和呈现一系列标准化的体验。

御制诗画木版印本中合并在一起的《无暑清凉》《芝径云堤》和《烟波致爽》（1713）
哈佛燕京图书馆藏

明朝文人张岱（1597—约1684）的一篇著名散文《西湖七月半》正说明了这一点：张岱赞美了“看人看月”的乐趣，这表明借景看人（某种程度的偷窥）的行为，作为名胜之地一种重要的娱乐体验，在明末不仅被社会接受，还为人们所向往。

一种明末版的“十景图”显示了在图画中构建窥秘位置的方式。在《平湖秋月》中，看画人从芦苇丛后面看过去，观察在湖上享受夜晚之快乐的两位士大夫。船夫坐在船尾，旁边有一个餐篮；一个仆人坐在船头，手里拿着一壶酒。因为在背景中以著名士大夫苏轼的姓命名的苏堤清晰可见，这一景立即就能辨认出来。西湖、湖上的寻欢作乐者、秋夜朗月，图像和标题共同奉献了对一种理想的雅赏行为的描绘。

通过一系列的图画元素，图像的构图将观众定位在偷窥而不是参与。首先，作为遮蔽元素的芦苇丛在心理上对画中的演员隐藏了看画人，同时阻止了看画人的参与。平远画法的运用使看画人的视野进一步受到限制，看画人和演员被放置在大致相同的水平面上，而演员的位置处于图画的水平面上。这个视点通过将观众置于一个被动的位置，加强了芦苇所暗示的窥视，相反，一个升高的全景视角则让看画人有一种纵览全局、大权在握的感受。因此，聚焦演员和动作的构图强调了看画人就是看景人的身份，就像文徵明的《拙政园图咏》那样，而不是像张宏的《止园图》邀请他们参与场景中的活动。

为了理解遮蔽元素以及场景中可识别图形存在的重要性，了解另

御制诗画木版印本中合并在一起的《锤峰落照》和《西岭晨霞》（上图）、《远近泉声》和《金莲映日》（中图）、《水流云在》和《甫田丛樾》（下图）（1713） 哈佛燕京图书馆藏

御制诗画木版印本中合并在一起的《水芳岩秀》和《延薰山馆》（上图）、《泉源石壁》和《暖流暄波》（下图）（1713） 哈佛燕京图书馆藏

一个与米歇尔·德·塞尔托相关的概念——“空间的故事”（spatial stories）也许可以有帮助。采用塞尔托的术语，通过画册来描绘特定景观可以说是典型的叙事“划分边界”，因为图画通过“创建一个行为的剧场”承担“建立和表达空间的功能”。由画家所描绘的叙事所定义的图画空间，自然跟看画人所占据的空间不同，看画人所占据的空间是由图画自身的一种特别的叙事建立的，即现实世界中个人的叙事。这两个空间是有界的，由一个“边界”隔开，边界由图画平面来表示。《平湖

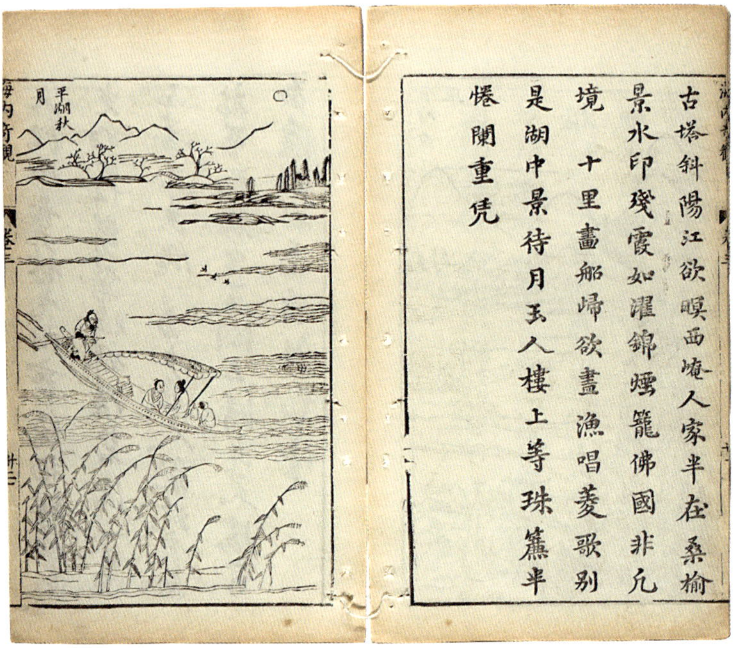

《西湖十景图》木版印本中的《平湖秋月》（1609） 哈佛燕京图书馆藏

秋月》中遮蔽元素的出现，通过将图画平面加倍，突出了画面屏障，起到了视觉上重现画家的“第四堵墙”（fourth wall）的作用，强化了看画人的偷窥定位。出于同样的原因，构图上对演员的强调，必然要通过在图画空间之外的一个相邻空间重现他们的境况来置换看画人。

在御制诗的画作中，广阔的视角和人物的缺席可以被视为瞬间将一个空间还原为一个地方，一个中立的场所，看画人-游客可以用自己的叙述将其空间化。突出广阔的视野，对景观的详细描绘，以及完全没有遮蔽元素和人物，这样的构图策略使看画人能够跨越图画的边界，以与众不同的方式进入这个皇家园林，如果皇帝形体在场的话，这种进入方式是不可能实现的。与此同时，皇帝的情感和思想、对空间的体验及景观与他生活的关系，都是通过他那些加了注释的诗歌和散文呈现出来的，形成了一种规定性的语境，通过这种语境，看画人可以随着阅读的继续，理解书中所展示的景观。因此，御制诗画中结合了《平湖秋月》和《拙政园图咏》中更规范模式的元素，以及《止园图》更自由、更易于进入的性质，提供了一种身体和心理兼备的复杂的进入形式。

鉴于看画人与皇帝景观之间空间边界的可渗透性，不仅需要认识皇帝客人的位置性（positionality），还要认识皇帝本人的位置性。“景”这个词是认识御制诗画册页在这方面运作的关键。从历史上说，一个图画场景常常被理解为一个单一的、有框架的构图，一个从特定的视点看到的某种表面行为的再现。景也可以连续地构建一次游览，引导穿过景观的活动。无论是单独操作还是组合操作，景的主体通常都是凝视的对象，就像从止园的观景平台上看到的湘筠坞和夏日壮丽湖景。

在御制诗画册页中，虽然看画人凝视的对象可能具有景的性质，但景物的审美性质，即直接描绘的事物的审美性质，并不是景的主要焦点。更确切地说，看画人凝视的对象是一个活动场所，一座皇帝园林内的功能建筑。这是体验景的真实主题的地方。景的对象、被描绘的地方并不是景本身的目的，这一概念通过随附的文本得到了强化。虽然图像提供了一种真实场地的感觉——建筑的性质、土地的布局、远处的风景，但文本却提供了能激起观众情感和感官反应的细节。溪水的声音、荷花的芬芳、假山雅致的构建，都来自皇帝的描述，这一切都与图像结合在一起，创造出一个整体的环境，看画人-游客可以在其中自己展开想象。

人物的不在场，尤其是皇帝的不在场，恰恰是激发想象力的关键。正如在用人物来讲述故事或定义行为的图像中，如果描绘的是康熙，他必定要成为主要的观看对象，必然由他来填补和定义空间，置换除他自己之外的所有其他叙述。可他的不在场则重申这些景描画的是皇帝的视点，从而使看画人能够分享皇帝的凝视，与他一起眺望景观。这种共享视野的体验是御制诗画册页的主要架构，同时在感官和想象两个层面上运作。通过提供进入的机会——进入一个由皇帝标准文本构建却没有演员在场的景观，三十六景被看画人-游客随心所欲地空间化。这种功能性表演的影响力就在于所扮演的角色。尽管皇帝不在场，但就像所有的园林图像一样，御制诗画册页最终反映和体现的是皇家园林的主人。一旦把自己投入到图像景观之中了，看画人就应邀使用皇帝的视点，实质上成为统治者的密友（即便不是皇帝本人），这是靠构建对景的共同视觉和思想来加强的一种换位。

图像中康熙的不在场具有另一种符号性功能，这是由皇帝相对于现实图像本身的真实或隐含的位置问题引发的。本章对御制诗画册页的解读，始于对隐含在皇家印制图书中的社交性的双重理解。这种社交性取决于所印景观观念上和实际上与这个册页其他迭代的关联，特别是与王原祁画作的关联。就本质而言，册页是一种绘画形式，规定了供两三个人肩并肩欣赏的一种亲密的观赏体验。册页小尺寸的构图吸引了看画人，他们在一页接一页往下看的过程中，一起分享一种亲密的社交体验。御制诗画印本的物质性——它的物质形态以及它的制作历史，直接让人想到了这本书所基于的绘画的物质性，进而想到了伴随那唯一的绘画原作的观赏习惯。同样，在御制诗画册页中，皇帝不仅分享了对皇家园林的个人看法，而且还再现了游览的体验，这是一种社交仪式，上层精英对园林空间的使用是至关重要的。就如同观赏图画所隐含的行为，张玉书对他游览山庄的描述，也让人想到一种关系相当亲近（即便不是友情）的仪式，那是皇帝与臣民的不同级别的互动中难以见到的。皇帝不出现在景中，使这种共享体验的跨媒介再现得以实现并得到加强，因为这表明他正与看画人一起观看，引导他们沿着风景优美的游览路线穿行在园林中。

因此，看画人和皇帝通过御制诗画册页加入了一个双重的表演，每个方面都建立在一种对山庄的共同体验的暗示之上，皇帝对他个人拥有的景观的展示和他不在景观图像中出现都增强了这种暗示。皇帝就在看画人旁边，这种表演首先是超出图书本身的一场社交表演。在这种情况下，皇帝向看画人分享他的园林景观绘画，通过一系列非连续性的图画提供对园林的视觉游览。尽管文字和图像显然在这一层面上起作用，但主要唤起的是共同观赏的社会行为，这也给了看画人充分的理由，在皇家主持的山庄之游中游览御制诗描述的景观。第二个表演是由在册页中共享的位置，扩展到共享的对景观的视野和体验。靠设定皇帝的视角以及他在视觉和文本构建的御制诗景观中的位置，看画人与皇帝的关系从一种集体的社会经验发展到一种内省的个人经验——一种真正亲近的关系，这种亲近关系有望在皇帝与他通过这种难得的礼物来表达偏爱的人之间建立一种特殊的忠诚纽带。

结论　皇帝的景观

Conclusion
The Landscape of the Emperor

“今已中外无别矣。”康熙皇帝在1713年纪念溥仁寺落成的碑文中这样写道。应朝廷的蒙古盟友的要求修建寺庙，这本身就是清朝统治下民心和疆域统一的证据，这种理想也通过避暑山庄的修建得到了体现。然而在这篇碑文中，反映帝国统一的不是园林或建筑，而是清朝统治的技巧和效力，使得清王朝成功地实现了具有历史性意义的地理和民族的内外融合。皇帝认定自己是这种融合的直接体现，他把自己描述为这样的统治者——“深仁厚泽，沦及骨髓”，他的美德成就了“太和有象”。

景观作为表达这种美德的媒介，在概念上代表皇帝，有时几乎就是代表皇帝个人。帝王的道德被编码融入热河的文字、视觉和自然景观中；反过来，帝王的美德促进了这片土地的生产力、秩序和和平。在《避暑山庄记》的最后部分，康熙运用了一系列类比手法，将山庄自然景观的特点与他所追求的美德联系起来。康熙用芝兰、松竹、清流和蔓草来结束这篇文章，也许是代表了景观基本建设的道德成分。景观本身在向读者提示皇帝的想法反映其内在特性的同时，也在热河景物与皇帝德行之间建立了一种联系。

这一系列的隐喻，皇帝直接借自前凉（318—376）最后一位统治者张天锡（363—376在位）的文本。前凉是与东晋对抗的十六国之一。在登上前凉王位之前，张天锡努力在社会上和军事上树立自己的威信。然而，在4世纪80年代末，张天赐最终归顺东晋，晋朝恢复他好几个正式爵位，其中包括西平公，这个头衔与他那世代统治前凉的家族有关。在即位的早期，张天锡以玩忽职守、经常在园林里宴饮而闻名，他的高级官员们为此向他深切劝谏。对此，张天锡写道：

> 吾非好行，行有得也。观朝荣，则敬才秀之士；玩芝兰，则爱德行之臣；睹松竹，则思贞操之贤；临清流，则贵廉洁之行；览蔓草，则贱贪秽之吏；逢飙风，则恶凶狡之徒。若引而申之，触类而长之，庶无遗漏矣。[1]

张天锡的最后一句话出自《系辞》。《系辞》是《周易》中的一部分，探讨八卦显示和解释世界上众多现象的能力。康熙在类似的语句中，背离了原文，但保留了它的基本含义："此亦古人因物而比兴，不可不知。"这里，康熙提及两种创作诗歌意象的技巧——"比"和"兴"，刘勰（约465—约522）首先定义了这两个术语的修辞功能。研究文学的学者宇文所安（Stephen Owen）解释了它们的基本区别："'比'是通过深思来理解；'兴'是要立即被理解。'比'用一个词来'指'别的东西；'兴'用词语激起某种反应。'比'中比较的根据基于共同的'原则'（也就是'理'）和共享的范畴（也就是'类'）。另一方面，'兴'是建立在联想的基础上的，联想发生在头脑中，而不是世界中，因此是隐蔽的。"[2]

1 引自《晋书·张天锡传》。

2 引自宇文所安编译的《中国文学思想文选》。

以“玩芝兰，则爱德行之臣”这一部分为例，康熙在每一行中都用到了“比”和“兴”。通过“比”，“芝兰”与“德行”相连，“芝兰”通过“兴”自然而然激发德行和友情的感觉。皇帝将“比”和“兴”结合在一起，创造了一个既有现实层面又有隐喻层面的诗歌意象。按照研究诗歌的学者余宝琳的说法，这里的“比”表示“诗歌起源于诗人和他（她）的世界之间的一种刺激-反应关系，它回答了一种迫切的需要，即为一首诗找到一个特定的经验性来源”。[1]在这个例子中，皇帝实际上是在说：“我欣赏面前的芝兰，那么我也爱有德的行为。”同时，在用作“兴”的时候，“芝兰”虽然还在那里，却代表着某种情感上的和非特定的东西，通过自然意象来理解人的情感。因此，皇帝所描述的山庄景观，同时也是一个现实的景观，他的官员们可以完全信任他，因为这个景观引导他养成勤勉的习惯，而不是转移他的注意力，它是一种哲学的景观，一种“美德的景观”。在这样的景观中，溪流、花朵、树木，事实上就是忠诚、谦逊、正义、人道和精神纯洁，所有这一切都是一个值得敬仰的统治者的基本特征。这种景观——美德的景观，不仅仅是理想皇帝的化身，它就是理想的皇帝。

本书开篇提到的皇帝肖像，提供了“芝兰”的一种图画类比，显示统治者与景观之间的联系是如何有助于清朝皇帝身份的构建的。这幅无名氏的画作与意大利耶稣会教士乔凡尼·格拉迪尼的画室有关。该画卷描绘的是康熙皇帝身穿便装坐着，膝盖上放着一本打开的书。这幅肖像未注明日期，最有可能是在热河开工建设前后几年中完成的。这个图像将皇帝描绘成一个近代早期世界性的君主，这是由他所掌握的知识广度来定义的，同样由衬托他的线装书和用于形成构图的不同寻常的聚合透视法来表示。就像冷枚的《热河图》、康熙的御制诗以及山庄自身的

1 引自美籍华裔汉学家余宝琳（Pauline Yu）的《中国传统诗歌的意象解读》。

帝国映像一样，这幅肖像是一幅由清王朝和其皇权所邂逅并随之掌控的一切来定义的图像。

坐在一间不太敞亮的书房里，从垫子上直起身子俯视看画人，皇帝的身躯可能会被解读为一个强大而富有创造力的景观，类似于避暑山庄本身。皇帝夏天穿着一件非正式的无衬里长袍，戴着镶边的夏行冠，形象化地置于正式仪式之外，而且很可能还身在首都之外。他的衣着即使不是独一无二的，也是不寻常的。在这里，不同于一般的清代非正式的宫廷长袍——用普通缎子制成，上面无装饰图案或绣有圆形图案，皇帝的无袖外套和长袍是用较为正式的盘龙居中和吉祥风景元素来装饰的。他坐得笔直，身体呈山一样的三角形，长袍上的山脊和山谷与东北地区密布的褶皱地形或正统派山水画的开合相似。他的胳膊和手强调了他如山体一般的身躯，龙脉通过他的身躯流入他的膝盖和平放在那里的书，加强了画面的透视效果。

这件作品让人不禁想到了大致是同时代的热河和福陵的景象，这本打开的书取代了宫殿或陵墓。反过来说，这本书明显是空白的，其未印刷的页面几乎跟皇帝的皮肤是同样颜色，在肖像景观的构图焦点与作为领土标志的身体之间形成了一种和谐。历史、地理和文化都集中在康熙穿着长袍的形象中，无论是在个人方面还是图腾方面都显示了清王朝的本质。其实它真正的含义是：由满族人、蒙古人和汉八旗后裔组成的中心与外围，都在皇帝的身上得到化解。景观反映帝国所固有的自然、社会和地理概念转变的能力，使宫苑、园林和名胜成为阐明清朝统治本质的丰富资源。康熙对多样性景观的浓厚兴趣和开发，为了解其统治时期的关键问题、清朝历史的进程和近代早期的社会状况提供了一个窗口。与乾隆不同的是，康熙并没有试图将自己定义为一个全能的统治者，而是一个多能的统治者。不同于他在其他场合分别对待他的目标受众，比如南巡时向汉族人民示好，去北方狩猎时向蒙古统治者示好，他通过建造山庄的景观——或者更确切地说是皇帝通过山庄构建自己的媒介——以多样的和重叠的方式对各种受众说话。

第二幅皇帝读书像凸显了康熙时期这种话语的复杂性。用油画颜料画在纸上，它简直是第一幅肖像画的完美搭配。皇帝坐在那里，身体微微转向画面，直视看画人。他穿着的似乎是同一件夏装——一件蓝色外套罩在一件朴素的蓝色长袍上，头上戴着一顶红色的镶边帽子。这两张脸几乎完全一样，除了这张油画肖像的头稍微转了一点：两幅画的下巴两边都有淡淡的胡须，眼角有淡淡的皱纹，有些浓重的眉毛微微隆起。两幅画的右手也相同，手指松弛地垂下，他的小指稍稍弯曲，好像在过去受过伤。然而，在这幅油画像中，康熙的左手把书托在膝上，而不是把书放在他的面前，不同的坐姿决定了不同的阅读方式。这里的书又是空白的，也许暗示知识的源泉不是别的什么，正是画像中坐着的这个人。

以欧洲坐像的风格绘制，皇帝的身体被框成椭圆形，以中国的方式装在立式的屏板内。它的尺寸为126厘米 × 95厘米，比大多数所谓欧洲样式都要大得多，但没有水墨肖像和刺绣肖像的尺寸大。虽然这幅画没有署名，也没有注明日期，但无论是在构图上还是在皇帝的外表上，它与另一幅作品都极为相似，这表明两幅肖像画的绘制时间大致相同，很可能是在同一个画室完成的。它们是配对的吗？如果是的话，这对肖像画想要传达什么呢？综上所述，这两幅肖像画可能代表了两种存在方式，乍一看它们极为相似，但又是不同的。两幅画都分别借鉴了再现文雅闲暇的不同的传统，一个是中国的，另一个是欧洲的。然而，经过进一步的探究，这种划分变得非常肤浅，因为在它们的背景和绘制方面，两幅肖像画削弱了他们所代表的类别的稳定性。这两幅肖像画是在清朝宫廷中绘制的，使用了在欧亚大陆间互相传播的混合技术，出自不知名的画家之手，既可能是清朝本地画家，也可能是欧洲画家，或者本地和欧洲的画家都参加了绘制。这两幅画像表现了一位统治者和一个深度卷入帝国内外文化系统的宫廷。这两件画作可以被看作是一个交会点，正如皇帝自己在写到热河时所说的那样，这是内外合一的地方。

在17和18世纪，与亚洲和欧洲同时代的统治者们一样，康熙皇帝亲自监督了这一场国家权力性质及其表达方式的蜕变，地理的、政治的和文化群体的集体想象力的改变——既是一种手段，也是一种结果。打算通过跨文化的接触，从根本上促成清朝宫廷景观的建设和部署，这突出表明清王朝借用多种多样帝国意识形态的表述主动进行参与，不管是在其领土内，还是在近代早期的世界上。不必是赞美的话语，同样也不必是竞争、挑衅或误解，尽管这些用途和意义确实出现在18世纪的艺术参与之中，正如它们出现在这一时期的国内和国际关系中。

更确切地说，这些表达已超出了所有作为策略和工具的一时之用，在这里艺术和建筑就像天文学、测量学、宫廷礼仪和互赠礼物那样，用来承担应对康熙特定时刻挑战和机遇的特殊方式。这种叙述的目的之一是要定义这一时刻，在一定程度上是通过为回应它而创造的文化形态来定义。然而，当我们想要认同康熙王朝构建和部署景观的种种方式，以及它如何通过景观来认识自身的时候，却几乎找不到任何可以信赖的明确话语。我们反而只能寻求从建筑物、图画和零散的文本中提取可识别的意义，通过修辞性图像、诗化的语言和建造园林改变的地貌折射出的东西，来复原思想和行为。这些资料来源考验人对历史认识的程度，因为从围绕它们的活动和后来的统治者、艺术家对它们的感知堆积起来的背景中，现在我们能看到的只是由一系列重复表达和暗示被重构起来的历史画像。

附录

Appendix

“附录”部分为译者整理补充的内容

御制溥仁寺碑文

［清］康熙

康熙五十二年，朕六旬诞辰。众蒙古部落，咸至阙廷，奉行朝贺，不谋同辞，具疏陈恳：愿建刹宇，为朕祝厘。

朕思治天下之道，非奉一己之福，合天下之福为福，非私一己之安，遍天下之安为安。柔远能迩，自古难之。我朝祖功宗德，远服要荒；深仁厚泽，沦及骨髓。蒙古部落，三皇不治，五帝不服，今已中外无别矣。论风俗人情，刚直好勇。自百年以来，敬奉释教，并无二法。谨守国典，罔敢陨越。不识不知，太和有象，朕每嘉焉。鉴其悃诚，重违所请。

念热河之地，为中外之交，朕驻跸清暑，岁以为常，而诸藩来觐，瞻礼亦便。因指山庄之东，无关于耕种之荒地，特许营度为佛寺。

陶甓于冶，取材于山。工用无输挽之劳，金钱无逾侈之费，经始讫功，告成不日。

历观往史，遹溯前朝，版籍有区，幅员未广。兹热河之奥壤，乃紫塞之神皋，名号不掌于职方，形胜无闻于地志。朕以凉德，抚育万方，边壖之外，悉为畿甸。诸藩于此建寺介福，率先恐后，无小无大，罔不来同。观我观民，思维此理。特题额曰“溥仁”。将欲汪涉之泽，均沾率土；升恒之庆，广洽普天；遍覆含弘，民胞物与；咸跻寿考，各遂生成。借诸蕃祝朕之忠诚，为万方祈纯嘏之锡。爰记斯文，勒诸贞石。

康熙五十三年三月十八日

避暑山庄纪恩堂记

［清］乾隆

圆明园之纪恩堂，纪受恩之自；避暑山庄之纪恩堂，纪受恩之迹。名同而实异；文异而事同。一而二，二而一者也。

盖皇祖养育予于宫中之旨，原降于圆明园之纪恩堂，兹不复赘。然其时仍居皇考藩邸中。及从皇祖来避暑山庄，乃赐居斯堂之侧堂，即三十六景中所谓“万壑松风”者。

夙兴夜寐，日觐天颜。绨几翻书，或示章句。玉筵侍膳，每赐芳饴。批阅章奏，屏息侍傍。引见官吏，承颜立侧。或命步射，以示众臣。持满连中，皇祖必为之色动。至于钓鱼而得，则令持去，以给皇考。若隔旬余半月，则遣往狮子园，以谒圣母。而其年秋，随皇祖幸木兰，又有宜纪者。

入木兰初，围场曰永安莽喀。围中有一熊，皇祖御火枪，中之，熊伏不动。久之，皇祖谓其已毙，命御前侍卫引予去射之。意欲使予于初围，得获熊之名也。其时，予甫欲上马，而熊突起，奔前。皇祖御虎枪，殪之。事毕，入武帐。皇祖顾温惠皇贵太妃，指予曰：“伊命贵重。”乃以射熊事告之曰：“使伊至熊所，而熊起马惊，成何事体？”

又一日，虞者告：“有虎。”皇祖命二十一叔父，后封慎郡王者往。予跽奏：“愿去！”皇祖曰：“汝不可去，俟朕往之日，携汝去

郎世宁《乾隆皇帝大阅图》 故宫博物院藏

耳！”似此深恩，彼时不知，至于今，每一念及，即欲堕泪。

夫五十余年之事，历历如昨。而予六旬有三，亦视曾孙矣！不有以纪之，子若孙其何由知之？此予所以追忆而涉笔也。子若孙其尚念我皇祖，何以眷顾我之深；及我之乾乾矻矻，何以不敢负皇祖之恩。将亿万斯年永丕基而承天眷胥在是矣。讵惟一堂之记云乎哉？

避暑山庄后序

[清]乾隆

我皇祖于辛卯年成此避暑山庄三十六景，绘图赋什，为序以行之。而予适生于是年，此中因缘不可思议。即位后，于辛酉年始为巡狩之举。至山庄，徘徊思慕，因敬依元韵以志景仰。甲戌年又增赋三十六景，盖以皇祖昔曾题额而未经入图，及余游览所至，随时题额补定者，总弗出皇祖旧定之范围，故“永恬居”之诗曰：“已是洞天传玉简，得教福地续琅书。”永恬居即皇祖御书也。御序至矣、尽矣，兹后序何为而作？盖予之生年既同山庄，而予之侍皇祖适以壬寅，而今岁又恰当壬寅。六十余年蕴于深衷者，不可以不明白宣示，以自戒己者，戒我后人耳。

夫居此山庄，日凛敬天法祖，勤政惠民，柔远宁迩诸大端，见之诗文者不知凡几，何尚有未宣之深衷乎？无而谓有，是欺己；有而弗宣，是欺人。我皇祖建此山庄，所以诘戎绥遐、崇朴爱物之义，见于御制序中，意深远也。是以皇考十三年之间虽未举行此典，尝面喻曰：“予之不往避暑山庄及木兰行围者，盖因日不暇给，而性好逸，恶杀生。是予之过。后世子孙当遵皇考所行，习武木兰，毋忘家法。”煌煌圣训，予与和亲王及尔时军机大臣实共闻之，而今皆无其人矣。予如不言，后更无知皇考圣意者。

又数年来，日涉成趣，于向所定景外，不无建置，如创得斋、戒得堂之类，不下二十处，既见之昨岁知过之论矣。而予之意犹有未尽者，亦不可不宣示后人也。盖汉唐以来，离宫别苑何代无之？然不过费人财、逞己欲，其甚者，乃至破国亡家，是可戒，无足法也。若今之山庄，乃在关塞之外，义重习武，不重崇文。而今则升府立学，骎骎乎崇文矣。然杜甫所云“将军不好武，稚子总能文”之句，余尝驳之，以为各有其地、其职也。设众人遂以此为美，亦美中之不足矣。又扈跸之众，历数月于役。《采薇》《出车》，古人所以恤下，此亦不可不念。俾人知其所系者大，且时加惠赐焉，则劳而不怨。若图己乐而忘人苦，亦非仁人之所为也。若夫崇山峻岭，水态林姿，鹤鹿之游，鸢鱼之乐，加之岩斋溪阁，芳草古木。物有天然之趣，人忘尘世之怀，较之汉唐离宫别苑有过之无不及也。若耽此而忘一切，则予之所为膻芗山庄者，是设陷阱，而予为得罪祖宗之人矣。

此意蓄之久而不忍言。今老矣，终不可不言，故书之。既以自戒，仍敬告我后人。若后人而忘予此言，则与国休戚相关之大臣，以及骨鲠忠直之言官，执予此言而谏之可也。设谏而不从，或且罪之者，则是天不佑我国家，朕亦无如之何也已矣。

乾隆四十七年七月下旬

御笔

避暑山庄百韵诗序

[清]乾隆

我皇祖建此山庄于塞外，非为一己之豫游，盖贻万世之缔构也。国家承天命，抚有中外于古未有之地，尽入版图，未服之国皆受封爵。而四十八旗诸部落，屏蔽塞外，恭顺有加。每岁入朝，锡赉燕飨，厥有常典。但其人有未出痘者，以进塞为惧。延颈举踵，以望六御之临。觐光钦德之念，有同然也。

我皇祖俯从其愿，岁避暑于此。鳞集仰流而来者，无不满志以归。且也，三代以上无论矣，三代以下享国最久者，莫如汉、唐、宋、明。然四姓皆一，再世而变乱生焉，是岂天心之怠眷？亦人事之偷惰实致之。

我皇祖有鉴于此，故自三逆底定之后，即不敢以逸豫为念。巡狩之典，或一岁而二三举行，耗财劳众之论，夫岂不虑？然而凛天戒、鉴前车、察民瘼、备边防，合内外之心，成巩固之业。习劳苦之役，惩晏安之怀，所全者大，则其小者有不必恤矣。使诚以游冶是尚，即深居九重，厌见百辟，恣声色，怠政事，谁其禁之？而必往来沙塞，风尘有所不避，饮食或致不时，以是为乐，固未见其乐也。

予小子自十二岁，蒙皇祖恩，养育宫中，侍奉左右，扈跸至此，亲见皇祖高年须白，允宜颐养，尚且日理万几。暇则校射习网，阅马合围。虽天行之健，自强不息，亦圣度之恢，与时偕行也。故继序以来，敬惟昔日时巡之意，更值四方宁谧之时，实不敢使文恬武嬉，以隳圣祖之家法。而每驻跸山庄，羹墙之见，云日之瞻，恻然有不能自已者。敬成百韵，略识皇祖卷阿之遗志，并申孙臣孺慕之悃诚，云尔。

避暑山庄七十二景

朱子仪

承德避暑山庄有七十二景，其中康熙皇帝以四字组成三十六景，乾隆皇帝以三字组成三十六景。

康熙朝定名的三十六景是：

平原区和西部山区　朱子仪摄

烟波致爽、芝径云堤、无暑清凉、延薰山馆、水芳岩秀、万壑松风、松鹤清越、云山胜地、四面云山、北枕双峰、西岭晨霞、锤峰落照、南山积雪、梨花伴月、曲水荷香、风泉清听、濠濮间想、天宇咸畅、暖流暄波、泉源石壁、青枫绿屿、莺啭乔木、香远益清、金莲映日、远近泉声、云帆月舫、芳渚临流、云容水态、澄泉绕石、澄波叠翠、石矶观鱼、镜水云岑、双湖夹镜、长虹饮练、甫田丛樾、水流云在。

乾隆朝定名的三十六景是：

丽正门、勤政殿、松鹤斋、如意湖、青雀舫、绮望楼、驯鹿坡、水心榭、颐志堂、畅远台、静好堂、冷香亭、采菱渡、观莲所、清晖亭、般若相、沧浪屿、一片云、苹香泮、万树园、试马埭、嘉树

正宫大门前的铜狮　朱子仪摄

轩、乐成阁、宿云檐、澄观斋、翠云岩、罨画窗、凌太虚、千尺雪、宁静斋、玉琴轩、临芳墅、知鱼矶、涌翠岩、素尚斋、永恬居。

“乾隆三十六景”中有不少景建于康熙年间而未列入“康熙三十六景”，其中有“水心榭”“一片云”“苹香沜”“万树园”“永恬居”等。比如“水心榭”就建于康熙四十八年（1709），康熙亲笔题名。乾隆有诗赞美“水心榭”：

一缕堤分内外湖，上头轩榭水中图。

因心秋意萧而淡，入目烟光有若无。

大学士张玉书写于1708年的《赐游热河后苑记》中提到了“一片云”和“苹香沜”。“一片云”是戏台；而“有荷池数亩，池上有凉

丽正门　朱子仪摄

殿，殿右有亭，为曲水流觞之地”，这就是“苹香沜”了。清人汤佑曾于康熙五十二年（1713）五月二十五日游避暑山庄，其《怀恩纪事诗二十四首》中有一首专写“万树园”，可见当时辟治平原区已经完成。

道教有“三十六洞天”和“七十二福地”的说法。所谓“七十二福地”说的是人世间七十二处神仙所居之地。就“七十二福地”的吉祥寓意而言，康熙皇帝已命名三十六景，也给后人留下了补足的机会。恰逢乾隆皇帝即位二十整年，他就完成了这一“福愿”。命名新三十六景之后，乾隆又仿照康熙留下的规矩，亲自为三十六景赋诗，并要钱维城、张若霭、金廷标、邹一桂、黄均、蒋懋德、王方岳等为三十六景作画。

康熙三十六景诗每首之前都有简短的诗序，或介绍景点位置和环境，或描述个人对景点的体验和感悟，有助于我们深度认识避暑山庄，特将这些诗序全部抄在下面：

隔湖远眺金山上帝阁 朱子仪摄

（1）《烟波致爽》：热河地既高敞，气亦清朗，无蒙雾霾氛，柳宗元记所谓旷如也。四围秀岭，十里澄湖，致有爽气。云山胜地之南，有屋七楹，遂以“烟波致爽”颜其额焉。

（2）《芝径云堤》：夹水为堤，逶迤曲折。径分三枝，列大小洲三，形若芝英，若云朵，复若如意。有二桥通舟楫。

（3）《无暑清凉》：循芝径北行，折而少东，过小山下，红莲满渚，绿树缘堤。西南夏屋轩敞，长廊联络，为无暑清凉。山爽朝来，水风微度，泠然善也。

（4）《延薰山馆》：入无暑清凉转西，为延薰山馆。楹宇守朴，不雘不雕，得山居雅致。启北户，引清风，几忘六月。

（5）《水芳岩秀》：水清则芳，山静则秀。此地泉甘水清，故择其所宜。邃宇数十间，于焉诵读，几暇静养，可以涤烦，可以悦性，作

从水心榭眺望文园狮子林　朱子仪摄

此自戒始终之意云。

（6）《万壑松风》：在无暑清凉之南，据高阜，临深流，长松环翠，壑虚风度，如笙镛迭奏声，不数西湖万松岭也。

（7）《松鹤清越》：进榛子峪，香草遍地，异花缀崖，夹岭虬松苍蔚，鸣鹤飞翔。登蓬瀛，临昆圃，神怡心旷，洵仙人所都，不老之庭也。

（8）《云山胜地》：万壑松风之西，高楼北向。凭窗远眺，林峦烟水，一望无极，气象万千。洵登临大观也。

（9）《四面云山》：澄泉绕石迤西，过泉源，盘冈纡岭，有亭翼然。出众山之巅，诸峰罗列，若揖若拱。天气晴朗，数百里外峦光云影，皆可远瞩。亭中长风四达，伏暑时萧爽如秋。

（10）《北枕双峰》：环山庄皆山也，山形至北尤高。亭之西北

澄湖西南的烟雨楼　朱子仪摄

锤峰夕照 朱子仪摄

一峰峻出，势陂陀而逶迤者，金山也。其东北一峰拔起，势雄伟而崒嵂者，黑山也。两峰翼抱，与兹亭相鼎峙焉。

（11）《西岭晨霞》：杰阁凌波，轩窗四出。朝霞初焕，林影错绣，西山丽景，入几案间。始登阁，若履平地，忽缘梯而降，方知上下楼也。

（12）《锤峰落照》：平冈之上，敞亭东向，诸峰横列于前。夕阳西映，红紫万状，似展黄公望《浮岚暖翠图》。有山矗然倚天，特作金碧色者，磬锤峰也。

（13）《南山积雪》：山庄之南，复岭环拱，岭上积雪，经时不消。于北亭遥望，皓洁凝映，晴日朝鲜，琼瑶失素。峨眉明月、西昆阆风，差足比拟。

（14）《梨花伴月》：入梨树峪，过三岔口，循涧西行可里许，依岩架屋。曲廊上下，层阁参差。翠岭作屏，梨花万树。微云淡月时，清景尤绝。

安远庙 朱子仪摄

（15）《曲水荷香》：碧溪清浅，随石盘折，流为小池，藕花无数，绿叶高低。每新雨初过，平堤水足，落红波面，贴贴如泛杯。兰亭觞咏，无此天趣。

（16）《风泉清听》：两峰之间，流泉澝澝。微风披拂，滴石作琴筑音，与鹤鸣松韵相应。泉味甘馨，怡神养寿，恰合章孝标《松下泉》诗：“注瓶云母滑，漱齿茯苓香。”

（17）《濠濮间想》：清流素练，绿岫长林，好鸟枝头，游鱼波际，无非天适。会心处在南华秋水矣。

（18）《天宇咸畅》：湖中一山突兀，顶有平台，架屋三楹，北即上帝阁也。仰接层霄，俯临碧水，如登妙高峰上。北固烟云，海门风月，皆归一览。

（19）《暖流暄波》：曲水之南，过小阜，有水自宫墙外流入，盖汤泉余波也。喷薄直下，层石齿齿，如漱玉液，飞珠溅沫，犹带云蒸霞蔚之势。

普宁寺 朱子仪摄

（20）《泉源石壁》：狮径之北，冈岭蜿蜒数里，翠崖如壁。下映流泉，泉水静深，寻源徙倚，咏朱子“问渠那得清如许，为有源头活水来”之句，悠然有会。

（21）《青枫绿屿》：北岭多枫，叶茂而美荫，其色油然，不减梧桐芭蕉也。疏窗掩映，虚凉自生。萝茑交枝，垂挂崖畔。“水似青罗带，山如碧玉簪”，奇境在户牖间矣。

（22）《莺啭乔木》：甫田丛樾之西，夏木千章，浓阴数里。晨曦始旭，宿露未晞。黄鸟好音，与薰风相和，流声逸韵，山中一部笙簧也。

（23）《香远益清》：曲水之东，开凉轩，前后临池，中植重台、千叶诸名种，翠盖凌波，朱房含露，流风冉冉，芳气竞谷。

（24）《金莲映日》：广庭数亩，植金莲花万本。枝叶高挺，花

须弥福寿之庙 朱之仪摄

面圆径二寸余。日光照射，精彩焕目。登楼下视，直作黄金布地观。

（25）《远近泉声》：北为趵突泉，涌地觱沸。西为瀑布，银河倒泻。晶帘映崖，微风斜卷，珠玑散空。前后池塘，白莲万朵，花芬泉响，直入庐山胜境矣。

（26）《云帆月舫》：临水仿舟形为阁。广一室，袤数倍之，周以石栏。疏窗掩映，宛如驾轻云，浮明月。上有楼，可登眺，亦如舵楼也。

（27）《芳渚临流》：亭临曲渚，巨石枕流。湖水自长桥泻出，至此折而南行。亭左右，岸石天成，亘二里许。苍苔紫藓，丰草灌木，极似范宽图画。

（28）《云容水态》：关口之南，有室东向。缘坡下望，绿树为田，青峰如堵。川流溶溶，白云冶冶，不知孰为云，孰为水也。由长桥

普乐寺 朱子仪摄

而渡，疑入四明山中，一径分“过云”南北。

（29）《澄泉绕石》：亭南临石池，西二里许为泉源。源自石罅出，截架鸣筜，依山引流，曲折而至。雨后溪壑奔注，各作石堰以遏泥沙，故池水常澄澈可鉴。

（30）《澄波叠翠》：如意洲之后，小亭临湖，湖水清涟彻底。北面层峦重掩，云簇涛涌，特开屏障。扁舟过此，辄为流连。正如韦应物诗云：“碧泉交幽绝，赏爱未能去。”

（31）《石矶观鱼》：远近泉声而南，渡石步，有亭东向，倚山临溪。溪水清澈，修鳞衔尾，荇藻交枝，历历可数。溪边有平石，可坐以垂钓。

（32）《镜水云岑》：后楹依岭，三面临湖。廊庑周遮，随山高下，波光岚影，变化烟云。佳景无边，令人应接不暇。

（33）《双湖夹镜》：山中诸泉，从板桥流出，汇为一湖，在石桥之右，复从石桥下注，放为大湖。两湖相连，阻以长堤，犹西湖之里外湖也。

普陀宗乘之庙　朱子仪摄

（34）《长虹饮练》：湖光澄碧，一桥卧波。桥南种敖汉荷花万枝，间以内地白莲。锦错霞变，清芬袭人。苏舜钦《垂虹桥》诗，谓如玉宫银界，徒虚语耳。

（35）《甫田丛樾》：流杯亭之北，瓜圃之西，平原如掌，丰草茂木。麋麕雉兔，交物其间。秋凉弓劲，合烝徒，行步围。诚猎场选地。

（36）《水流云在》：云无心以出岫，水不舍而长流，造物者之无尽藏也。杜甫诗云“水流心不竞，云在意俱迟”，斯言深有体验。

参考书目

Bibliography

Aoki Shigeru and Kobayashi Hiromitsu. *"Chūgoku no yōfūga" ten: Minmatsu kara Shin jidai no kaiga, hanga, sashiebon.* Machida-shi: Machida Shiritsu Kokusai Hanga Bijitsukan, 1995.

Appadurai, Arjun. "Introduction: Commodities and the Politics of Value." In *The Social Life of Things: Commodities in Cultural Perspective,* edited by Arjun Appadurai, 3–63. Cambridge, UK: Cambridge University Press, 1997.

Babaie, Sussan. *Isfahan and Its Palaces: Statecraft, Shi'ism and the Architecture of Conviviality in Early Modern Iran.* Edinburgh: University of Edinburgh Press, 2008.

Ballon, Hilary, and David Friedman. "Portraying the City in Early Modern Europe: Measurement, Representation, and Planning." In *Cartography in the European Renaissance,* edited by David Woodward, 680–704. Vol. 3, part 1 of *History of Cartography.* Chicago: University of Chicago Press, 1998.

Barfield, Thomas J. *The Perilous Frontier: Nomadic Empires and China.* Cambridge, MA: Basil Blackwell, 1989.

Barmé, Geremie. *The Forbidden City.* Cambridge, MA: Harvard University Press, 2008.

Barnhart, Richard M. *Peach Blossom Spring: Gardens and Flowers in Chinese Paintings.* New York: Metropolitan Museum of Art, 1983.

Barrell, John. "The Public Prospect and the Private View: The Politics of Taste in Eighteenth-Century Britain." In *Landscape, Natural Beauty and the Arts,* edited by Salim Kemal and Ivan Gaskell, 81–102. Cambridge, UK: Cambridge University Press, 1993.

Bartholomew, Terese Tse. "Botanical Puns in Chinese Art from the Collection of the Asian Art Museum of San Francisco." *Orientations* 16:9 (1985): 18–34.

Bartlett, Beatrice S. "Imperial Notations on Ch'ing Official Documents in the Ch'ien-lung (1736–1795) and Chia-ch'ing (1796–1820) Reigns." *National Palace Museum Bulletin* 7:2 (1972): 1–13, and 7:3 (1972): 1–13.

Baxandall, Michael. "The Period Eye." In *Painting and Experience in Fifteenth-Century Italy,* 29–57. 2nd edition. Oxford: Oxford University Press, 1988.

Beardsley, John. *Gardens of Revelation: Environments by Visionary Artists.* New York:

Abbeville Press, 2003.
Beer, Robert. *The Encyclopedia of Tibetan Symbols and Motifs*. Boston: Shambala, 1999.
Beik, William. "The Absolutism of Louis XIV as Social Collaboration." *Past and Present* 188:1 (2005): 195–224.
Bell, John. *Travels from St. Petersburg in Russia to Diverse Parts of Asia*. 2 volumes. Reprint, Cambridge, UK: Cambridge University Press, 2014.
Bello, David A. *Across Forest, Steppe, and Mountain: Environment, Identity and Empire in Qing China's Borderlands*. Cambridge, UK: Cambridge University Press, 2016.
Bentley, Tamara. "Authenticity and the Expanding Market in Chen Hongshou's Seventeenth-Century Printed Playing Cards." *Artibus Asiae* 69:1 (2009): 147–88.
Berger, Patricia Ann. *Empire of Emptiness: Buddhist Art and Political Authority in Qing China*. Honolulu: University of Hawai'i Press, 2003.
Berliner, Nancy. "Gardens, Water and Calligraphy: The Development and References of the Curving Waterway Garden Element." Artful Retreat: Garden Culture of the Qing Dynasty, symposium, Harvard University, November 12, 2010.
Bickford, Maggie. "Three Rams and Three Friends: The Working Lives of Chinese Auspicious Motifs." *Asia Major* 12, part 1 (1999): 127–58.
Bishu shanzhuang yanjiuhui, ed. *Bishu shanzhuang luncong*. Beijing: Zijincheng Chubanshe, 1986.
Braun, Georg, and Franz Hogenberg. *Civitates Orbis Terrarum*. Cologne, Germany: Gottfried von Kempen, 1572–1575.
Brokaw, Cynthia J., and Kai-wing Chow. *Printing and Book Culture in Late Imperial China*. Berkeley: University of California Press, 2005.
Burke, Peter. *The Frabrication of Louis XIV*. New Haven, CT: Yale University Press, 1992.
Bush, Susan. "Lung-mo, K'ai-ho, and Ch'i-fu: Some Implications of Wang Yüan-ch'i's Three Compositional Terms." *Oriental Art* 8:3 (1962): 120–27.
Bush, Susan, and Christian F. Murck, eds. *Theories of the Arts in China*. Princeton, NJ: Princeton University Press, 1983.
Bush, Susan, and Hsio-yen Shih. *Early Chinese Texts on Painting*. Cambridge, MA: Harvard University Press, 1985.
Bussotti, Michela. "'Dessins' et 'Desseins': Techniques d'Impression chez Matteo Ripa et Édition Impériale en Chine (XVIIIe Siècle)." In *Empires en marche: Rencontres entre la Chine et l'Occident à l'âge moderne (XVIe—XIXe siècles)*, edited by Dejanirah Couto and François Lachaud, 247–73. Paris: École Française d'Extrême-Orient, 2017.
Cahill, James. *The Compelling Image: Nature and Style in Seventeenth-Century Chinese Painting*. Cambridge, MA: Harvard University Press, 1982.
———. *The Distant Mountains: Chinese Painting of the Late Ming Dynasty, 1570–1644*. New York: Weatherhill, 1982.
———. "Exploring the Zhi Garden in Zhang Hong's Album." http://jamescahill.info/the-writings-of-james-cahill/cahill-lectures-and-papers/37-clp-22-1995-exploring-the-zhi-garden-in-zhang-hongs-album-lecture-lacma. Accessed July 8, 2018.

———. "The Orthodox Movement in Early Ch'ing Painting." In *Artists and Traditions: Uses of the Past in Chinese Culture*, edited by Christian F. Murck, 169–84. Princeton, NJ: Princeton University Art Museum, 1976.

———. "Wang Yüan-ch'i and Tao-chi." In *The Compelling Image: Nature and Style in Seventeenth-Century Chinese Painting*, 184–227, 237–38. Cambridge, MA: Harvard University Press, 1982.

Cams, Mario. *Companions in Geography: East-West Collaboration in the Mapping of Qing China (c. 1685–1735)*. Leiden, Netherlands: Brill, 2017.

———. "Converging Interests and Scientific Circulation between Paris and Beijing (1685–1735): The Path towards a New Qing Cartographic Practice." *Revue d'histoire des sciences* 70:1 (2017): 47–78.

———. "Not Just a Jesuit Atlas of China: Qing Imperial Cartography and Its European Connections." *Imago Mundi* 69:2 (2017): 188–201.

Campbell, Duncan. "Qi Biaojia's 'Footnotes to Allegory Mountain': Introduction and Translation." *Studies in the History of Gardens & Designed Landscapes* 19:3–4 (1999): 243–71.

Cerceau, Jacques Androuet du. *Leçons de perspective positive*. Paris: Patisson, 1576.

Chang, Chia-Feng, "Disease and Its Impact on Policy, Diplomacy, and the Military: The Case of Smallpox and the Manchus (1613–1795)." *Journal of the History of Medicine and Allied Sciences* 57:2 (2002): 177–97.

Chang, Chin-Sung. "Wang Hui: The Evolution of a Master Landscapist." In *Landscapes Clear and Radiant: The Art of Wang Hui (1632–1717)*, edited by Maxwell K. Hearn, 49–127. New York: Metropolitan Museum of Art, 2008.

Chang, Michael G. *A Court on Horseback: Imperial Touring and the Construction of Qing Rule, 1680–1785*. Cambridge, MA: Harvard University Asia Center, 2007.

Chang Jiang and Li Li. *Qinggong shiwei*. Shenyang: Liaoning Daxue Chubanshe, 1994.

Chang Te-ch'ang. "The Economic Role of the Imperial Household in the Ch'ing Dynasty." *Journal of Asian Studies* 31:2 (1972): 243–73.

Chayet, Anne. "Architectural Wonderland: An Empire of Fictions." In *New Qing Imperial History: The Making of Inner Asian Empire at Qing Chengde*, edited by James A. Millward, Ruth W. Dunnell, Mark C. Elliott, and Philippe Forêt, 33–52. London: Routledge, 2004.

———. *Les temples de Jehol et leurs modèles tibétains*. Paris: Editions Recherche sur les civilisations, 1985.

Chen, Hui-hung. "Chinese Perception of European Perspective: A Jesuit Case in the Seventeenth Century." *The Seventeenth Century* 24:1 (2009): 97–128.

Chen Baosen. *Chengde Bishu shanzhuang Waibamiao*. Beijing: Zhongguo Jianzhu Gongye Chubanshe, 1995.

Chen Congzhou. *Zhongguo yuanlin jianshang cidian*. Shanghai: Huadong Shifan Daxue Chubanshe, 2001.

Chen Duxiu. "Meishu geming." *Xinqingnian* 6:1 (1918): 85–86.

Chen Keyin and An Lili. *Chengde fengguang*. Shijiazhuang: Hebei Meishu Chubanshe, 1987.

Chen Lüsheng and Li Laoshi, eds. *Wang Yuanqi huaji*. 2 volumes. Beijing: Renmin Meishu Chubanshe, 1995.

Chen Menglei, Jiang Tingxi, et al., eds. *Qinding Gujin tushu jicheng*. Taipei: Dingwen Shuju, 1977.

———. *Qinding Gujin tushu jicheng*. Beijing: s.n., 1728.

Chen Yunru. "At the Emperor's Invitation: Literary Gathering and the Emergence of Imperial Garden Space in Northern Song Painting." *Orientations* 38:1 (2007): 56–61.

———. "Shijian de xingzhuang—Qing yuanhua shier yueling tu yanjiu." *Gugong xueshu jikan* 22:4 (2005): 103–39.

Cheng Muheng, *Loudong qijiu zhuan, 5 juan*. China: s.n., n.d.

Cheng Te-k'un. "The Travels of Emperor Mu." *Journal of the North China Branch of the Royal Asiatic Society* 64 (1933): 124–42 and 65 (1934): 128–49.

Chengde Bishu shanzhuang guanlichu. *Bishu shanzhuang yu Waibamiao*. Beijing: Wenwu Chubanshe, 1976.

———. *Qinggong micang: Chengde Bishu shanzhuang zangchuan fojiao wenwu tezhan*. Taipei: Guanxiang Wenwu Yishu Youxian Gongsi, 1999.

Chengdeshi wenwuju. *Chengde Bishu shanzhuang*. Beijing: Wenwu Chubanshe, 1980.

———. *Qingdi yu Bishu shanzhuang*. Beijing: Zhongguo Lüyou Chubanshe, 2003.

———. *Zhongguo Chengde: Bishu shanzhuang 300 nian tezhan tulu, 1703–2003*. Beijing: Zhongguo Lüyou Chubanshe, 2003.

———. *Zisai zhencui—Chengde guancang wenwu jingpin tulu*. Bejing: Wenwu Chubanshe, 2012.

Chengde shi wenwuju and Zhongguo diyi lishi dang'anguan, eds. *Qinggong Rehe dang'an*. 18 volumes. Beijing: Zhongguo Dang'an Chubanshe, 2003.

Chia, Ning. "The Lifanyuan and the Inner Asian Rituals in the Early Qing (1644–1795)." *Late Imperial China* 14:1 (1993): 60–92.

Chou, Ju-hsi. "In Defense of Qing Orthodoxy." In *The Jade Studio: Masterpieces of Ming and Qing Painting and Calligraphy from the Wong Nan-P'ing Collection*, edited by Richard M. Barnhart, 35–42. New Haven, CT: Yale University Press, 1994.

Chou, Ju-hsi, and Claudia Brown. *The Elegant Brush: Chinese Painting under the Qianlong Emperor, 1735–1795*. Phoenix, AZ: Phoenix Art Museum, 1985.

Chou, Wen-shing. "Imperial Apparitions: Manchu Buddhism and the Cult of Mañjuśrī." *Archives of Asian Art* 65:1–2 (2015): 139–79.

Chow, Kai-wing. *Publishing, Culture, and Power in Early Modern China*. Stanford, CA: Stanford University Press, 2004.

Chu, Petra Ten-Doesschate, and Ning Ding, eds. *Qing Encounters: Artistic Exchanges between China and the West*. Los Angeles: Getty Research Insitute, 2015.

Chung, Anita. *Drawing Boundaries: Architectural Images in Qing China*. Honolulu: University of Hawai'i Press, 2004.

Clunas, Craig. *Elegant Debts: The Social Art of Wen Zhengming, 1470–1559*. London: Reaktion, 2004.

———. *Fruitful Sites: Garden Culture in Ming Dynasty China*. Durham, NC: Duke University Press, 1996.

———. "The Gift and the Garden." *Orientations* 26:2 (1995): 38–45.

———. "Qing Encounters," *Journal18* (2016). www.journal18.org/277. Accessed August 8, 2017.

Coaldrake, William Howard. *Architecture and Authority in Japan*. Nissan Institute/

Routledge Japanese Studies Series. London: Routledge, 1996.

Cooper, David, and Ian N. Gregory. "Mapping the English Lake District: A Literary GIS." *Transactions of the Institute of British Geographers* 36:1 (2011): 89–108.

Corsi, Elisabetta. "Envisioning Perspective: Nian Xiyao's (1671–1738) Rendering of Western Perspective in the Prologues to 'The Science of Vision.'" In *A Life Journey to the East: Sinological Studies in Memory of Giuliano Betuccioli (1923–2001)*, edited by Antonino Forte and Federico Masini, 201–43. Kyoto, Japan: Scuola Italian di Studi sull'Asia Orientale, 2002.

———. "Late Baroque Painting in China Prior to the Arrival of Matteo Ripa, Giovanni Gherardini and the Perspective Painting Called Xianfa." In *La missione cattolica in Cila tra i secoli XVIII–XIX, Matteo Ripa e il Collegio dei Cinesi*, edited by Michele Fatica and Francesco D'Arelli, 103–23. Naples, Italy: Instituto Universitario Orientale, 1999.

Cosgrove, Denis E. *Social Formation and Symbolic Landscape*. Madison: University of Wisconsin Press, 1998.

Cronon, William. *Uncommon Ground: Rethinking the Human Place in Nature*. New York: W.W. Norton & Co., 1996.

Crossley, Pamela Kyle. "The Conquest Elite of the Ch'ing Empire." In *The Ch'ing Dynasty to 1800*, edited by Willard J. Peterson, 310–59. Vol. 9, part 1 of *The Cambridge History of China*. Cambridge, UK: Cambridge University Press, 2002.

———. "An Introduction to the Qing Foundation Myth." *Late Imperial China* 6:2 (1985): 13–23.

———. "Early Modern Cosmopolitanism and the Kangxi Emperor." In *The Reign of the Kangxi Emperor*, edited by Shuyi Kan, 11–19. Singapore: Asian Civilisations Museum, 2010.

———. *The Manchus*. Cambridge, MA: Blackwell Publishers, 1997.

———. "Manzhou yuanliu kao and the Formalization of the Manchu Heritage." *Journal of Asian Studies* 46:4 (1987): 761–90.

———. "The Rulerships of China." *American Historical Review* 97:5 (1992): 1468–83.

———. "Thinking about Ethnicity in Early Modern China." *Late Imperial China* 11:1 (1990): 1–35.

———. *A Translucent Mirror: History and Identity in Qing Imperial Ideology*. Berkeley: University of California Press, 1999.

Crossley, Pamela Kyle, and Evelyn S. Rawski. "A Profile of the Manchu Language in Ch'ing History." *Harvard Journal of Asiatic Studies* 53:1 (1993): 63–102.

Dai Yi. "Bishu shanzhuang he Kang Qian shengshi." In *Shanzhuang yanjiu: Jinian Chengde Bishu shanzhuang jianyuan 290 zhounian lunwenji*, edited by Dai Yi, 7–13. Beijing: Zijincheng Chubanshe, 1994.

———. *Qingshi yanjiu yu Bishu shanzhuang*. Shenyang: Liaoning Minzu Chubanshe, 2005.

———, ed. *Shanzhuang yanjiu: Jinian Chengde Bishu shanzhuang jianyuan 290 zhounian lunwenji*. Beijing: Zijincheng Chubanshe, 1994.

Daqing Shengzu renhuangdi shilu. Taipei: Xinwenfeng Chuban Gongsi, 1978.

Daqing Shizu zhanghuangdi shilu. Taipei: Xinwenfeng Chuban Gongsi, 1978.

Dardess, John W. "A Ming Landscape: Settlement, Land Use, Labor, and Estheticism in T'ai-ho County, Kiangsi." *Harvard Journal of Asiatic Studies* 49:2 (1989): 295–364.

de Certeau, Michel. "Spatial Stories." In *The Practice of Everyday Life* by Michel de Certeau, 115–30. Berkeley: University of California Press, 1984.

Dennerline, Jerry. "The Shun-chih Reign." In *The Ch'ing Dynasty to 1800*, edited by Willard J. Peterson, 73–119. Vol. 9, part 1 of *The Cambridge History of China*. Cambridge, UK: Cambridge University Press, 2002.

Despeaux, Catherine, and Livia Kohn. *Women in Daoism*. Cambridge, MA: Three Pines Press, 2003.

Dickinson, Gary, and Linda Wrigglesworth. *Imperial Wardrobe*. Revised edition. Berkeley, CA: Ten Speed Press, 2000.

Dong Liming, Xie Ninggao, and Li Guoliang. "Chengde shi yu Bishu shanzhuang." *Dili zhishi* 10 (1978): 8–10.

Dott, Brian Russell. *Identity Reflections: Pilgrimages to Mount Tai in Late Imperial China*. Cambridge, MA: Harvard University Asia Center, 2004.

Du Jiang. *Qingdi Chengde ligong*. Beijing: Zijincheng chubanshe, 1998.

———. "Qingdai ligong—Bishu shanzhuang." *Zijincheng* 3 (1981): 32–34.

Duan Huijie. *Bishu shanzhuang mingjing elian manhua*. Beijing: Zhongguo Wenlian Chuban Gongsi, 1993.

Duan Zhongrong. *Bishu shanzhuang qishier ding jingshi dianping*. Hohhot: Yuanfang Chubanshe, 2003.

Edgren, Sören. *Chinese Rare Books in American Collections*. New York: China House Gallery, China Institute in America, 1984.

Elias, Norbert. *The Court Society*. Revised edition. Dublin: University College Dublin Press, 2006.

Elliott, Mark C. "The Limits of Tartary: Manchuria in Imperial and National Geographies." *Journal of Asian Studies* 59:3 (2000): 603–46.

———. "The Manchu-Language Archives of the Qing Dynasty and the Origins of the Palace Memorial System." *Late Imperial China* 22:1 (2001): 1–70.

———. *The Manchu Way: The Eight Banners and Ethnic Identity in Late Imperial China*. Stanford, CA: Stanford University Press, 2001.

Elliott, Mark C., and Ning Chia. "The Qing Hunt at Mulan." In *New Qing Imperial History: The Making of Inner Asian Empire at Qing Chengde*, edited by James A. Millward, Ruth W. Dunnell, Mark C. Elliott, and Philippe Forêt, 66–83. London: Routledge, 2004.

Elman, Benjamin A. *From Philosophy to Philology: Intellectual and Social Aspects of Change in Late Imperial China*. Cambridge, MA: Council on East Asian Studies, Harvard University, 1984.

Elvin, Mark. *The Retreat of the Elephants: An Environmental History of China*. New Haven, CT: Yale University Press, 2004.

Erickson, Susan N. "Boshanlu Mountain Censers of the Western Han Period: A Typological and Iconological Analysis." *Archives of Asian Art* 45 (1992): 6–28.

Fan Shuyuan and Duan Zhongrong. *Bishu shanzhuang yuzhi fengjing shi jianshang*. Hailaer, Inner Mongolia: Neimenggu Wenhua Chubanshe, 2000.

Farquhar, David M. "The Ch'ing Administration of Mongolia up to the Nineteenth Century." PhD diss., Harvard University, 1960.

———. "Emperor as Bodhisattva in the Governance of the Ch'ing Empire." *Harvard*

Journal of Asiatic Studies 38:1 (1978): 5–34.
———. "Mongolian vs. Chinese Elements in the Early Manchu State." *Ch'ing shih wen-t'i* 2:6 (1971): 11–23.
———. "The Origins of the Manchu's Mongolian Policy." In *The Chinese World Order: Traditional China's Foreign Relations*, edited by John King Fairbank and Ch'en Ta-tuan, 198–205. Cambridge, MA: Harvard University Press, 1968.
Feng Chunjiang. *Kangxi yuzhi Bishu shanzhuang beiwen*. Beijing: Zhongguo Xiju Chubanshe, 2003.
Feng Erkang. "'Yuzhi gonghe Bishu shanzhuang tuyong' de shiliao jiazhi." In *Shanzhuang yanjiu: Jinian Chengde Bishu shanzhuang jianyuan 290 zhounian lunwenji*, edited by Dai Yi, 14–19. Beijing: Zijincheng Chubanshe, 1994.
Ferguson, John C. *Lidai zhulu huamu*. Beijing: Renmin Meishu Chubanshe, 1993.
Finlay, John. "'40 Views of the Yuanming yuan': Image and Ideology in a Qianlong Imperial Album of Poetry and Paintings." PhD diss., Yale University, 2011.
Fiskesjö, Magnus. "On the 'Raw' and the 'Cooked' Barbarians of Imperial China." *Inner Asia* 1 (1999): 139–68.
Fong, Wen C. *Beyond Representation: Chinese Painting and Calligraphy, 8th–14th Century*. New York: Metropolitan Museum of Art, 1992.
———. "Wang Hui and Repossessing the Past." In *Landscapes Clear and Radiant: The Art of Wang Hui (1632–1717)*, edited by Maxwell K. Hearn, 3–48. New York: Metropolitan Museum of Art, 2008.
———. "Wang Hui, Wang Yüan-ch'i, and Wu Li." In *In Pursuit of Antiquity: Chinese Paintings of the Ming and Ch'ing Dynasties from the Collection of Mr. and Mrs. Earl Morse*, edited by Roderick Whitfield and Wen C. Fong, 175–94. Princeton, NJ: Princeton University Art Museum, 1969.
Fong, Wen C., and James C. Y. Watt. *Possessing the Past: Treasures from the National Palace Museum, Taipei*. New York: Metropolitan Museum of Art, 1996.
Forêt, Philippe. "The Intended Perception of the Imperial Gardens of Chengde in 1780." *Studies in the History of Gardens & Designed Landscapes, Chinese Gardens II* 19:3–4 (1999): 343–63.
———. "The Manchu Landscape Enterprise: Political, Geomantic and Cosmological Readings of the Gardens of the Bishu Shanzhuang Imperial Residence at Chengde." *Cultural Geographies* 2:3 (1995): 325–34.
———. *Mapping Chengde: The Qing Landscape Enterprise*. Honolulu: University of Hawai'i Press, 2000.
Franke, Herbert. "The Chin Dynasty." In *Alien Regimes and Border States, 907–1368*, edited by Herbert Franke and Denis C. Twitchett, 215–320. Vol. 6 of *The Cambridge History of China*. Cambridge, UK: Cambridge University Press, 1994.
Franke, Herbert, and Denis C. Twitchett, eds. *Alien Regimes and Border States, 907–1368*. Vol. 6 of *The Cambridge History of China*. Cambridge, UK: Cambridge University Press, 1994.
Fu Xinian and Nancy Shatzman Steinhardt. *Chinese Architecture*. New Haven, CT: Yale University Press, 2002.
Fuchs, Walter. *Der Jesuiten-Atlas der Kanghsi-Zeit: Seine Entstehungsgeschichte Nebst Namensindices für die Karten der Mandjurei, Mongolei, Ostturkestan und Tibet, mit*

Wiedergabe der Jesuiten-Karten in Original Grösse. Monumenta Serica Monograph, series 4. Peking: Fu-Jen Universität, 1943.

Gao Juhan [James Cahill], Huang Xiao, and Liu Shanshan. *Buxiu de linquan: Zhongguo gudai yuanlin huihua*. Beijng: Sanlian Shudian, 2012.

Gibert, Lucien. *Dictionnaire Historique et Géographique de la Mandchourie*. Hong Kong: Imprimerie de la Société des missions-étrangères, 1934.

Golvers, Nöel. *The Astronomia Europaea of Ferdinand Verbiest, S. J. (Dillingen, 1687): Text, Translation, Notes and Commentaries*. Nettetal, Germany: Steyler Verlag, 1993.

———. "An Unnoticed Letter of F. Verbiest, S.J., On His Geodesic Operations in Tartary (1683/1684)." *Archives internationales d'histoire des sciences* 50 (2000): 86–102.

Grafton, Anthony. *Leon Battista Alberti: Master Builder of the Italian Renaissance*. New York: Hill and Wang, 2000.

Gray, Basil. "Lord Burlington and Father Ripa's Chinese Engravings." *British Museum Quarterly* 22:1–2 (1960): 40–43.

Gugong bowuyuan, ed. *Gugong bowuyuan cang Qingdai gongting huihua*. Beijing: Wenwu Chubanshe, 1992.

———. *Gugong cangshu mulu huibian*. Beijing: Xianzhuang Shuju, 2004.

———. *Qingdai dang'an shiliao congbian*. Beijing: Zhonghua Shuju, 1978.

———. *Qingdai gongting banhua*. Beijing: Zijincheng Chubanshe, 2006.

———. *Shengshi wenzhi—Qinggong dianji wenhua*. Beijing: Zijincheng Chubanshe, 2005.

———. *Tianlu zhencang: Qinggong neifuben sanbainian*. Beijing: Zijincheng Chubanshe, 2007.

Gugong bowuyuan tushuguan, ed. *Gugong fangzhi mu*. Beijing: Gugong Bowuyuan Tushuguan, 1931.

———. *Gugong putong shumu*. Beijing: Gugong Bowuyuan, 1934.

———. *Gugong suocang dianban shumu*. Beijing: Gugong Bowuyuan Tushuguan, 1933.

Gugong bowuyuan tushuguan and Liaoning sheng tushuguan, eds. *Qingdai neifu keshu mulu jieti*. Beijing: Zijincheng Chubanshe, 1995.

Guo Chenghe and Feng Shudong. *Bishu shanzhuang Waibamiao jianjie*. Beijing: Zhongguo Xiju Chubanshe, 2007.

Guoli gugong bowuyuan, ed. *Gongzhong dang Kangxi chao zouzhe*. Taipei: Guoli Gugong Bowuyuan, 1976.

———. *Gugong shuhua tulu*. 27 volumes. Taipei: Guoli Gugong Bowuyuan, 1989–2010.

———. *Gugong shuhualu*. Zhonghua congshu. Taipei: Zhonghua Congshu Weiyuanhui, 1956.

———. *Gugong shuhualu: zengdingben*. Taipei: Guoli Gugong Bowuyuan, 1965.

———. *Midian zhulin Shiqu baoji*. Taipei: Guoli Gugong Bowuyuan, 1971.

———. *Midian zhulin Shiqu baoji xubian*. Taipei: Guoli Gugong Bowuyuan, 1971.

———. *Qingdai qijuzhu ce, Kangxi chao*. Taipei: Lianjing Chuban Shiye Gongsi, 2009.

———. *Qinding Siku quanshu*. Taipei: Taiwan Yinshuguan, 1995.

———. *Yongzheng: Qing Shizong wenwu dazhan*. Taipei: Guoli Gugong Bowuyuan, 2009.

Guwu chenliesuo, ed. *Neiwubu guwu chenliesuo shuhua mulu*. Beijing: Zhongguo Dabaike Quanshu Chubanshe, 1997.

Guy, R. Kent. "Who Were the Manchus? A Review Essay." *Journal of Asian Studies* 61:1

(2002): 151–64.

Hai Zhong, Ting Jie, and Li Shiyin. *Chengde fuzhi*. Beijing: s.n., 1887.

Halbwachs, Maurice. "The Legendary Topography of the Gospels of the Holy Land." In *On Collective Memory*, translated by Lewis A. Coser, 193–235. Chicago: University of Chicago Press, 1992.

Hall, David L., and Roger T. Ames. "The Cosmological Setting of Chinese Gardens." *Studies in the History of Gardens & Designed Landscapes* 18:3 (1998): 175–86.

Hammers, Roslyn Lee. *Pictures of Tilling and Weaving: Art, Labor, and Technology in Song and Yuan China*. Hong Kong: Hong Kong University Press, 2011.

Hammond, Kenneth J. "Wang Shizhen's Yan Shan Garden Essays: Narrating a Literati Landscape." *Studies in the History of Gardens & Designed Landscapes* 19:3–4 (1999): 276–87.

Handlin-Smith, Joanna F. "Gardens in Ch'i Piao-chia's Social World: Wealth and Values in Late-Ming Kiangnan." *Journal of Asian Studies* 51:1 (1992): 55–81.

Hardie, Alison, and Duncan Campbell, eds. *Dumbarton Oaks Anthology of Chinese Garden Literature*. Washington, DC: Dumbarton Oaks Research Library and Collection, 2020.

Hargett, James M. "Huizong's Magic Marchmount: The Genyue Pleasure Park of Kaifeng." *Monumenta Serica* 38 (1988): 1–48.

———. "The Pleasure Parks of Kaifeng and Lin'an During the Sung (960–1279)." *Chinese Culture* 30:1 (1989): 61–78.

———, trans. *Riding the River Home: A Complete and Annotated Translation of Fan Chengda's (1126–1193) Travel Diary Record of a Boat Trip to Wu (Wuchuan lu)*. New York: Columbia University Press, 2008.

Harley, J. Brian. "Maps, Knowledge, and Power." In *The New Nature of Maps: Essays in the History of Cartography*, edited by Paul Laxton, 51–83. Baltimore, MD: Johns Hopkins University Press, 2001.

Harrist, Robert E. *The Landscape of Words: Stone Inscriptions from Early and Medieval China*. Seattle: University of Washington Press, 2008.

———. *Painting and Private Life in Eleventh-century China: Mountain Villa by Li Gonglin*. Princeton, NJ: Princeton University Press, 1998.

———. "Site Names and Their Meanings in the Garden of Solitary Enjoyment." *Journal of Garden History* 13:4 (1993): 199–212.

Hay, Jonathan. "The Kangxi Emperor's Brush-Traces: Calligraphy, Writing and the Art of Imperial Authority." In *Body and Face in Chinese Visual Culture*, edited by Wu Hung and Katherine Tsiang Mino, 311–34, 417–23. Cambridge, MA: Harvard University Press, 2005.

He Yan. *Qingdai huangdi beixun yudao yu xinggong*. Urumqi: Xinjiang Renmin Chubanshe, 2001.

Hearn, Maxwell K. "Art Creates History: Wang Hui and The Kangxi Emperor's Southern Inspection Tour." In *Landscapes Clear and Radiant: The Art of Wang Hui (1632–1717)*, edited by Maxwell K. Hearn, 128–83. New York: Metropolitan Museum of Art, 2008.

———. *Cultivated Landscapes: Chinese Paintings from the Collection of Marie-Hélène and Guy Weill*. New York: Metropolitan Museum of Art, 2002.

———. "Document and Portrait: The Sothern Inspection Tour Paintings of Kangxi and Qianlong." In *Chinese Painting Under the Qianlong Emperor*, edited by Ju-hsi Chou and Claudia Brown, eds., *Phoebus* 6:1 (1988): 91–131.

———. "The 'Kangxi Southern Inspection Tour': A Narrative Program by Wang Hui." PhD diss., Princeton University, 1990.

———. "Pictorial Maps, Panoramic Landscapes, and Topographic Paintings: Three Models of Depicting Space during the Early Qing Dynasty." In *Bridges to Heaven: Essays on East Asian Art in Honor of Professor Wen C. Fong*, edited by Jerome Silbergeld, Dora C. Y. Ching, Judith G. Smith, and Alfreda Murck, 93–114. Princeton, NJ: P. Y. and Kinmay W. Tang Center for East Asian Art, Department of Art and Archaeology, Princeton University, 2011.

———, ed. *Landscapes Clear and Radiant: The Art of Wang Hui (1632–1717)*. New York: Metropolitan Museum of Art, 2008.

Heshen, and Liang Guozhi. *Qinding Rehezhi*. Tianjin: Tianjin Guji Chubanshe, 2003.

Hevia, James L. *Cherishing Men from Afar: Qing Guest Ritual and the Macartney Embassy of 1793*. Durham, NC: Duke University Press, 1995.

———. "World Heritage, National Culture, and the Restoration of Chengde." *positions: east asia cultures critique* 9:1 (2001): 291–43.

Ho, Wai-kam, ed. *Eight Dynasties of Chinese Painting: The Collections of the Nelson Gallery-Atkins Museum, Kansas City, and the Cleveland Museum of Art*. Cleveland, OH: Cleveland Museum of Art, 1980.

Hostetler, Laura. "Contending Cartographic Claims? The Qing Empire in Manchu, Chinese, and European Maps." In *The Imperial Map: Cartography and the Mastery of Empire*, edited by James R. Akerman, 93–132, 321–26. Chicago: University of Chicago Press, 2009.

———. *Qing Colonial Enterprise: Ethnography and Cartography in Early Modern China*. Chicago: University of Chicago Press, 2001.

———. "Qing Connections to the Early Modern World: Ethnography and Cartography in Eighteenth-Century China." *Modern Asian Studies* 34:3 (2000): 623–62.

Hou Renzhi, ed. *Beijing lishi dituji*. Beijing: Beijing Chubanshe, 1988.

Hsu, Mei-ling. "The Qin Maps: A Clue to Later Chinese Cartographic Development." *Imago Mundi* 45 (1993): 90–100.

Hsü, Ginger Cheng-chi. "Imitation and Originality, Theory and Practice." In *A Companion to Chinese Art*, edited by Martin J. Powers and Katherine R. Tsiang, 293–311. Chichester, UK: John Wiley & Sons, 2016.

Hu, Philip K. "Idealized Labor: Material and Social Manifestations of Riziculture and Sericulture in Imperial China." Unpublished conference paper. Columbia University, 2002.

———. *Visible Traces: Rare Books and Special Collections from the National Library of China*. New York: Queens Borough Public Library, 2000.

Hu Jing. *Guochao yuanhua lu*. In *Huashi congshu*, vol. 3, edited by Yu Haiyan. Taipei: Wenshizhe Chubanshe, 1974.

Huang, Pei. "New Light on the Origins of the Manchus." *Harvard Journal of Asiatic Studies* 50:1 (1990): 239–82.

Huang Weiling. "Huatu liuyu renkan: You Wang Yuanqi de shitu yu huaye kan Qing chu gongting shanshui huafeng de dianli."

MA thesis, National Taiwan University, 2005.

Huang Ximing. "Zijincheng nei Wuyingdian." *Zijincheng* 1 (2005): 22–27.

Huang Yingzu and Qian Gong. *Huancui tang yuanjing tu*. Edited by Li Pingfan. Beijing: Renmin Meishu Chubanshe, 1981.

Hucker, Charles O. *A Dictionary of Official Titles in Imperial China*. Stanford, CA: Stanford University Press, 1985.

Hummel, Arthur W., ed. *Eminent Chinese of the Ch'ing Period (1644–1912)*. Washington, DC: Government Printing Office, 1943.

Isett, Christopher Mills. *State, Peasant, and Merchant in Qing Manchuria, 1644–1862*. Stanford, CA: Stanford University Press, 2007.

Jackson, John Brinkerhoff. "The Word Itself." In John Brinkerhoff Jackson, *Discovering the Vernacular Landsacpe*, 1–8. New Haven, CT: Yale University Press, 1984.

Jami, Catherine. *The Emperor's New Mathematics: Western Learning and Imperial Authority during the Kangxi Reign (1662–1722)*. Oxford, UK: Oxford University Press, 2011.

———. "Imperial Control and Western Learning: The Kangxi Emperor's Performance." *Late Imperial China* 23:1 (2002): 28–49.

Ji Ruo. "Rehe gongting wenwu qianyun zaoji." *Gugong bowuyuan yuankan* 2 (1997): 37–46.

Jiao Bingzhen. *Moyin caihui Gengzhi tu*. Beijing: Beijing Tushuguan Chubanshe, 1999.

Jin, Feng. "Jing, The Concept of Scenery in Texts on the Traditional Chinese Garden: An Initial Exploration." *Studies in the History of Gardens & Designed Landscapes* 18:4 (1998): 339–65.

Jin Quan. *Xishuo Rehe: Bishu shanzhuang de xingshuai shi*. Hong Kong: Heping Tushu Youxian Gongsi, 2004.

Jin Ruihua. *Bishu shanzhuang yuanzhongyuan jianzhu yishu*. Beijing: Zhongguo Xiju Chubanshe, 2003.

Johnson, Linda Cooke. "The Place of 'Qingming shanghe tu' in the Historical Geography of Song Dynasty Dongjing." *Journal of Song-Yuan Studies* 26 (1996): 145–82.

Juneja, Monica. "Circulation and Beyond—The Trajectories of Vision in Early Modern Eurasia." In *Circulations in the Global History of Art*, edited by Thomas DaCosta Kaufmann, Catherine Dossin, and Béatrice Joyeux-Prunel, 59–77. Farmham, UK: Ashgate, 2015.

Kangxi emperor. "Bishu shanzhuang ji." In *Yuzhi Bishu shanzhuang shi*. Beijing: Wuyingdian, 1712.

———. *Kangxi di yuzhi wenji, Qing Shengzu zhuan*. Zhongguo shixue congshu, 41. Taipei: Taiwan Xuesheng Shuju, 1966.

———. "Preface to the 'Thirty-six Views of Bishu shanzhuang': Record of the Mountain Villa to Escape the Heat." Translated by Mark C. Elliott and Scott Lowe. In *New Qing Imperial History: The Making of Inner Asian Empire at Qing Chengde*, edited by James A. Millward, Ruth W. Dunnell, Mark C. Elliott, and Philippe Forêt, 167–70. London: Routledge, 2004.

———. "Purensi beiwen." In Feng Chunjiang, *Kangxi yuzhi Bishu shanzhuang beiwen*, 81–109. Beijing: Zhongguo Xiju Chubanshe, 2003.

———. "Taishan shanmai zi Changbaishan lai." In *Qinding Siku quanshu*, edited by Guoli gugong bowuyuan, 1299:577. Taipei:

Taiwan Yinshuguan, 1995.
———. *Yuzhi Bishu shanzhuang shi*. Beijing: s.n., ca. 1713. Gudiano29529. National Palace Museum, Taipei.
———. *Yuzhi (Shengzu) wenji*. Beijing: Wuyingdian, 1711–34.
Kangxi emperor and Chen Tingjing. *Yuxuan Tang shi*. 32 volumes. Beijing: Wuyingdian, 1713.
Kangxi emperor and Jiao Bingzhen. *Yuzhi Gengzhi tu*. Beijing: Wuyingdian, 1696.
Kangxi emperor, Kuixu, and Shen Yu. *Han-i araha alin-i tokso de halhûn be jailaha gi bithe*. Beijing: Wuyingdian, 1712.
———. *Yuzhi Bishu shanzhuang shi*. Beijing: Wuyingdian, 1712.
Kangxi emperor, Shen Yu, and Wang Cengqi. *Tongban Bishu shanzhuang sanshiliu jing shitu*. Beijing: Xueyuan Chubanshe, 2002.
Kangxi emperor and Jonathan Spence. *Emperor of China: Self Portrait of K'ang Hsi*. New York: Knopf, 1974.
Kelsall, Malcolm. "The Iconography of Stourhead." *Journal of the Warburg and Courtauld Institutes* 46 (1983): 133–43.
Kessler, Lawrence D. *K'ang-Hsi and the Consolidation of Ch'ing Rule, 1661–1684*. Chicago: University of Chicago Press, 1976.
Keswick, Maggie. *The Chinese Garden: History, Art, and Architecture*. Revised by Alison Hardie. Cambridge, MA: Harvard University Press, 2003.
Kindall, Elizabeth. *Geo-Narratives of a Filial Son: The Paintings and Travel Diaries of Huang Xiangjian (1609–1673)*. Cambridge, MA: Harvard University Asia Center, 2016.
Kleeman, Terry F. "Mountain Deities in China: The Domestication of the Mountain God and the Subjugation of the Margins." *Journal of the American Oriental Society* 114:2 (1994): 226–38.
Kleutghen, Kristina Renée. *Imperial Illusions: Crossing Pictorial Boundaries in the Qing Palaces*. Seattle: University of Washington Press, 2015.
———. "From Science to Art: The Evolution of Linear Perspective in Eighteenth-Century Chinese Art." In *Qing Encounters: Artistic Exchanges between China and the West*, edited by Petra Ten-Doesschate Chu and Ning Ding, 127–89. Los Angeles: Getty Research Insitute, 2015.
Köhle, Natalie. "Why Did the Kangxi Emperor Go to Wutai shan? Patronage, Pilgrimage, and the Place of Tibetan Buddhism at the Early Qing Court." *Late Imperial China* 29:1 (2008): 73–119.
Kubler, George. *The Shape of Time: Remarks on the History of Things*. New Haven, CT: Yale University Press, 1962.
Laing, Ellen Johnston. "Ch'ing Dynasty Pictorial Jades and Painting." *Ars Orientalis* 16 (1986): 59–91.
Lattimore, Owen. *Inner Asian Frontiers of China*. Hong Kong: Oxford University Press, 1988.
Lazarist Mission. *Catalogue of the Pei-t'ang Library*. Reprint, Beijing: Beijing Guojia Tushuguan Chubanshe, 2009.
Ledderose, Lothar. "The Earthly Paradise: Religious Elements in Chinese Landscape Art." In *Theories of the Arts in China*, edited by Susan Bush and Christian F. Murck, 165–83. Princeton, NJ: Princeton University Press, 1983.
Lee, Haiyan. "The Ruins of Yuanmingyuan: Or, How to Enjoy a National Wound." *Modern China* 35:2 (2009): 155–90.
Lee, Hui-shu. *Exquisite Moments: West Lake and Southern Song Art*. New York: China

Institute Gallery, 2001.

Li, Chu-tsing. *A Thousand Peaks and Myriad Ravines: Chinese Paintings in the Charles A. Drenowatz Collection*. Artibus Asiae Supplementum 30. Ascona, Switzerland: Artibus Asiae, 1974.

Li, Gertraude Roth. "State Building before 1644." In *The Ch'ing Dynasty to 1800*, edited by Willard J. Peterson, 9–72. Vol. 9, part 1 of *The Cambridge History of China*. Cambridge, UK: Cambridge University Press, 2002.

Li, He, and Michael Knight. *Power and Glory: Court Arts of China's Ming Dynasty*. San Francisco: Asian Art Museum of San Francisco, 2008.

Li, June, James Cahill, and Zhang Hong. *Paintings of Zhi Garden by Zhang Hong: Revisiting a Seventeenth-Century Chinese Garden*. Los Angeles: Los Angeles County Museum of Art, 1996.

Li Cheng, Huang Yingzu, and Qian Gong. *Huancuitang yuanjingtu*. Reprint, Beijing: Renmin Meishu Chubanshe, 2014.

Li Guorong. "Qinggong Bishu shanzhuang dang'an shouci xitong gongbu." *Zijincheng* 2 (2004): 75–80.

Li Lin-ts'an. "A Study of the Masterpiece 'T'ang Ming-huang's Journey to Shu.'" *Ars Orientalis* 4 (1961): 315–21.

Li Shutian. *Ula shilüe*. Changchun: Jilin Wenshi Chubanshe, 1993.

Li Xian and Wan An. *Da Ming yitongzhi*. Beijing: Beijing Tushuguan Chubanshe, 2009.

Li Yimei. "Leng Mei 'Fang Qiu Ying Han'gong chunshao tu' yanjiu." *Yiyi fenzi* 11 (2008): 39–66.

Li Yueming. "Bishu shanzhuang de sange diyi jing." *Chengde minzu shizhuan xuebao* 20:3 (2000): 18–21.

Li Zhizhong, ann. *Moyin caihui Gengzhi tu*. Beijing: Beijing Tushuguan Chubanshe, 1999.

Lin Boting. *Daguan: Beisong shuhua tezhan*. Taipei: Guoli Gugong Bowuyuan, 2006.

Lin Li-chiang. "Huizhou banhua 'Huancuitang yuanjingtu' de yanjiu." In *Quyu yu wangluo—Jin qiannian lai Zhongguo meishushi yanjiu guoji xueshu yantaohui lunwenji*, edited by Chen Baozhen, 299–328. Taipei: National Taiwan University, 2001.

———. "The Making of Images—Reading Wang Tingna's 'Everyday Life' through His *Huancui tang yuanjing tu*." *Meishu shixue* 25 (2011): 401–49.

———. "Mingdai banhua 'Yangzheng tujie' zhi yanjiu." *Meishu yanjiu jikan* 33 (2012): 163–224.

Lindgren, Uta. "Land Surveys, Instruments, and Practitioners in the Renaissance." *Cartography in the European Renaissance*, edited by David Woodward, 477–508. Vol. 3, part 1 of *History of Cartography*. Chicago: University of Chicago Press, 1998.

Liscomb, Kathlyn Maurean. "'The Eight Views of Beijing': Politics in Literati Art." *Artibus Asiae* 49:1–2 (1988): 127–52.

———. *Learning from Mount Hua: A Chinese Physician's Illustrated Travel Record and Painting Theory*. Cambridge, MA: Cambridge University Press, 1993.

Little, Stephen, Shawn Eichman, Patricia Ebrey, et al. *Taoism and the Arts of China*. Chicago: Art Institute of Chicago, 2000.

Liu, Cary Y. "Archive of Power: The Qing Dynasty Imperial Garden-Palace at Rehe." *Meishushi yanjiu jikan* 28 (2010): 43–66.

———. "The Ch'ing Dynasty Wen-yüan-ko Imperial Library: Architecture and the Ordering of Knowledge." PhD diss., Princeton University, 1997.

Liu, Heping. "'The Water Mill' and Northern Song Imperial Patronage of Art, Commerce and Science." *The Art Bulletin* 84:4 (2002): 566–95.

Liu Lu. *Qinggong xiyang yiqi*. Gugong bowuyuancang wenwu zhenpin quanji 58. Shanghai: Shanghai Kexue Jishu Chubanshe, 1999.

Liu Shaohui. "Bishu shanzhuang huqu yuanqiao chutan." In *Jinian Bishu shanzhuang jianyuan sanbai zhounian lunwenji*, edited by Zhao Ling, 286–91. Shenyang: Liaoning Minzu Chubanshe, 2005.

Liu Yuwen. "Bishu shanzhuang chujian shijian ji xiangguan shishi kao." In *Qingshi yanjiu yu Bishu shanzhuang*, edited by Dai Yi, 85–91. Shenyang: Liaoning Minzu Chubanshe, 2005.

———. "Kangxi huangdi yu Bishu shanzhuang—du Qing Shengzu 'Yuzhi Bishu shanzhuang ji' zhaji." *Qingdai yanjiu* 2 (1998): 115–19.

Liu Yuzhen. "Wang Yuanqi (1642–1715) 'Ni Lu Hong Caotang shizhi tuce' ji qi huadao zhuiqiu." *Gugong xueshu jikan* 21:3 (2004): 117–52.

Lo, Hui-chi. "Political Advancement and Religious Transcendence: The Yongzheng Emperor's (1678–1735) Deployment of Portraiture." PhD diss., Stanford University, 2009.

Lowe, Scott, trans. "Preface to the 'Thirty-Six Views of Bishu shanzhuang': Record of the Mountain Villa to Escape the Heat." In *New Qing Imperial History: The Making of Inner Asian Empire at Qing Chengde*, edited by James A. Millward, Ruth W. Dunnell, Mark C. Elliott, and Philippe Forêt, 168. London: Routledge, 2004.

Lu, Andong. "Deciphering the Reclusive Landscape: A Study of Wen Zheng-Ming's 1533 Album of the Garden of the Unsuccessful Politician." *Studies in the History of Gardens & Designed Landscapes* 31:1 (2011): 40–59.

Lu Fusheng. *Zhongguo shuhua quanshu*. 14 volumes. Shanghai: Shanghai Shuhua Chubanshe, 1992.

Lukács, György. "Reification and the Consciousness of the Proletariat." In *History and Class Consciousness: Studies in Marxist Dialectics*, translated by Rodney Livingstone, 83–222. Cambridge, MA: MIT Press, 1972.

Luo Yunzhi. *Qingdai Mulan weichang de tantao*. Taipei: Wenshizhe Chubanshe, 1989.

Ma, Ya-chen. "Picturing Suzhou: Visual Politics in the Making of Cityscapes in Eighteenth-century China." PhD diss., Stanford University, 2006.

Maeda, Robert. "*Chieh-hua*: Ruled-Line Painting in China." *Ars Orientalis* 10 (1975): 123–41.

Makeham, John. "The Confucian Role of Names in Traditional Chinese Gardens." *Studies in the History of Gardens & Designed Landscapes* 18:3 (1998): 187–210.

Mancall, Mark. *Russia and China: Their Diplomatic Relations to 1728*. Cambridge, MA: Harvard University Press, 1971.

Manzhou shilu. Qingshi ziliao, di 2 ji, Kaiguo shiliao (2), 1–3. Taipei: Tailian Guofeng Chubanshe, 1968.

Marin, Louis. *Portrait of the King*. Translated by Martha Houle. Minneapolis: University of Minnesota Press, 1988.

Matsumura Jun. "The Founding Legend of the Qing Dynasty Reconsidered." *Memoirs of the Research Department of the Tōyō*

Bunko 55 (1997): 41–60.

———. "On the Founding Legend of the Ch'ing Dynasty." *Acta Asiatica* 53 (1988): 1–23.

McLean, Matthew. *The Cosmographia of Sebastian Münster: Describing the World in the Reformation*. London: Routledge, 2007.

McMullen, David L. "Recollection without Tranquility: Du Fu, the Imperial Gardens and the State." *Asia Major*, 3rd ser. 14:2 (2001): 189–252.

Meng, Zhaozhen. "Bishu shanzhuang yuanlin yishu gong zai qianqiu." In *Qingshi yanjiu yu Bishu shanzhuang*, edited by Dai Yi, 243–45. Shenyang: Liaoning Minzu Chubanshe, 2005.

———. *Bishu shanzhuang yuanlin yishu*. Beijing: Zijincheng Chubanshe, 1985.

Meng Zhaoxin. "Kangxi huangdi yu Bishu shanzhuang." In *Shanzhuang yanjiu: Jinian Chengde Bishu shanzhuang jianyuan 290 zhounian lunwenji*, edited by Dai Yi, 20–29. Beijing: Zijincheng Chubanshe, 1994.

Meserve, Ruth I. "Smallpox among the Tungus People: The Language of Disease." *Central Asiatic Journal* 50.1 (2006): 75–100.

Millward, James A. *Beyond the Pass: Economy, Ethnicity, and Empire in Qing Central Asia, 1759–1864*. Stanford, CA: Stanford University Press, 1998.

———. "'Coming onto the Map': 'Western Regions' Geography and Cartographic Nomenclature in the Making of Chinese Empire in Xinjiang." *Late Imperial China* 20:2 (1999): 61–98.

———. "Qing Inner Asian Empire and the Return of the Torghuts." In *New Qing Imperial History: The Making of Inner Asian Empire at Qing Chengde*, edited by James A. Millward, Ruth W. Dunnell, Mark C. Elliott, and Philippe Forêt, 91–106. London: Routledge, 2004.

Millward, James A., Ruth W. Dunnell, Mark C. Elliott, and Philippe Forêt, eds. *New Qing Imperial History: The Making of Inner Asian Empire at Qing Chengde*. London: Routledge, 2004.

Mitchell, W. J. T. "Imperial Landscape." In *Landscape and Power*, edited by W. J. T. Mitchell, 5–34. 2nd edition. Chicago: University of Chicago Press, 2002.

———, ed. *Landscape and Power*. 2nd edition. Chicago: University of Chicago Press, 2002.

Monnet, Nathalie. *Chine, l'Empire du trait: Calligraphies et dessins du Ve au XIXe siècle*. Paris: Bibliothèque nationale de France, 2004.

Mukerji, Chandra. *Territorial Ambitions and the Gardens of Versailles*. Cambridge, UK: Cambridge University Press, 1997.

Munakata, Kiyohiko. *Sacred Mountains in Chinese Art: An Exhibition Organized by the Krannert Art Museum and Curated by Kiyohiko Munakata; Krannert Art Museum, November 9–December 16, 1990, the Metropolitan Museum of Art, January 25–March 31, 1991*. Champaign: Krannert Art Museum, University of Illinois–Urbana-Champaign, 1991.

Mungello, David E. *The Great Encounter of China and the West, 1500–1800*. 2nd edition. Lanham, MD: Rowman & Littlefield Publishers, 2005.

Munster, Sebastian. *Cosmographia*. Basel: Adam Petri, 1572.

Murray, Julia K. "Changing the Frame: Prefaces and Colophons in the Chinese Illustrated Book, *Dijian tushuo* (The Emperor's

Mirror, Illustrated and Discussed)." *East Asian Library Journal* 12:1 (2003): 20–67.

———. "Didactic Picturebooks for Late Ming Emperors and Princes." In *Culture, Courtiers, and Competition: The Ming Court (1368–1644)*, edited by David M. Robinson, 231–68. Cambridge, MA: Harvard University Asia Center, 2008.

———. "From Textbook to Testimonial: The Emperor's Mirror, an Illustrated Discussion (*Di jian tu shuo/Teikan zusetsu*) in China and Japan." *Ars Orientalis* 31 (2001): 65–101.

———. "Squaring Connoisseurship with History: Jiao Hong's Yangzheng tujie." In *The Art of the Book in China*, edited by Ming Wilson and Stacey Pierson, 139–57. London: Percival David Foundation, 2006.

———. "What Is 'Chinese Narrative Illustration'?" *The Art Bulletin* 80:4 (1998): 602–15.

Musillo, Marco. *Shining Inheritance: Italian Painters at the Qing Court, 1699–1812*. Los Angeles: Getty Publications, 2016.

Nanju Meiga-en. 25 volumes. Tokyo: Shimbi Shoin, 1904–1910.

Needham, Joseph, and Wang Ling. *Mathematics and the Sciences of the Heavens and Earth*. Vol. 3 in *Science and Civilisation in China*. Cambridge, UK: Cambridge University Press, 1959.

Neer, Richard. "Connoisseurship and the Stakes of Style." *Critical Inquiry* 32:1 (2005): 1–26.

Nelson, Susan E. "On Through to the Beyond: The Peach Blossom Spring as Paradise." *Archives of Asian Art* 39 (1986): 23–47.

Nian Xiyao. *Shixue*. Beijing: s.n., 1735.

Nie Chongzheng. "Qingdai gongting huihua gaoben shukao." *Gugong bowuyuan yuankan* 113:3 (2004): 75–91.

———, ed. *Qingdai gongting huihua*. Hong Kong: Shangwu Yinshuguan Gufen Youxian Gongsi, 1996.

Nuti, Lucia. "Mapping Places: Chorography and Vision in the Renaissance." In *Mappings*, edited by Denis Cosgrove, 90–108. London: Reaktion Books, 1999.

———. "The Perspective Plan in the Sixteenth Century: The Invention of a Representational Language." *Art Bulletin* 76:1 (1994): 105–28.

Oertai, and Zhang Tingyu. *Guochao gongshi*. Beijing: Beijing Guji Chubanshe, 2001.

Owen, Stephen, trans. and ed. *Readings in Chinese Literary Thought*. Harvard-Yenching Institute Monograph Series 30. Cambridge, MA: Council on East Asian Studies, Harvard University, 1992.

Oxnam, Robert B. *Ruling from Horseback: Manchu Politics in the Oboi Regency, 1661–1669*. Chicago: University of Chicago Press, 1975.

Pan Tianzhen. "Kangxi Wuyingdian keshu de shilu." *Beijing tushuguan guankan* 1 (1999): 77–79, 89.

Park, J. P. *Art by the Book: Painting Manuals and the Leisure Life in Late Ming China*. Seattle: University of Washington Press, 2012.

Pelliot, Paul. "Les 'Conquêtes de l'empereur de Chine.'" *T'oung-pao* 20 (1921): 183–274.

Peng Junbo. "Guanyu Bishu shanzhuang fazhan shi." N.d.

Perdue, Peter C. "Boundaries, Maps, and Movement: Chinese, Russian, and Mongolin Empires in Early Modern Central Eurasia." *International History Review* 20:2 (1998): 263–86.

———. *China Marches West: The Qing Conquest of Central Eurasia*. Cambridge, MA: Belknap Press of Harvard University Press, 2005.

———. "Military Mobilization in Seventeenth and Eighteenth-century China, Russia, and Mongolia." *Modern Asian Studies* 30:4 (1996): 757–93.

Peterson, Willard J., ed. *The Ch'ing Dynasty to 1800*. Vol. 9, part 1 in *The Cambridge History of China*. Cambridge, UK: Cambridge University Press, 2008.

Pinney, Christopher. *Photos of the Gods: The Printed Image and Political Struggle in India*. London: Reaktion, 2004.

Poppe, N. N., Leon Hurvitz, and Okada Hidehiro. *Catalogue of the Manchu-Mongol Section of the Tōyō Bunko*. Tokyo: Tōyō Bunko, 1964.

Powers, Martin J. "Questioning Orthodoxy." *Orientations* 28:10 (1997): 73–74.

———. "When Is Landscape Like a Body?" In *Landscape, Culture, and Power in Chinese Society*, edited by Wen-Hsin Yeh, 1–22. Berkeley: Institute of East Asian Studies, University of California–Berkeley, Center for Chinese Studies, 1998.

Pregado, Fabrizio, ed. *The Encyclopedia of Taoism*. London: Routledge, 2013.

Qi Biaojia. *Yushanzhu*. 2 volumes. China: s.n., 1628.

Qianlong emperor, Kangxi emperor, Oertai, Kuixu, and Shen Yu. *Bishu shanzhuang sanshiliu jing*. Zhongguo gudai fengjing banhua congkan. Beijing: Renmin Meishu Chubanshe, 1984.

———. *Bishu shanzhuang sanshiliu jing shitu (gongting ban)*. Beijing: Zhongguo Jianzhu Gongye Chubanshe, 2009.

———. *Yuzhi Bishu shanzhuang tuyong*. Nanjing: Jiangsu Guji Chubanshe, 2003.

Qu Yanjun, ed. *Zhongguo Qingdai gongting banhua*. Hefei: Anhui Meishu Chubanshe, 2002.

Rawski, Evelyn S. "Presidential Address: Reenvisioning the Qing: The Significance of the Qing Period in Chinese History." *Journal of Asian Studies* 55:4 (1996): 829–50.

———. *The Last Emperors: A Social History of Qing Imperial Institutions*. Berkeley: University of California Press, 1998.

Rawski, Evelyn S., and Jessica Rawson, eds. *China: The Three Emperors, 1662–1795*. London: Royal Academy of Arts, 2005.

Rawson, Jessica. "The Eternal Palaces of the Western Han: A New View of the Universe." *Artibus Asiae* 59:1–2 (1999): 5–58.

Rinaldi, Bianca Maria. *The "Chinese Garden in Good Taste": Jesuits and Europe's Knowledge of Chinese Flora and Art of the Garden in the 17th and 18th Centuries*. Munich, Germany: Meidenbauer, 2006.

Ripa, Matteo. *Descrizione della villa Imperiale de Gehol in 35 rami*. Ms 1.g.75. China: s.n., ca. 1713. Bibliotheca Nazionale di Napoli.

———. *Giornale (1705–1724)*. 2 volumes. Edited by Michele Fatica. Naples, Italy: Instituto Universitario Orientale, 1991 and 1996.

———. *Maison de plaisance de l'empereur de la Chine*. Ca 139. China: s.n., ca. 1713. Dresden Kupferstich-Kabinett.

———. *Memoirs of Father Ripa, during thirteen years' residence at the court of Peking in the service of the emperor of China; with an account of the foundation of the college for the education of young Chinese at Naples*. Translated by Fortunato Prandi. New York: Wiley & Putnam, 1846.

———. *Paysage chinois (Yuzhi Bishu shanzhuang sanshiliu jing shi)*. Hd 90. China: s.n., ca. 1713. Bibliothèque nationale de France.

———. *Storia della Fondazione della Congregazione e del Collegio de'Cinesi sotto il titolo della famiglia sagra di G. C.* Naples, Italy: Manfredi, 1832.

———. *Thirty-Six Views of Jehol*. MEXE+, 611030B. China: s.n., ca. 1713. Miriam and Ira D. Wallach Division of Arts, Prints and Photographs, New York Public Library.

———. *Views of Jehol, the Seat of the Summer Palace of the Emperors of China*. RBR L-2-6 RIP. China: s.n., ca. 1713. Dumbarton Oaks Research Library and Collection.

Roberts, Jennifer. "Reversing American Art." www.nga.gov/content/ngaweb/audio-video/video/wyeth-roberts.html. Accessed August 5, 2017.

Rojas, Carlos. *The Great Wall: A Cultural History*. Cambridge, MA: Harvard University Press, 2010.

Rosenzweig, Daphne Lange. "Court Painters of the K'ang-Hsi Period." PhD diss., Columbia University, 1978.

———. "Court Painting and the K'ang-hsi Emperor." *Ch'ing shih wen-t'i* 3 (1975): 60–81.

———. "Official Signatures on Qing Court Painting." *Oriental Art* n.s. 27:2 (1981): 183–89.

———. "Painters at the Early Ch'ing Court: The Socio-economic Background." *Monumenta Serica* 31 (1974–1975): 475–87.

Rossabi, Morris. *China and Inner Asia: From 1368 to the Present Day*. New York: Pica Press, 1975.

Schama, Simon. *Landscape and Memory*. New York: A.A. Knopf, 1995.

Schönle, Andreas. *The Ruler in the Garden: Politics and Landscape Design in Imperial Russia*. Bern, Switzerland: Peter Lang, 2007.

Screech, Timon. "The Meaning of Western Perspective in Edo Popular Culture." *Archives of Asian Art* 47 (1994): 58–69.

Serruys, Henry. "Mongol Altan 'Gold' = 'Imperial.'" *Monumenta Serica* 21 (1962): 357–78.

———. "Place Names along China's Northern Frontier." *Bulletin of the School of Oriental and African Studies, University of London* 45:2 (1982): 271–83.

Shen Jin. *Zhongguo zhenxi guji shanben shulu*. Guilin: Guangxi Shifan Daxue Chubanshe, 2006.

Shepherd, John Robert. *Statecraft and Political Economy on the Taiwan Frontier, 1600–1800*. Stanford, CA: Stanford University Press, 1993.

Shi Lifeng, "Bishu shanzhuang gongqiang de lishi yange." In *Jinian Bishu shanzhuang jianyuan sanbai zhounian lunwenji*, edited by Zhao Ling, 286–91. Shenyang: Liaoning Renmin Chubanshe, 2005.

Shi Liwu, ed. *Bishu shanzhuang yanjiu 2007*. Shenyang: Liaoning Minzu Chubanshe, 2007.

Silbergeld, Jerome. *Chinese Painting Style: Media, Methods, and Principles of Form*. Seattle: University of Washington Press, 1982.

Sima Qian. *Records of the Grand Historian of China*. Translated by Burton Watson. New York: Columbia University Press, 1971.

Sirén, Osvald. *Chinese Painting: Leading Masters and Principles*. 9 volumes. New York: Ronald Press, 1956.

Smith, Richard J. *The Qing Dynasty and Tra-*

ditional Chinese Culture*. Lanham, MD: Rowman and Littlefield, 2015.

Sommer, Deborah. "The Art and Politics of Painting Qianlong at Chengde." In *New Qing Imperial History: The Making of Inner Asian Empire at Qing Chengde*, edited by James A. Millward, Ruth W. Dunnell, Mark C. Elliott, and Philippe Forêt, 136–45. London: Routledge, 2004.

Song Luo, ed. *Yupi zizhi tongjian gangmu*. Beijing: Wuyingdian, 1708.

Spence, Jonathan D. "The K'ang-hsi Reign." In *The Ch'ing Dynasty to 1800*, edited by Willard J. Peterson, 120–82. Vol. 9, part 1 of *The Cambridge History of China*. Cambridge, UK: Cambridge University Press, 2002.

———. "The Seven Ages of K'ang-hsi (1654–1722)." *Journal of Asian Studies* 26:2 (1967): 205–11.

———. *Ts'ao Yin and the K'ang-Hsi Emperor: Bondservant and Master*. New Haven, CT: Yale University Press, 1966.

Spring, Madeline K. "The Celebrated Cranes of Po Chü-i." *Journal of the American Oriental Society* 111:1 (1991): 8–18.

Stary, Giovanni, Nicola di Cosmo, Tatiana A. Pang, and Alessandra Pozzi. *On the Tracks of Manchu Culture, 1644–1994: 350 Years after the Conquest of Peking*. Wiesbaden, Germany: Harrassowitz, 1995.

Stein, Rolf Alfred. *The World in Miniature: Container Gardens and Dwellings in Far Eastern Religious Thought*. Stanford, CA: Stanford University Press, 1990.

Steinhardt, Nancy Shatzman. *Chinese Imperial City Planning*. Honolulu: University of Hawai'i Press, 1990.

———. *Liao Architecture*. Honolulu: University of Hawai'i Press, 1997.

Strassberg, Richard E. *Inscribed Landscapes: Travel Writing from Imperial China*. Berkeley: University of California Press, 1994.

———. "Transmitting a Qing Imperial Garden: Kangxi's Thirty-six Views of Bishu shanzhuang and Their Journey to the West." Translated by Wang Jintao. *Fengjing yuanlin* 6 (2009): 80–91.

———. "War and Peace: Four Intercultural Landscapes." In *China on Paper: European and Chinese Works from the Late Sixteenth to the Early Nineteenth Centuries*, edited by Marcia Reed and Paola Demattè, 89–137. Los Angeles: Getty Research Institute, 2007.

Strassberg, Richard E., and Stephen H. Whiteman. *Thirty-Six Views: The Kangxi Emperor's Mountain Estate in Poetry and Prints*. Washington, DC: Dumbarton Oaks Research Library and Collection, 2016.

Stuart, Jan. "Imperial Pastimes: Dilettantism as Statecraft in the Eighteenth Century." In *Life in the Imperial Court of Qing Dynasty China*, edited by Chuimei Ho and Cheri A. Jones, 55–66. Proceedings (Denver Museum of Natural History), ser. 3, no. 15. Denver, CO: Denver Museum of Natural History, 1998.

Szonyi, Michael. "The Illusion of Standardizing the Gods: The Cult of the Five Emperors in Late Imperial China." *Journal of Asian Studies* 56:1 (1997): 113–35.

Tan Qixiang. *Zhongguo lishi ditu ji*. 8 volumes. Shanghai: Ditu Chubanshe, 1982.

Tao Xiang, ed. *Gugong dianben shuku xiancun mu san juan*. Beijing: Gugong Bowuyuan, 1933.

Teng, Emma. *Taiwan's Imagined Geography: Chinese Colonial Travel Writing and Pictures, 1683–1895*. Cambridge, MA: Harvard

University Asia Center, 2004.

Tianjin daxue jianzhuxi and Chengdeshi wenwuju. *Chengde gu jianzhu: Bishu shanzhuang he Waibamiao*. Beijing: Zhongguo Jianzhu Gongye Chubanshe, 1982.

Tong Peng. "Jiao Bingzhen shinü tuhui yanjiu." Master's thesis, National Taiwan Normal University, 2013.

Torbert, Preston M. *The Ch'ing Imperial Household Department: A Study of Its Organization and Principal Functions, 1662–1796*. Cambridge, MA: Council on East Asian Studies, Harvard University, 1977.

Tripodes, Lucia. "Painting and Diplomacy at the Qianlong Court: A Commemorative Picture by Wang Zhicheng (Jean-Denis Attiret)." *RES: Anthropology and Aesthetics* 35 (1999): 185–200.

Tsao Hsingyuan. "Unraveling the Mystery of the Handscroll 'Qingming shanghe tu.'" *Journal of Song-Yuan Studies* 33 (2003): 155–79.

Tsien Tsuen-hsuin. *Chemistry and Chemical Technology: Paper and Printing*. Vol. 5, part 1 in *Science and Civilisation in China*, edited by Joseph Needham. Cambridge, UK: Cambridge University Press, 1985.

Tuotuo. *Jinshi*. Beijing: Zhonghua Shuju, 1975.

Tuttle, Gray. "Tibetan Buddhism at Wutai shan in the Qing: The Chinese Language Register." *Journal of the International Association of Tibetan Studies* 6 (2011): 163–214. www.thlib.org?tid=T5721. Accessed August 19, 2017.

Turnbull, David. *Maps Are Territories: Science Is an Atlas. A Portfolio of Exhibits*. Chicago: University of Chicago Press, 1989.

Twitchett, Denis, and Klaus-Peter Tietze. "The Liao." In *Alien Regimes and Border States, 907–1368*, edited by Herbert Franke and Denis Twitchett, 43–153. Vol. 6 in *The Cambridge History of China*. Cambridge, UK: Cambridge University Press, 1994.

Upton, Dell. "Black and White Landscapes in Eighteenth Century Virginia." In *Material Life in America, 1600–1860*, edited by Robert Blair St. George, 357–69. Boston: Northeastern Univeristy Press, 1987.

Vanderstappen, Harrie. "Painters at the Early Ming Court (1368–1435) and the Problem of a Ming Painting Academy." *Monumenta Serica* 15 (1956): 259–302.

Venturi, Robert, Denise Scott Brown, and Steve Izenour. *Learning from Las Vegas: The Forgotten Symbolism of Architectural Form*. Cambridge, MA: MIT Press, 1977.

Vinograd, Richard Ellis. *Boundaries of the Self: Chinese Portraits, 1600–1900*. Cambridge, UK: Cambridge University Press, 1992.

———. "Family Properties: Personal Context and Cultural Pattern in Wang Meng's 'Pien Mountains' of 1366." *Ars Orientalis* 13 (1982): 1–29.

———. "Fan Ch'i (1616–after 1694): Place Making and the Semiotics of Sight in Seventeenth-Century Nanching." *Meishushi yanjiu jikan* 14 (2003): 129–57, 244.

———. "Some Landscapes Related to the Blue-and-Green Manner from the Early Yüan Period." *Artibus Asiae* 41:2–3 (1979): 101–31.

Wakeman, Frederic E. *The Great Enterprise: The Manchu Reconstruction of the Imperial Order in Seventeenth-century China*. 2 volumes. Berkeley: University of California Press, 1985.

———, ed. *Ming and Qing Historical Studies*

in the People's Republic of China. Berkeley: Institute of East Asian Studies, University of California–Berkeley, Center for Chinese Studies, 1980.

Waldron, Arthur. *The Great Wall of China: From History to Myth*. Cambridge, UK: Cambridge University Press, 1990.

Waley-Cohen, Joanna. "Commemorating War in Eighteenth-Century China." *Modern Asia Studies* 30:4 (1996): 869–99.

———. "The New Qing History." *Radical History Review* 88 (2004): 193–206.

Wallis, Helen. "Chinese Maps and Globes in the British Library and the Phillips Collection." In *Chinese Studies: Papers Presented at a Colloquium at the School of Oriental and African Studies, University of London, 24–26 August 1987*, edited by Frances Wood, 88–95. London: British Library, 1988.

Walton, Linda A. "Southern Song Academies and the Construction of Sacred Space." In *Landscape, Culture, and Power in Chinese Society*, edited by Wen-Hsin Yeh, 23–51. Berkeley: Institute of East Asian Studies, University of California–Berkeley, Center for Chinese Studies, 1998.

Wang, Bing. "The Boxue Hongci "博学宏词 Examinations, Literary Anthologies by Emperors and the Literary Circles during the Kangxi and Qianlong Periods." *Ming Qing Yanjiu* 20 (2017): 94–108.

Wang, Cheng-hua. "Material Culture and Emperorship: The Shaping of Imperial Roles at the Court of Xuanzong (r. 1426–35)." PhD diss., Yale University, 1998.

Wang, Eugene Y. "Perceptions of Change, Changes in Perception—West Lake as Contested Site/Sight in the Wake of the 1911 Revolution." *Modern Chinese Language and Culture* 12:2 (2000): 73–122.

———. "The Rhetorics of Book Illustrations." In *Treasures of the Yenching: Seventy-Fifth Anniversary of the Harvard-Yenching Library*, edited by Patrick Hanan, 190–205. Cambridge, MA: Harvard-Yenching Library, 2003.

———. "Tope and Topos: The Leifeng Pagoda and the Discourse of the Demonic." In *Writing and Materiality in China: Essays in Honor of Patrick Hanan*, edited by Judith T. Zeitlin and Lydia H. Liu, 488–552. Cambridge, MA: Harvard University Asia Center, 2003.

Wang, Shen. "Wang Yuanqi and the Orthodoxy of Self-Reflection in Early Qing Landscape Painting." PhD diss., University of Pennsylvania, 2010.

Wang, Yaoting. "Shiba shiji gongting huihua." *Gugong wenwu yuekan* 1:11 (1984): 85–93.

Wang Bomin. *Zhongguo banhua shi*. Shanghai: Shanghai Renmin Meishu Chubanshe, 1961.

Wang Chaosheng. "Jizhong xianjiande 'Gengzhi tu.'" *Gujin nongye* 1 (2003): 64–80.

Wang Juyuan. *Zhongguo gudai yuanlin shi*. Beijing: Zhongguo Jianzhu Gongye Chubanshe, 2006.

Wang Liping and Li Long. *Chengde Bishu shanzhuang ji zhouwei simiao*. Beijing: Zhongguo Shuili Shuidian Chubanshe, 2004.

Wang Liping and Zhang Binchong. *Bishu shanzhuang chunqiu*. Shijiazhuang: Hebei Jiaoyu Chubanshe, 2002.

Wang Qi. "Gugongcang Kangxi huangdi xiaoxianghua—si." *Zijincheng* 126:5 (2004): 99–101.

———. "Kangxi huangdi xiaoxianghua ji xiangguan wenti." *Gugong bowuyuan yuankan* 111:1 (2004): 40–57.

Wang Qi and Wang Siyi, eds. *Sancai tuhui*. 1609; reprint, Shanghai: Shanghai Guji Chubanshe, 1988.

Wang Qianjin and Liu Ruofang. *Qingting san da shice quantuji*. Beijing: Waiwen Chubanshe, 2007.

Wang Shuyun. *Qingdai beixun yudao he saiwai xinggong*. Beijing: Zhongguo Huanjing Kexue Chubanshe, 1989.

Wang Xiqi. *Xiaofanghuzhai yudi congchao*. Zhongguo Nanhai zhu qundao wenxian huibian, 5–6. Taipei: Taiwan Xuesheng Shuju, 1975.

Wang Yuanqi. *Yuchuang manbi*. Edited by Mao Jianbo, Jiang Yin, and Zhang Suqi. Zhongguo lidai shuxue hualun congshu. Hangzhou: Xileng Yinshe Chubanshe, 2008.

Wang Yuanqi, Sun Yueban, Song Junye, Wu Jing, and Wang Quan, eds. *Qinding Peiwenzhai shuhua pu*. 64 volumes. Beijing: s.n., 1708.

Wei Shu, Lü Yaoceng, et al., eds. *Qinding Shengjing tongzhi*. Zhongguo bianjiang congshu 1. Taipei: Wenhai Chubanshe, 1965.

Wellington, Robert. "The Cartographic Origins of Adam-Franz van der Meulen's Marly Cycle." *Print Quarterly* 28:2 (2011): 142–54.

———. "Lines of Sight: Israël Silvestre and the Axial Symbolism of Louis XIV's Gardens at Versailles." *Studies in the History of Gardens & Designed Landscapes* 37:2 (2017): 120–33.

Wen Zhengming and Kate Kerby. *An Old Chinese Garden: A Three-fold Masterpiece of Poetry, Calligraphy and Painting*. Translated by Mo Zung Chung. Shanghai: Chung Hwa Book Co., 1923.

Weng Lianxi. *Qingdai gongting banhua*. Beijing: Wenwu Chubanshe, 2001.

———. *Qingdai neifu keshu tulu*. Beijing: Beijing Chubanshe, 2004.

———. "Xin faxian de Qing Kangxi neifu yong 'Xiyang zhi' yinshu: Fu Kang Yong Qian sanchao yinshu yongzhi de dang'an jizhuan." Weixin, November 23, 2017. https://mp.weixin.qq.com/s/N4eBx-EOSXQ-M2unnGlIyYg. Accessed July 4, 2018.

Wenyuange Siku quanshu [electronic edition]. Hong Kong: Dizhi Wenhua Chuban Youxian Gongsi, Zhongwen Daxue Chubanshe, 2002.

Wescoat, James L., and Joachim Wolschke-Bulmahn, eds. *Mughal Gardens: Sources, Places, Representations, and Prospects*. Washington, DC: Dumbarton Oaks Research Library and Collection, 1996.

West, Stephen. "Spectacle, Ritual, and Social Relations: The Son of Heaven, Citizens, and Created Space in Imperial Gardens in the Northern Song." In *Baroque Garden Cultures: Emulation, Sublimation, Subversion*, edited by Michel Conan, 291–321. Washington, DC: Dumbarton Oaks Research Library and Collection, 2008.

Whitfield, Roderick, and Wen C. Fong. *In Pursuit of Antiquity: Chinese Paintings of the Ming and Ch'ing Dynasties from the Collection of Mr. and Mrs. Earl Morse*. Princeton, NJ: Princeton University Art Museum, 1969.

Whiteman, Stephen H. "Creating the Kangxi Landscape: Bishu shanzhuang and the Mediation of Qing Imperial Identity." PhD diss., Stanford University, 2011.

———. "From Upper Camp to Mountain

Villa: Recovering Historical Narratives in Qing Imperial Landscapes." *Studies in the History of Gardens & Designed Landscapes* 33:4 (2013): 249–79.

Williams, John. "Heroes within Bowshot: Examination Administration, the Lower Yangzi Delta, and the Qing Consolidation of Empire, 1645–1720." *Late Imperial China* 30:1 (2009): 48–84.

Winichakul, Thongchai. *Siam Mapped: A History of the Geo-Body of a Nation*. Honolulu: University of Hawai'i Press, 1994.

Wong, Young-tsu. *A Paradise Lost: The Imperial Garden Yuanming Yuan*. Honolulu: University of Hawai'i Press, 2001.

Wood, Frances, ed. *Chinese Studies: Papers Presented at a Colloquium at the School of Oriental and African Studies, University of London, 24–26 August 1987*. Sponsored Jointly by the British Library, the School of Oriental and African Studies, University of London and the China Library Group. London: British Library, 1988.

Woodward, David, ed. *Cartography in the European Renaissance*. Vol. 3, part 1 of *History of Cartography*. Chicago: University of Chicago Press, 1998.

Wright, Suzanne E. "'Luoxuan biangu jianpu' and 'Shizhuzhai jianpu': Two Late-Ming Catalogues of Letter Paper Designs." *Artibus Asiae* 63:1 (2003): 69–122.

Wu, K. T. "Ming Printing and Printers." *Harvard Journal of Asiatic Studies* 7:3 (1943): 203–60.

Wu, Pei-yi. *The Confucian's Progress: Autobiographical Writings in Traditional China*. Princeton, NJ: Princeton University Press, 1990.

Wu, Silas H. L. *Communication and Imperial Control in China: Evolution of the Palace Memorial System, 1693–1735*. Cambridge, MA: Harvard University Press, 1970.

———. "Emperors at Work: The Daily Schedules of the K'ang-hsi and Yung-cheng Emperors, 1661–1735." *Tsing-hua Journal of Chinese Studies* (n.s.) 8:1–2 (1970): 210–27.

———. *Passage to Power: K'ang-hsi and His Heir Apparent, 1661–1722*. Cambridge, MA: Harvard University Press, 1979.

Wu Hung. *The Double Screen: Medium and Representation in Chinese Painting*. London: Reaktion Books, 1996.

Xiang Si. "Wuyingdian keben zhi zuanxiu." *Zijincheng* 1 (2005): 46–52.

———. *Zhongguo gongting shanben*. Beijing: Wenwu Chubanshe, 2003.

Xiao Tong. *Wen Xuan, or, Selections of Refined Literature*. Translated by David R. Knechtges. Princeton Library of Asian Translations. Princeton, NJ: Princeton University Press, 1982.

Xiao Yishan. *Qingdai tongshi*. 5 volumes. Beijing: Zhonghua Shuju, 1986.

Xu Jianrong. "Bidi jin'gangchu—Wang Yuanqi yishu jianlun." In *Wang Yuanqi huaji*, edited by Xu Jianrong, 1–5. Shanghai: Shanghai Renmin Meishu Chubanshe, 1996.

———, ed. *Wang Yuanqi huaji*. Shanghai: Shanghai Renmin Meishu Chubanshe, 1996.

Yan Yong and Fang Hongjun, eds. *Tianchao yiguan: Gugong bowuyuan cang Qingdai gongting fushi jingpinzhan*. Beijing: Zijincheng Chubanshe, 2008.

Yang Bin. *Liubian jilüe*. Edited by Yang Lixin. Changchun: Jilin Wenshi Chubanshe, 1993.

Yang Boda. "Leng Mei ji qi 'Bishu shanzhuang tu.'" *Gugong bowuyuan yuankan* 1 (1979): 51–61.

———. *Qingdai yuanhua*. Beijing: Zijincheng Chubanshe, 1993.

———. "Tung Ch'i-ch'ang and Ch'ing Dynasty Academy Painting." In *Proceedings of the Tung Ch'i-ch'ang International Symposium*, edited by Wai-ching Ho et al., 15-1–15-25. Kansas City: Nelson-Atkins Museum of Art, 1991.

Yang Jianfeng. *Wang Yuanqi*. 2 volumes. Zhongguo lidai shuhua mingjia jingdian daxi. Nanchang: Jiangzi Meishu Chubanshe, 2009.

Yang Tianzai. *Bishu shanzhuang beiwen shiyi*. Beijing: Zijincheng Chubanshe, 1985.

Yang Yongsheng, ed. *Wang Yuanqi huaji*. 2 volumes. Beijing: Zhongguo Minzu Sheying Chubanshe, 2003.

Yee, Cordell D. K. "Traditional Chinese Cartography and the Myth of Westernization." In *Cartography in the Traditional East and Southeast Asian Societies*, edited by J. B. Harley and David Woodward, 170–202. Vol. 2, part 2 of *The History of Cartography*, Chicago: University of Chicago Press, 1994.

Yeh, Wen-Hsin. "Introduction: The Spatial Culture of Neo-Confucian China." In *Landscape, Culture, and Power in Chinese Society*, edited by Wen-Hsin Yeh, ix–xv. Berkeley: Institute of East Asian Studies, University of California–Berkeley, Center for Chinese Studies, 1998.

———, ed. *Landscape, Culture, and Power in Chinese Society*. Berkeley: Institute of East Asian Studies, University of California–Berkeley, Center for Chinese Studies, 1998.

Yu, Pauline. *The Reading of Imagery in the Chinese Poetic Tradition*. Princeton, NJ: Princeton University Press, 1987.

Yu Jianhua. *Zhongguo meishujia renming cidian*. Shanghai: Shanghai Renmin Meishu Chubanshe, 2004.

Yuan Senpo. "Qingdai kouwai xinggong de youlai yu Chengde Bishu shanzhuang de fazhan guocheng." *Qingshi luncong* 2 (1980): 286–319.

Yuntao. *Qinding Daqing huidian*. Yingyin Wenyuange Siku quanshu, sec. 619. Taipei: Taiwan Shangwu Yinshuguan, 1983.

Zang Lihe. *Zhongguo gujin diming da cidian*. Hong Kong: Shangwu Yinshuguan, 1982.

Zarrow, Peter. "The Imperial Word in Stone: Stele Inscriptions at Chengde." In *New Qing Imperial History: The Making of Inner Asian Empire at Qing Chengde*, edited by James A. Millward, Ruth W. Dunnell, Mark C. Elliott, and Philippe Forêt, 146–64. London: Routledge, 2004.

Zhang Geng. *Guochao huazheng lu*. In *Zhongguo shuhua quanshu*, vol. 10, edited by Lu Fusheng, 423–59. Shanghai: Shanghai Shuhua Chubanshe, 2000.

Zhang Hongxing, ed. *Masterpieces of Chinese Painting, 700–1900*. London: Victoria and Albert Museum, 2013.

Zhang Lihuan and Wang Xingfeng. "Jianzhu de yuezhang—Bishu shanzhuang gujianzhu yishu tanwei." In *Jinian Bishu shanzhuang jianyuan sanbai zhounian lunwenji*, edited by Zhao Ling, 233–39. Shenyang: Liaoning Minzu Chubanshe, 2005.

Zhang Yajie. "Bishu shanzhuang qishi'er jing mingming de meixu yuanze chutan." *Wenwu chunqiu* 3 (1997): 56–58.

Zhang Yushu. "Hucong ciyou ji." In *Dongbei shizhi*, 1–5. Vol. 7 of *Zhongguo bianjiang shizhi jicheng*. Beijing: Quanguo Tushuguan Wenxian Suowei Fuzhi Zhongxin, 2004.

Zhang Yushu, Cheng Tingjing, et al., eds. *Kangxi*

zidian. https://ctext.org/kangxi-zidian.
Zhang Yushu, Wang Hao, et al., eds. *Peiwen yunfu*. 106 volumes. Beijing: Wuyingdian, 1711.
Zhang Yuxin. *Bishu shanzhuang de zaoyuan yishu*. Beijing: Wenwu Chubanshe, 1991.
Zhao Ling, ed. *Jinian Bishu shanzhuang jianyuan sanbai zhounian lunwenji*. Shenyang: Liaoning Renmin Chubanshe, 2005.
Zhao Ling and Niu Bochen. *Bishu shanzhuang ji zhouwei simiao*. Xi'an: Sanqin Chubanshe, 2003.
Zheng Wei. "Wang Yuanqi nianbiao." *Duoyun: Zhongguo huihua yanjiu jikan* 4 (1992): 88–119.
Zhi Yunting. "Bishu shanzhuang ji qi jianzhu yu Kangxi zhu di shaoshu minzu zhengce." In *Qingshi yanjiu yu Bishu shanzhuang*, edited by Dai Yi, 82–84. Shenyang: Liaoning Minzu Chubanshe, 2005.
Zhongguo diyi lishi dang'an guan, ed. *Kangxi chao Hanwen zhupi zouzhe huibian*. Beijing: Dang'an Chubanshe, 1984.
———. *Kangxi chao Manwen zhupi zouzhe quanyi*. Beijing: Zhongguo Shehui Kexue Chubanshe, 1996.
Zhongguo gudai banhua congkan erbian. Shanghai: Shanghai Guji Chubanshe, 1994.
Zhongguo gudai shuhua jiandingzu, ed. *Zhongguo huihua quanji*. Beijing: Wenwu Chubanshe; Zhejiang Renmin Meishu Chubanshe, 2001.
Zhongguo lishi bowuguan tushu ziliao zhongxin, ed. *Zhongguo lishi bowuguancang putong guji mulu*. Beijing: Beijing Tushuguan Chubanshe, 2002.
Zhongguo meishu quanji bianji weiyuanhui, ed. *Zhongguo meishu quanji*. Shanghai: Shanghai Renmin Meishu Chubanshe, 1989.
Zhu Chengru, ed. *Qingshi tudian: Qingchao tongshi tulu*, vols. 3–4, *Kangxi chao*. Beijing: Zijincheng Chubanshe, 2002.
Zhu Saihong, ed. *Qingdai chixiu shuji yuzhi xuba ji banshi liuzhen*. 8 volumes. Beijing: Beijing Tushuguan Chubanshe, 2001.
Zhuang Jifa. "Bishu shanzhuang yu Qingdai qianqi de zhengzhi huodong." In *Shanzhuang yanjiu: Jinian Chengde Bishu shanzhuang jianyuan 290 zhounian lunwenji*, edited by Dai Yi, 42–70. Beijing: Zijincheng Chubanshe, 1994.
Zhuang Yue and Wang Qiheng. "Zhongguo chuantong jieshixue yu Bishu shanzhuang yuanlin yishu chuangzuo." In *Qingshi yanjiu yu Bishu shanzhuang*, edited by Dai Yi, 246–53. Shenyang: Liaoning Minzu Chubanshe, 2005.
Zou, Hui. *A Jesuit Garden in Beijing and Early Modern Chinese Culture*. West Lafayette: University of Indiana Press, 2011.
———. "*Jing* (景): A Phenomenological Perspective on Chinese Landscape and *Qing* (情)." *Journal of Chinese Philosophy* 35:2 (2008): 353–68.
———. "The *Jing* of a Perspective Garden." *Studies in the History of Gardens & Designed Landscapes* 22:4 (2002): 293–326.
———. "The *Jing* of Line-Method: A Perspective Garden in the Garden of Round Brightness." PhD diss., McGill University, 2005.
Zou Ailian, ed. *Qingdai qijuzhu ce, Kangxi chao*. Beijing: Zhonghua Shuju, 2009.